SV

Band 1200 der Bibliothek Suhrkamp

In neun Kapiteln mit Überschriften wie ›Das Reich Pans‹, ›Eros und Psyche‹, ›Vorgeschichte der Liebe‹, ›Die Dame und die Heilige‹ und ›Der öffentliche Platz und das Schlafzimmer‹ entwickelt der mexikanische Nobelpreisträger Octavio Paz (geb. 1914) eine Kulturgeschichte der Liebe, stellt Fragen nach den Bedingungen von Liebe und Erotik; nach der Funktion der Vorstellungskraft bei der Transformation der Sexualität in Erotik; nach der personalen Freiheit in der freiwilligen Knechtschaft der Liebe. Dabei leitet ihn – neben Wißbegierde – eine Sorge: Sind wir gegen Ende dieses Jahrhunderts womöglich dabei, das zu verspielen, was stets die Grundvoraussetzung von Liebe und erfüllter Sexualität gewesen ist? Lassen wir es zu, daß Eros und Psyche selbst aus der gesellschaftlichen Wirklichkeit verjagt werden?

Octavio Paz
Die doppelte Flamme

Liebe und Erotik

Aus dem Spanischen

von Rudolf Wittkopf

Mit farbigen Abbildungen

Suhrkamp Verlag

Originaltitel: *La llama doble. Amor y erotismo*

Erste Auflage dieser Ausgabe 2023

Umschlaggestaltung nach Entwürfen von Willy Fleckhaus
Druck: Books on Demand GmbH, Norderstedt
Printed in Germany
ISBN 978-3-518-24357-2

www.suhrkamp.de

Die doppelte Flamme

VORBEMERKUNG

Wann beginnt man ein Buch zu schreiben? Wieviel Zeit brauchen wir, um es zu schreiben? Dem Anschein nach leichte, in Wirklichkeit aber schwierige Fragen. Halte ich mich an die äußeren Umstände, habe ich diese Seiten in den ersten Märztagen dieses Jahres zu schreiben begonnen und das Buch Ende April abgeschlossen: ich habe also zwei Monate gebraucht. Tatsächlich aber habe ich es bereits in meiner Jugend begonnen. Meine ersten Gedichte waren Liebesgedichte, und seitdem taucht das Thema Liebe in meiner Dichtung immer wieder auf. Auch war ich ein begieriger Leser von Tragödien und Komödien, Romanen und Liebesgedichten, angefangen mit den Märchen aus *Tausendundeiner Nacht* bis zu *Romeo und Julia* und der *Kartause von Parma*. Solche Lektüre war Nahrung für meine Reflexionen und erhellte mir meine Erfahrungen. 1960 schrieb ich an die fünfzig Seiten über de Sade, wo ich die Grenzen zwischen der animalischen Sexualität, der menschlichen Erotik und dem engeren Bereich der Liebe zu ziehen versuchte. Ich war mit der Arbeit nicht völlig zufrieden, doch wurde ich mir durch diesen Versuch der unermeßlichen Weite des Themas bewußt. Um 1965 lebte ich in Indien; die Nächte waren blau und elektrisierend wie die des Gedichts, das die Liebe Krishnas und Radhas besingt. Ich verliebte mich. Damals beschloß ich, ein kleines Buch über die Liebe zu schreiben, das, ausgehend von dem engen Zusammenhang zwischen den drei Bereichen

– Sexus, Erotik und Liebe –, eine Untersuchung des Gefühls der Liebe darstellen sollte. Ich begann Aufzeichnungen zu machen, mußte die Arbeit jedoch abbrechen: dringende Aufgaben nahmen mich in Anspruch und nötigten mich, den Plan aufzuschieben. Ich verließ Indien, und etwa zehn Jahre später, in den Vereinigten Staaten, schrieb ich einen Essay über Fourier, in dem ich einige der damals notierten Gedanken wieder aufgriff. Erneut kamen andere Verpflichtungen und Arbeiten dazwischen. Mein Plan rückte in immer weitere Ferne. Ich konnte ihn nicht vergessen, doch war ich auch nicht in der Stimmung, ihn auszuführen.

Jahre vergingen. Ich schrieb weiterhin Gedichte, die oft Liebesgedichte waren. In ihnen tauchten Bilder auf, wiederkehrenden musikalischen Phrasen – auch Obsessionen – gleich, in denen sich meine Reflexionen kristallisierten. Ein Leser, der meine Gedichte ein wenig kennt, wird zwischen ihnen und diesen Seiten leicht Verbindungen und Entsprechungen entdecken. Dichten und Denken ist für mich ein System kommunizierender Röhren. Beider Quelle ist mein Leben: Ich schreibe über das, was ich erlebt habe und erlebe. Leben heißt auch denken und, zuweilen, diese Grenze, an der Fühlen und Denken verschmelzen, mit der Poesie überschreiten. Mittlerweile vergilbte das Papier, auf dem ich in Indien meine Notizen gemacht hatte, und einige Blätter gingen bei Umzügen und auf Reisen verloren. Ich gab den Gedanken, das Buch zu schreiben, auf.

Im vergangenen Dezember, als ich einige Texte für einen Essayband *(Ideas y costumbres)* zusammenstellte, mußte ich an jenes so oft geplante, doch nie geschriebene Buch denken. Mehr als Schmerz empfand ich

Scham: nicht Vergeßlichkeit war es, sondern Treulosigkeit. Von Gewissensbissen geplagt, konnte ich mehrere Nächte nicht schlafen. Ich spürte, daß ich meinen Plan wieder aufgreifen und ihn verwirklichen mußte. Doch ich zögerte: War es nicht ein wenig lächerlich, am Ende meiner Tage ein Buch über die Liebe zu schreiben? Oder war es ein Abschied, ein Testament? Ich mußte lächeln, ich dachte, daß Quevedo an meiner Stelle die Gelegenheit genutzt hätte, ein satirisches Sonett zu schreiben. Ich versuchte an anderes zu denken. Umsonst: die Idee des Buches ließ mich nicht los. Es vergingen mehrere Wochen des Zweifels. Plötzlich, eines Morgens, stürzte ich mich mit einer Art fröhlicher Verzweiflung in die Arbeit. Während des Schreibens tauchten neue Aspekte auf. Ich hatte an einen Essay von etwa hundert Seiten gedacht, doch von herrischer Spontaneität bestimmt, wurde der Text immer länger, bis er ebenso natürlich wie zwangsläufig zu fließen aufhörte. Ich rieb mir die Augen: Ich hatte ein Buch geschrieben. Ich hatte das mir selbst gegebene Versprechen eingelöst.

Dieses Buch steht in enger Beziehung zu einem Gedicht, das ich vor einigen Jahren schrieb: *Carta de creencia**. Der Ausdruck bezeichnet den Brief, den wir bei uns tragen, damit unbekannte Personen uns Vertrauen schenken; in diesem Fall die Mehrheit meiner Leser. Auch kann er interpretiert werden als eine Charta, die eine Deklaration unserer Glaubensanschauungen enthält. Jedenfalls gebe ich ihm diese Bedeutung. Einen Titel zu wiederholen ist unschön und kann zu Verwechslun-

* Deutsch: »Charta des Glaubens« in *In mir der Baum*. Suhrkamp, Frankfurt am Main 1990.

gen führen. Deshalb habe ich einen anderen Titel gewählt, der mir zudem gefällt: *Die doppelte Flamme.* Dem *Diccionario de Autoridades* nach ist die Flamme »das Subtilste am Feuer, sie erhebt sich und steigt pyramidenförmig empor«. Das Urfeuer, die Sexualität, weckt die rote Flamme der Erotik, und diese nährt eine weitere Flamme, die blau und flackernd sich erhebt: die der Liebe. Erotik und Liebe: die doppelte Flamme des Lebens.

México, 4. Mai 1993

DIE REICHE DES PAN

Die sinnlich wahrnehmbare Wirklichkeit ist für mich immer eine Quelle von Überraschungen gewesen. Auch von Evidenzen. In einem frühen Artikel von 1940 habe ich von der Poesie als dem »Zeugnis der Sinne« gesprochen. Ein getreues Zeugnis: ihre Bilder sind greifbar, sichtbar und hörbar. Gewiß, die Poesie ist ein Geflecht von Worten, die Reflexe werfen, Schimmerndes und Schillerndes erzeugen. Aber was sie uns zeigt, sind es Wirklichkeiten oder Trugbilder? Rimbaud sagte: *Et j'ai vu quelquefois ce que l'homme a cru voir.* Eine Verschmelzung von *sehen* und *glauben.* In der Verbindung dieser beiden Worte liegt das Geheimnis der Poesie und das ihrer Zeugnisse: Was das Gedicht uns zeigt, sehen wir nicht mit unseren leiblichen Augen, sondern mit denen des Geistes. Die Poesie läßt uns das Ungreifbare berühren und die Flut der Stille hören, die eine von der Schlaflosigkeit verwüstete Landschaft überspült. Das dichterische Zeugnis enthüllt uns eine andere Welt in dieser Welt, die *andere* Welt, die diese Welt ist. Die Sinne werden, ohne ihre Fähigkeit zu verlieren, zu Dienern der Imagination und lassen uns das Niegehörte hören und das Nichtwahrnehmbare sehen. Geschieht gleiches nicht auch im Traum und in der erotischen Begegnung? Im Traum wie im Beischlaf umarmen wir Phantome. Unser Partner hat einen Körper, ein Gesicht und einen Namen, doch im intensivsten Augenblick der Umarmung löst sich seine reale Erscheinung in eine Kaskade von Empfindungen auf, die ihrerseits zerstieben.

Es gibt eine Frage, die sich alle Liebenden stellen und in der sich das erotische Mysterium kristallisiert: Wer bist du? Eine Frage ohne Antwort ... Die Sinne sind und sind nicht von dieser Welt. Mit ihnen spannt die Poesie eine Brücke zwischen *sehen* und *glauben*. Dank dieser Brücke verkörpert sich die Imagination, und die Körper werden Bilder.

Von der Beziehung zwischen Erotik und Poesie kann man ohne Affektation sagen, daß erstere eine körperliche Poetik ist und letztere eine verbale Erotik. Sie bilden einen komplementären Gegensatz. Die Sprache – Laut, der Bedeutungen ausstrahlt; materieller Schriftzug, der unkörperliche Gedanken birgt – ist fähig, das Flüchtigste und Verschwommenste zu benennen: die Empfindung; die Erotik ihrerseits ist nicht bloße animalische Sexualität: sie ist Zeremonie, Darstellung. Die Erotik ist sublimierte Sexualität: Metapher. Agens des erotischen wie des poetischen Aktes ist die Imagination. Sie ist die Kraft, die den Sexus in Zeremonie und Ritus verwandelt, die Sprache in Rhythmus und Metapher. Das dichterische Bild ist die Umarmung entgegengesetzter Wirklichkeiten, und der Reim ist die Vermählung von Lauten; die Poesie erotisiert die Sprache und die Welt, weil sie, in ihrer Wirkungsweise, selbst schon Erotik ist. Und ihrerseits ist die Erotik eine Metapher der animalischen Sexualität. Was sagt diese Metapher? Wie alle Metaphern bezeichnet sie etwas, das jenseits der Wirklichkeit liegt, welche sie hervorbringt, etwas Neues und etwas anderes als die Worte, die diese Metapher bilden. Wenn Góngora sagt *púrpura nevada*, erfindet oder entdeckt er eine Wirklichkeit, die, obgleich aus beidem geschaffen, weder Blut noch Schnee ist. Gleiches gilt für die Erotik: sie sagt, oder vielmehr *ist*, etwas anderes als bloße Sexualität.

Obgleich es viele Arten sexueller Vereinigung gibt, bedeutet der Geschlechtsakt immer dasselbe: Fortpflanzung. Die Erotik ist tätiger Sexus, aber sie hebt den Zweck der Sexualfunktion dadurch auf, daß sie ihn umleitet oder negiert. In der Sexualität dient die Lust der Zeugung; in den erotischen Ritualen ist die Lust ein Zweck an sich oder verfolgt andere Zwecke als die Fortpflanzung. Nicht zu zeugen ist nicht nur ein häufiges Merkmal der Erotik, es ist in manchen Zeremonien sogar Bedingung. Die gnostischen und tantrischen Texte sprechen immer wieder davon, daß der Samen vom Zelebranten verhalten oder auf dem Altar ergossen wird. In der Sexualität sind Gewalt und Aggression Komponenten, die mit der Paarung, und folglich mit der Fortpflanzung, notwendig verbunden sind; in der Erotik emanzipieren sich die aggressiven Tendenzen, das heißt: sie dienen nicht länger der Zeugung und werden Zwecke an sich. Kurz, der Sexus, in seinen endlosen Variationen, bedeutet stets Fortpflanzung; die erotische Metapher, unbesorgt um die Perpetuierung des Lebens, klammert die Fortpflanzung aus. Die Beziehung der Poesie zur Sprache ähnelt jener der Erotik zur Sexualität. Auch im Gedicht – der verbalen Kristallisation – weicht die Sprache von ihrer natürlichen Bestimmung, der Kommunikation, ab. Die lineare Gliederung ist ein wesentliches Charakteristikum der Sprache; die Worte reihen sich aneinander, so daß der Diskurs mit einer Ader fließenden Wassers verglichen werden kann. Im Gedicht biegt sich die Gerade, kehrt um, schlängelt sich: die gerade Linie ist zugunsten des Kreises und der Spirale nicht länger der Archetyp. Es gibt einen Augenblick, da die Sprache aufhört dahinzugleiten, sich gleichsam emporschwingt und sich über der Leere wiegt; und es gibt einen anderen Augenblick, da sie aufhört zu fließen und sich mitten auf dem Blatt Papier in einen transparenten Körper – Kubus, Kugel, Obelisk – verwandelt. Die Bedeutungen gefrieren oder zerstieben; sie heben sich auf die eine oder andere Weise auf. Die Worte sagen nicht dasselbe wie in der Prosa; das Gedicht trachtet nicht mehr danach zu sprechen, sondern – zu sein. Die Poesie klammert die Kommunikation aus wie die Erotik die Fortpflanzung.

Angesichts hermetischer Gedichte fragen wir uns verwirrt und ratlos: Was sagen sie? Lesen wir ein einfacheres Gedicht, verschwindet unsere Ratlosigkeit, nicht jedoch unsere Verwunderung: Ist diese klare und reine Sprache – so klar und rein wie Wasser und Luft – dieselbe, in der die soziologischen Bücher und die Zeitungen geschrieben sind? Und ist die Verwunderung gewichen, nicht jedoch die Bezauberung, entdecken wir, daß uns das Gedicht eine andere Art von Kommunikation bietet, die anderen Gesetzen als denen des Austausches von Nachrichten und Informationen gehorcht. Die Sprache des Gedichts ist die Sprache des Alltags, und doch sagt diese Sprache anderes als das, was wir alle sagen. Dies ist der Grund für das Mißtrauen, mit dem alle Kirchen die mystische Dichtung betrachtet haben. San Juan de la Cruz wollte nichts sagen, was von den Lehren der Kirche abwich; trotzdem sagen seine Gedichte, ohne es zu wollen, anderes. Es gibt hierfür eine Vielzahl von Beispielen. Die Gefährlichkeit der Poesie ist ihrer Ausübung inhärent, sie ist eine Konstante in allen Epochen und bei allen Dichtern. Es gibt immer eine Kluft zwischen der gesellschaftlichen und der dichterischen Sprache: Die Poesie ist die *andere* Stimme, wie ich jüngst in einem Buch gesagt habe.* Deshalb ist ihre Übereinstimmung mit den dunklen und hellen Aspekten der Erotik ebenso natürlich wie beunruhigend. Poesie und Erotik haben ihren Ursprung in den Sinnen, aber sie enden mit diesen nicht. Indem sie sich entfalten, erfinden sie imaginäre Formen: Gedichte und Zeremonien.

Ich werde auf die Ähnlichkeiten zwischen Poesie und Erotik hier nicht weiter eingehen. Ich habe mich mit ihnen in anderen Schriften befaßt; hier sollten diese Ähnlichkeiten lediglich als Einführung in ein anderes Thema dienen, das mit der Poesie jedoch eng verbunden ist: die Liebe. Zunächst gilt es, die Liebe, im eigentlichen Sinne, von der Erotik und von der Sexualität zu unterscheiden. Es gibt zwischen ihnen eine derart enge Beziehung, daß sie häufig verwechselt werden. Zum Beispiel sprechen wir manchmal vom Sexualleben von X und Y, meinen in Wirklichkeit aber deren erotische Beziehung. Wenn Swann und Odette von »faire catleya« sprachen, spielten sie nicht lediglich auf den Beischlaf an; Proust bemerkt: »Jene besondere Art, *faire l'amour* zu sagen, bedeutete für sie nicht genau dasselbe wie deren Synonyme.« Der erotische Akt hebt sich vom Geschlechtsakt ab: er ist Sexus und noch etwas anderes. Zudem hatte das Talisman-Wort »catleya« für Odette nicht dieselbe Bedeutung wie für Swann; für sie bezeichnete es ein gewisses erotisches Vergnügen mit einer gewissen Person, und für ihn war es der Name für eine schreckliche und schmerzliche Empfindung: seine Liebe zu Odette. Die Konfusion ist nicht ver-

---

* Deutsch: *Die andere Stimme. Dichtung an der Jahrhundertwende.* Suhrkamp, Frankfurt am Main 1994.

wunderlich: Sexus, Erotik und Liebe sind Aspekte ein und desselben Phänomens, Manifestationen dessen, was wir Leben nennen. Der älteste von den dreien, der umfassendste und elementarste, ist der Sexus. Er ist der Urquell. Erotik und Liebe sind vom Sexualtrieb abgeleitete Formen: Kristallisationen, Konzentrationen, Sublimierungen und Perversionen, welche die Sexualität oft bis zur Unkenntlichkeit umformen. Wie bei konzentrischen Kreisen ist der Sexus das Zentrum und der Dreh- und Angelpunkt dieser Gefühlsgeometrie.

Der Bereich des Sexus ist, obgleich weniger komplex, der größte der drei. Trotzdem ist er gerade nur eine Provinz eines noch größeren Reiches: das der belebten Materie. Ihrerseits ist die belebte Materie lediglich eine Parzelle des Universums. Obgleich wir es nicht mit Sicherheit wissen, ist es sehr wahrscheinlich, daß es in anderen Sonnensystemen anderer Galaxien Planeten mit ähnlichem Leben wie dem unseren gibt; doch so zahlreich diese Planeten auch sein mögen, das Leben würde einen sehr geringen Teil des Universums ausmachen, es bliebe eine Ausnahme oder eine Besonderheit. So wie die moderne Wissenschaft es begreift und soweit wir, die Laien, den Kosmologen und den Physikern folgen können, ist das Universum ein Komplex von Galaxien in ständiger Ausdehnung. Es gibt jedoch eine ganze Reihe von Ausnahmen: Die Gesetze, die die Bewegung des makrophysikalischen Universums regieren, sind, wie es scheint, nicht voll anwendbar auf das Universum der Elementarteilchen. Innerhalb dieses großen Bereichs gibt es einen weiteren: den der belebten Materie. Der 2. Hauptsatz der Thermodynamik, der Satz von der Zunahme der Entropie abgeschlossener Systeme, macht einem umgekehrten

Prozeß Platz: der evolutionären Individuation und der unablässigen Entstehung neuer Arten und differenzierter Organismen. Der Pfeil der Biologie scheint in die der Physik entgegengesetzte Richtung zu zielen. Hier tritt eine weitere Ausnahme zutage: Die Zellen vermehren sich durch Knospung, Sporenbildung und auf andere Art und Weise, zum Beispiel durch Parthenogenese oder Selbstteilung, außer auf einer kleinen Insel, wo die Fortpflanzung durch die Vereinigung von Zellen verschiedenen Geschlechts (Gameten) erfolgt. Diese Insel ist die Sexualität, und ihr recht kleiner Bereich umfaßt das Tierreich und bestimmte Arten des Pflanzenreichs. Das Menschengeschlecht hat mit den Tieren und mit manchen Pflanzen gemeinsam, daß es sich mittels Paarung und nicht durch die einfachere Methode der Selbstteilung *fortpflanzen muß.*

Nun die Grenzen der Sexualität, sei es auch summarisch und grob, abgesteckt sind, können wir zwischen dieser und der Erotik eine Trennungslinie ziehen. Eine sich schlängelnde Grenze, die zudem nicht selten verletzt wird, sei es durch den gewaltsamen Vorstoß des Geschlechtstriebes oder durch die Streifzüge der erotischen Phantasie. Vor allen Dingen ist die Erotik ausschließlich menschlich: sie ist sozialisierte und durch die Imagination und den menschlichen Willen umgeformte Sexualität. Das erste Merkmal, das die Erotik von der Sexualität unterscheidet, ist die unendliche Vielfalt von Formen, in denen sie sich manifestiert, und zwar in allen Epochen und in allen Ländern. Die Erotik ist Erfindung, unaufhörliche Variation; der Sexus ist immer derselbe. Protagonist des erotischen Aktes ist das Geschlecht oder, genauer, sind die Geschlechter. Der Plural ist unerläßlich,

denn selbst bei den sogenannten einsamen Freuden erfindet die Begierde immer einen imaginären Partner ... oder mehrere. In jeder erotischen Begegnung gibt es einen unsichtbaren und stets aktiven Teilnehmer: die Imagination, das Verlangen. Beim erotischen Akt sind immer zwei oder mehrere beteiligt, nie einer. Hier zeigt sich der erste Unterschied zwischen der animalischen Sexualität und der menschlichen Erotik: in der letzteren kann einer der Teilnehmer, oder können auch mehrere, imaginäre Wesen sein. Nur Menschen, Männer und Frauen, können sich mit einem Inkubus oder Sukkubus paaren.

Den Darstellungen von Giulio Romano nach gibt es sechzehn Hauptstellungen, doch die Zeremonien und erotischen Spiele sind unzählig und ändern sich fortwährend unter dem ständigen Einfluß des Verlangens, des Stimulus der Phantasie. Die Erotik ändert sich mit dem Klima und der Geographie, mit der Gesellschaft und der Geschichte, mit den Individuen und den Temperamenten. Auch mit den Gelegenheiten, dem Zufall und der Inspiration des Augenblicks. Wenn der Mensch ein »undulistisches« Wesen ist, dann ist das Meer, auf dem er sich wiegt, von den launenhaften Wellen der Erotik bewegt. Dies ist ein weiterer Unterschied zwischen der Sexualität und der Erotik. Die Tiere paaren sich immer auf dieselbe Weise; die Menschen betrachten sich im Spiegel der allgemeinen animalischen Kopulation; und indem sie diese nachahmen, verwandeln sie sie und verwandeln ihre eigene Sexualität. So sonderbar die animalischen Kopulationen auch sind, die einen sanft, andere grausam, gibt es bei ihnen keinerlei Veränderung. Der Täuberich gurrt und umtänzelt werbend das Weibchen, die Gottesanbeterin frißt das Männchen, sowie es von ihm befruchtet wor-

den ist, doch diese Zeremonien sind von Anbeginn an immer dieselben. Eine erschreckende und erstaunliche Monotonie, die in der Welt des Menschen zur erschrekkenden und erstaunlichen Vielfalt wird.

Im Schoße der Natur hat sich der Mensch eine besondere Welt geschaffen, bestehend aus diesem Komplex von Praktiken, Institutionen, Riten, Ideen und Dingen, den wir Kultur nennen. In ihrem Ursprung ist die Erotik Sexus, Natur; da sie eine menschliche Schöpfung ist und Funktionen in der Gesellschaft hat, ist sie Kultur. Einer der Zwecke der Erotik ist es, den Sexus zu bändigen und ihn in die Gesellschaft einzufügen. Ohne Sexus gibt es keine Gesellschaft, da es keine Fortpflanzung gibt; doch kann der Sexus für die Gesellschaft auch eine Bedrohung sein. Wie der Gott Pan ist er Schöpfung und Zerstörung. Er ist Instinkt: panischer Schrecken, berstendes Leben. Er ist ein Vulkan, und jede Eruption kann die Gesellschaft mit Blut und Samen überströmen. Der Sexus ist subversiv: er ignoriert die Klassen und die Hierarchien, die Künste und die Wissenschaften, den Tag und die Nacht; er schläft und erwacht nur, um zu huren und erneut zu schlafen. Und ein weiterer Unterschied zur Tierwelt: Das Menschengeschlecht leidet an einem nicht zu stillenden sexuellen Hunger, es kennt nicht, wie die Tiere, Perioden der Brunst und Perioden der Ruhe. Oder anders gesagt: Der Mensch ist das einzige Lebewesen, das über kein physiologisches und automatisches Regulativ seiner Sexualität verfügt.

In den modernen Städten wie in den Ruinen des Altertums finden sich auf den Steinen der Altäre oder an den Wänden der öffentlichen Toiletten nicht selten Darstellungen des Phallus und der Vulva. Priapus in ständiger Erektion und Astarte in keuchender, immerwährender Brunst begleiten die Menschen auf allen ihren Wegen und bei allen Abenteuern. Deshalb haben wir Menschen uns Regeln ausdenken müssen, die den Geschlechtstrieb kanalisieren und die Gesellschaft vor dessen Ausuferungen schützen. In allen Gesellschaften gibt es einen Komplex von Verboten und Tabus – auch von Anreizen und Vergünstigungen –, die dazu bestimmt sind, den Geschlechtstrieb zu regulieren und zu kontrollieren. Diese Regeln dienen sowohl der Gesellschaft (Kultur) als auch der Fortpflanzung (Natur). Ohne diese Regeln würde die Familie zerbrechen und mit ihr die ganze Gesellschaft. Der ständigen elektrischen Entladung des Sexus ausgesetzt, haben die Menschen einen Blitzableiter erfunden: die Erotik. Eine zweideutige Erfindung, wie alle, die wir gemacht haben. Die Erotik ist Spenderin von Leben wie von Tod. Jetzt beginnt sich die Ambiguität der Erotik schon deutlicher abzuzeichnen: sie ist Repression und Ausschweifung, Sublimierung und Perversion. Im einen wie im anderen Fall ist die ursprüngliche Funktion der Sexualität, die Fortpflanzung, anderen Zwecken, sowohl sozialen als auch individuellen, untergeordnet. Die Erotik schützt die Gesellschaft vor den Attacken der Sexualität, negiert aber zugleich die Funktion der Fortpflanzung. Sie ist die launenhafte Dienerin des Lebens und des Todes.

Die Regeln und Institutionen, die den Sexus bändigen sollen, sind zahlreich, widersprüchlich und Veränderungen unterworfen. Es ist müßig, sie aufzuzählen: sie reichen vom Tabu des Inzestes bis zum Ehevertrag, von der obligatorischen Keuschheit bis zur Lizenzierung der Bordelle. Durch ihre Wandelbarkeit entziehen sie sich jedem Versuch einer Klassifizierung, die nicht eine bloße Auflistung wäre. Jeden Tag taucht eine neue Praxis auf, und jeden Tag verschwindet eine. Doch sie alle verfolgen zwei Ziele zugleich: Abstinenz und Ausschweifung. Beide sind nicht absolut. Das ist erklärlich: Die psychische Gesundheit der Gesellschaft und die Beständigkeit ihrer Institutionen hängen zum großen Teil vom Widerstreit zwischen beiden ab. Seit den frühesten Zeiten durchleben die Gesellschaften Perioden der Keuschheit oder Enthaltsamkeit, gefolgt von solchen der Zügellosigkeit. Ein naheliegendes Beispiel: der Karneval und die Fastenzeit. Auch das Altertum und der Orient, Azteken, Christen und Mohammedaner kannten diesen doppelten Rhythmus: das Bacchanal, die Orgie, die öffentliche Buße, die Sühneprozessionen, den Ramadan. In einer säkularen Gesellschaft wie der unseren verlieren die Perioden der Keuschheit und der Ausschweifung, die fast alle an den religiösen Kalender gebunden sind, als von der Tradition konsekrierte kollektive Praktiken ihre Bedeutung. Indes bleibt der duale Charakter der Erotik erhalten, auch wenn deren Grundlage sich ändert: diese ist nicht länger ein religiöses und zyklisches Gebot, sie ist zu einer Vorschrift individueller Art geworden. Fast immer basiert diese Vorschrift auf der Moral, wenngleich sie sich manchmal auch auf die Autorität der Wissenschaft und der Hygiene beruft. Die Angst vor Krankheit ist nicht weniger groß als die Furcht vor der Gottheit oder der Respekt vor dem Moralgesetz. Erneut zeigt sich, jetzt seiner religiösen Aureole beraubt, das doppelte Gesicht der Erotik: Faszination angesichts des Lebens und angesichts des Todes. Die erotische Metapher ist doppeldeutig. Besser gesagt, sie ist pluralisch. Sie sagt vieles und ganz Verschiedenes, doch stets tauchen zwei Worte auf: *Lust* und *Tod.*

Eine weitere Ausnahme innerhalb der großen Ausnahme, welche die Erotik gegenüber der Tierwelt darstellt: Weit davon entfernt, relativ und periodisch zu sein, sind die Abstinenz und die Ausschweifung in manchen Fällen absolut. Sie sind die Extreme der Erotik, ihre Überschreitung und, in gewisser Weise, ihre Essenz. Ich sage das, weil die Erotik, an sich, Verlangen ist, das auf Überschreitung abzielt. Ich weise darauf hin, daß das Ideal einer absoluten Keuschheit oder das einer nicht minder absoluten Ausschweifung in Wirklichkeit ideell ist; das heißt, sehr selten, vielleicht nie, läßt es sich ganz erreichen. Die Keuschheit des Mönchs oder der Nonne ist ständig bedroht durch die laszіven Bilder, die in Träumen auftauchen, und durch die nächtlichen Pollutionen; der Libertin seinerseits erlebt Perioden der Übersättigung und ist zudem heimtückischen Attacken der Impotenz ausgesetzt. Die einen sind während des Schlafs Opfer der schimärischen Umarmung des Inkubus oder des Sukkubus; die anderen sind dazu verurteilt, in ihrer Schlaflosigkeit die Wüsten der Gefühllosigkeit zu durchqueren. Schließlich können die Ideale absoluter Keuschheit und totaler Libertinage, ob erreichbar oder nicht, kollektiv oder individuell sein. Beide Modalitäten fügen sich in die Lebensökonomie der Gesellschaft ein, obgleich die letztere, im Extremfall, ein persönlicher Versuch ist, die gesellschaftlichen Bande zu zerreißen, und sich als eine Befreiung von der conditio humana darstellt.

Ich brauche nicht auf die religiösen Orden, Gemeinden und Sekten einzugehen, die in Konventen, Klöstern, Ashrams und an anderen Orten der inneren Einkehr eine mehr oder weniger absolute Keuschheit predigen. Alle Religionen kennen diese geistlichen und weltlichen Bruderschaften. Schwieriger ist es, die Existenz libertiner Gemeinschaften zu dokumentieren. Im Unterschied zu den religiösen Vereinigungen, die fast immer Teil einer Kirche und deshalb öffentlich anerkannt sind, haben sich die libertinen Gruppen fast immer an geheimen und abgeschiedenen Orten versammelt. Hingegen ist es leicht, ihre gesellschaftliche Realität zu belegen: sie tauchen in der Literatur aller Epochen auf, im Orient ebenso wie im Okzident. Sie waren und sind nicht nur eine verborgene gesellschaftliche Realität, sondern auch die Protagonisten einer literarischen Gattung. So waren und sind sie doppelt real. Die kollektiven erotischen Praktiken öffentlichen Charakters haben stets religiöse Formen angenommen. Um das zu beweisen, brauche ich nur an die Phalluskulte des Neolithikums oder an die Bacchanalien und Saturnalien der griechisch-römischen Antike zu erinnern; in zwei ausgesprochen asketischen Religionen, wie im Buddhismus und im Christentum, spielt die Verbindung zwischen der Sexualität und dem Heiligen ebenfalls eine wesentliche Rolle. Jede der großen historischen Religionen hat in ihrem Umkreis oder in ihrem eigenen Schoß Sekten entstehen lassen sowie Kulte, Riten und Liturgien geschaffen, in denen das Fleisch und der Sexus Wege zur Gottheit sind. Es konnte gar nicht anders sein: Die Erotik ist in erster Linie *Verlangen nach Andersheit.* Und das Übernatürliche ist die radikale und höchste Andersheit.

Die religiösen erotischen Praktiken überraschen sowohl durch ihre Vielfalt als auch durch ihre stetige Wiederkehr. Die kollektive rituelle Vereinigung wurde von den tantrischen Sekten Indiens, von den Taoisten in China und von den gnostischen Christen im Mittelmeerraum praktiziert. Gleiches gilt für die Kommunion mittels des Samens, diesen Ritus der Adepten des Tantrismus, der gnostischen Anbeter des Barbelo und anderer Gruppen. Viele dieser religiös-erotischen Bewegungen, inspiriert von chiliastischen Träumen, verbanden Religion, Erotik und Politik miteinander; zu ihnen zählten die Gelben Turbane (Taoisten) in China und die Anabaptisten um Johann von Leiden in Münster und anderen in Holland. Ich betone, daß in all diesen Ritualen, mit zwei oder drei Ausnahmen, die Fortpflanzung keinerlei Rolle spielt, es sei denn eine negative. Bei den Gnostikern mußte der Samen und das Menstrualblut geschluckt werden, um es dem Großen Ganzen zurückzuerstatten, da sie glaubten, daß diese Welt die Schöpfung eines ruchlosen Demiurgen war; bei den Tantrikern und den Taoisten war die Verhaltung des Samens, wenngleich aus ganz anderen Gründen, unerläßlich; im hinduistischen Tantrismus wurde der Samen als Opfergabe vergossen. Wahrscheinlich war dies auch der Sinn der biblischen »Sünde des Onan«. Fast immer gehörte der *coitus interruptus* zu jenen Ritualen. Kurz, in der religiösen Erotik wird der sexuelle Prozeß von Grund auf verkehrt: Enteignung der ungeheuren Macht des Sexus zugunsten anderer oder der Fortpflanzung entgegengesetzter Zwecke.

Die Erotik verkörpert sich in zwei sinnbildlichen Gestalten zugleich: in der des einsamen Mönchs und in der des Libertins. Entgegengesetzte Sinnbilder, doch vereint im selben Bestreben: beide negieren die Fortpflanzung und streben nach Erlösung oder nach persönlicher Befreiung angesichts einer sündigen, verderbten, inkohärenten oder irrealen Welt. Derselbe Wunsch beseelt die Sekten und die religiösen Gemeinden, mit dem Unterschied, daß die Erlösung bei ihnen ein kollektives Bestreben ist – sie sind eine Gesellschaft innerhalb der Gesellschaft –, während der Asket und der Libertin asozial sind, Individuen, die außerhalb der Gesellschaft stehen oder sie bekämpfen. Der Keuschheitskult im Okzident ist ein Erbe des Platonismus und anderer Strömungen der Antike, für die die unsterbliche Seele Gefangene des sterblichen Körpers war. Dem allgemeinen Glauben nach würde die Seele eines Tages ins Empyreum heimkehren; der Körper würde wieder gestaltlose Materie werden. Die Geringschätzung des Körpers findet sich jedoch nicht im Judentum, das die Zeugungskräfte stets gepriesen hat: *Seid fruchtbar und mehret euch* ist eins der ersten biblischen Gebote. Vielleicht deshalb, vor allem jedoch weil es die Religion der Menschwerdung Gottes ist, hat das Christentum den platonischen Dualismus mit dem Dogma der Auferstehung des Fleisches und dem der »verklärten Leiber« abgeschwächt. Zugleich hat es sich enthalten, im Körper einen Weg zur Göttlichkeit zu sehen, wie das bei anderen Religionen und vielen häretischen Sekten der Fall war. Warum? Der Grund dafür war ohne Zweifel der Einfluß des Neuplatonismus auf die Kirchenväter.

Im Orient war der Keuschheitskult anfangs eine Methode, um Langlebigkeit zu erlangen: Samen sparen bedeutete Leben sparen. Gleiches galt für die Sekrete der Frau. Jeder Samenerguß und jeder weibliche Orgasmus bedeuteten einen Verlust an Lebenskraft. In einer zweiten Phase der Entwicklung dieser Glaubensüberzeugungen wurde die Keuschheit zu einer Methode, durch Beherrschung der Sinne übernatürliche Kräfte und sogar, wie im Taoismus, Unsterblichkeit zu erlangen. Dies ist das Wesen des Yoga. Trotz dieser Unterschiede kommt der Keuschheit im Orient und im Okzident die gleiche Funktion zu: sie ist eine Erprobung, ein Exerzitium, das uns geistig stärkt und uns befähigt, den großen Sprung von der menschlichen Natur ins Übernatürliche zu tun.

Keuschheit ist nur ein Weg von vielen. Geradeso wie bei den kollektiven erotischen Praktiken konnten sich auch der Yogi und der Asket der Sexualpraktiken der Erotik bedienen, nicht um sich fortzupflanzen, sondern um ein, im eigentlichen Sinne des Wortes, übernatürliches Ziel zu erreichen, sei dieses das Einswerden mit der Gottheit, die Ekstase, die Selbstbefreiung oder das Erringen des »Unbedingten«. Viele religiöse Texte, darunter einige große Gedichte, zögern nicht, die sexuelle Lust mit der ekstatischen Vereinigung mit der Gottheit zu vergleichen. In unserer Tradition ist die Verschmelzung des Sexuellen mit dem Spirituellen weniger häufig als in der orientalischen. Gleichwohl ist das Alte Testament reich an erotischen Geschichten, von denen viele tragisch und inzestuös sind; einige haben die Dichter zu denkwürdigen Texten inspiriert, so die Geschichte von Ruth, die Victor Hugo als Vorwurf für *Booz endormi* diente, ein nächtliches Gedicht, in dem das Dunkel »bräutlich« ist. Expliziter sind die hinduistischen Texte. Zum Beispiel besingt das berühmte Sanskritgedicht von Jayaveda, *Gitagovinda*, die ehebrecherische Liebschaft des Gottes Krishna (des Dunklen Herrn) mit der Kuhhirtin Radha. Wie im *Hohelied* ist der religiöse Gehalt des Gedichts ununterscheidbar von seinem profanen erotischen Gehalt, es sind zwei Aspekte derselben Wirklichkeit. Bei den Sufi-Mystikern gehen die religiöse und die erotische Vision häufig eine Verbindung ein. Das Einswerden wird bisweilen verglichen mit einem Festmahl zweier Liebender, bei dem der Wein in Strömen fließt. Göttliche Trunkenheit, erotische Ekstase.

Nicht von ungefähr habe ich Salomos *Hohelied* erwähnt. Diese Sammlung von Gedichten profaner Liebe, eines der schönsten erotischen Werke, hat seit mehr als zweitausend Jahren nicht aufgehört, die Imagination und die Sinnlichkeit der Menschen zu nähren. Die jüdische und die christliche Tradition haben diese Gedichte als eine Allegorie der Beziehungen zwischen Jehova und Israel oder zwischen Christus und der Kirche interpretiert. Diesem Irrtum verdanken wir den *Cántico espiritual* (»Geistlicher Lobgesang«) von San Juan de la Cruz, eines der tiefsten und geheimnisvollsten Gedichte der abendländischen Lyrik. Es ist unmöglich, die Gedichte des spanischen Mystikers allein als erotische Texte oder allein als religiöse Texte zu lesen. Sie sind das eine und das andere und noch mehr, sie sind etwas, ohne das sie nicht wären, was sie sind: Poesie. Die Ambiguität der Gedichte von San Juan ist in der Moderne auf Widerstand und Mißverständnis gestoßen. Einige wollen sie als wesentlich erotische Texte sehen; andere halten sie für gotteslästerlich. Ich erinnere an die Empörung des Dichters Auden angesichts mancher Bilder des *Cántico espiritual.* Er hielt sie für eine grobe Konfusion des Fleischlichen mit dem Spirituellen.

Audens Kritik war eher platonisch denn christlich. Wir verdanken Platon die Idee des Eros als eines Antriebs zum graduellen Aufstieg zur Kontemplation des höchsten Gutes. Diese Idee impliziert eine andere: die der allmählichen Läuterung der Seele, die sich mit jedem Schritt mehr und mehr von der Sexualität entfernt, bis sie, auf dem Gipfel ihres Aufstiegs, sich völlig von ihr befreit. Was uns jedoch die religiöse Erfahrung sagt – vor allem durch das Zeugnis der Mystiker –, ist genau das Gegenteil; die Erotik, welche durch menschliche Imagination verwandelte Sexualität ist, verschwindet keineswegs. Sie verändert sich fortwährend und bleibt dabei doch immer, was sie ursprünglich ist: Sexualtrieb.

In der entgegengesetzten Gestalt, der des Libertins, gibt es keine Verbindung von Religion und Erotik; im Gegenteil, es besteht ein eindeutiger Gegensatz: Der Libertin bejaht die Lust als einziges Ziel, womit er jeden anderen Wert negiert. Vehement widersetzt er sich fast immer den Werten und den religiösen oder ethischen Überzeugungen, die um eines transzendenten Zieles willen die Unterordnung des Körpers fordern. In ihren Extremen grenzt die Libertinage einerseits an die Kritik, die sie in Philosophie verwandelt, andererseits an die Blasphemie, das Sakrileg und die Profanierung als Verkehrungen der religiösen Devotion. De Sade rühmte sich eines unversöhnlichen philosophischen Atheismus, doch seine Bücher sind reich an Passagen irreligiöser religiöser Raserei, und in seinem Leben mußte er sich mehrerer Anklagen wegen Gottlosigkeit und Gotteslästerung erwehren, wie vor allem im Prozeß von 1772 in Marseille. André Breton sagte mir einmal, daß de Sades Atheismus ein Glaube war; man könnte die Libertinage auch eine umgekehrte Religion nennen. Der Libertin leugnet die übernatürliche Welt mit solcher Vehemenz, daß seine Attacken einer Huldigung und manchmal einer Konsekration gleichkommen. Bedeutsamer ist der wahre Unterschied zwischen dem Anachoreten und dem Libertin: Die Erotik des ersteren ist eine einsame Sublimierung ohne Vermittler; die des letzteren ist ein Akt, der zu seiner Ausführung eines Komplizen oder eines Opfers bedarf. Der Libertin braucht immer den anderen, und darin besteht seine Verdammung. Er ist abhängig von seinem Objekt, und er ist der Sklave seines Opfers.

Die Libertinage als Ausdruck der Begierde und einer überreizten Imagination ist uralt. Als Reflexion und als explizite Philosophie ist sie relativ modern. Die merkwürdige Entwicklung der Worte *Libertinage* und *Libertin* kann uns helfen, das nicht minder merkwürdige Schicksal der Erotik im modernen Zeitalter zu verstehen. Im Spanischen bedeutete *libertino* anfangs »hijo de liberto« (Sohn eines freigelassenen Sklaven), und erst später bezeichnete es eine Person mit einem ausschweifenden Lebenswandel. Im Französischen hatte das Wort im 17. Jahrhundert eine ähnliche Bedeutung wie *liberal* und *liberalité*: Großzügigkeit, Selbstlosigkeit. Die Libertins waren anfangs Dichter oder, wie Cyrano de Bergerac, Dichter-Philosophen. Abenteuerlustige, schwärmerische, sinnenfrohe Geister, von närrischer Imagination geleitet wie Théophile de Viau und Tristan L'Hermite. Die Bedeutung von Leichtfüßigkeit und Ungezwungenheit des Wortes Libertinage im 18. Jahrhundert bringt mit viel Anmut Madame de Sévigné zum Ausdruck: »Je suis tellement libertine quand j'écris, que le premier tour que je prends règne tout le long de ma lettre.« Im 18. Jahrhundert wurde die Libertinage philosophisch. Der Libertin war der intellektuelle Kritiker der Religion, der Gesetze und der Sitten. Der Bedeutungswandel vollzog sich unmerklich, und die libertine Philosophie verwandelte die Erotik der Leidenschaft in moralische Kritik. Die zeitlose Erotik zu Beginn des modernen Zeitalters griff zur Maske der Aufklärung. Sie war fortan nicht mehr Religion oder Profanierung, und in beiden Fällen Ritus, sondern sie verwandelte sich in Ideologie und Meinung. Damit sind der Phallus und die Vulva rechthaberisch geworden und kontrollieren unsere Sitten, unsere Ideen und unsere Gesetze.

Der radikalste und, buchstäblich, violenteste Ausdruck der libertinen Philosophie waren die Romane de Sades. In ihnen wird die Religion genauso furios denunziert wie die Seele und die Liebe. Das ist erklärlich. Die ideelle erotische Beziehung impliziert seitens des Libertins eine unbeschränkte Macht über das erotische Objekt, verbunden mit einer ebenso grenzenlosen Gleichgültigkeit gegenüber dessen Los; und seitens des »erotischen Objekts« totale Willfährigkeit gegenüber den Wünschen und Launen seines Gebieters. Daher fordern de Sades Libertins von ihren Opfern stets absoluten Gehorsam. Diese Bedingungen können jedoch nie erfüllt werden; sie sind philosophische Prämissen, nicht psychische und physische Realitäten. Um sein Verlangen zu befriedigen, muß der Libertin wissen (und für ihn bedeutet wissen fühlen), daß der Körper, den er berührt, eine Empfindsamkeit und ein Wille ist, die leiden. Die Libertinage erfordert eine gewisse Autonomie des Opfers, ohne welche die widersprüchliche Empfindung, die wir Lust/Schmerz nennen, nicht hervorgerufen wird. Der Sadomasochismus, Zentrum und Krönung der Libertinage, ist zugleich deren Negation. In der Tat negiert die Empfindung einerseits die Souveränität des Libertins, macht diesen von der Empfindsamkeit seines »Objekts« abhängig; andererseits negiert sie auch die Passivität des Opfers. Der Libertin und sein Opfer werden zu Komplizen um den Preis einer einzigartigen philosophischen Niederlage – zunichte wird sowohl die unendliche Gefühllosigkeit des Libertins als auch die unendliche Passivität des Opfers. Die Libertinage, eine Philosophie der Empfindung, postuliert als Ziel eine nicht mögliche Empfindungslosigkeit: die Ataraxie der Alten. Die Libertinage ist widersprüchlich, erstrebt sie doch zugleich die Vernichtung des anderen und dessen Auferstehung. Die Strafe besteht darin, daß der andere nicht als Körper aufersteht, sondern als Schatten. All das, was der Libertin sieht und berührt, verliert an Wirklichkeit. Seine eigene Wirklichkeit hängt von der des Opfers ab: nur dieses ist wirklich, und dieses ist nur ein Schrei, ein ersterbendes Gestammel. Durch die Berührung des Libertins wird alles zum Phantom, und er selbst wird zum Schatten unter Schatten.

In der Geschichte der erotischen Literatur nehmen de Sade und seine Nachkommen eine Sonderstellung ein. Trotz der tollwütigen Ausgelassenheit, mit der sie ihre finsteren Negationen akkumulieren, sind sie Nachfahren Platons, der stets das Sein pries. Luziferische Nachfahren: Kinder des abtrünnigen Lichts, des schwarzen Lichts. Für die philosophische Tradition ist Eros eine Gottheit, die die Finsternis mit dem Licht, die Materie mit dem Geist, den Sexus mit der Idee, das Hier mit dem Dort verband. Für diese Philosophen *spricht* das schwarze Licht, das halb Erotik, halb Philosophie ist. Um komplexere Visionen zu finden, sollte man sich nicht nur an die

Philosophen, sondern auch an die Dichter und die Romanciers wenden. Über Eros und seine Macht zu reflektieren ist nicht dasselbe, wie ihm Ausdruck zu verleihen; letzteres kommt dem Künstler und dem Dichter zu. De Sade war ein weitschweifiger und schwerfälliger Schriftsteller, das Gegenteil von einem großen Künstler; Shakespeare und Stendhal sagen uns mehr über die enigmatische erotische Leidenschaft und ihre überraschenden Manifestationen als de Sade und seine heutigen Anhänger, die darauf versessen sind, diese in einen philosophischen Diskurs zu verwandeln. In den Schriften dieser letzteren ist der Sadomasochismus mit seinen Verliesen und Nagelbrettern ein langweiliges Lehrfach geworden, wo das Paar Lust/Schmerz endlos miteinander streitet. Die Superiorität Freuds beruht darauf, daß er seine Erfahrung als Arzt mit seiner dichterischen Vorstellungskraft zu verbinden wußte. Als Mann der Wissenschaft und als tragischer Dichter wies Freud uns den Weg zum Verständnis der Erotik: die Biowissenschaften verbunden mit der Intuition der großen Dichter. Eros gehört der Sonne und der Nacht an. Alle spüren das, doch wenige sehen es. Eros/Amor war für Psyche, seine Geliebte, unsichtbar, eben weil die Sonne am hellichten Tag des Übermaßes an Licht wegen nicht zu sehen ist. Der doppelte Aspekt des Eros, Licht und Dunkel, kristallisiert sich in einem Bild, das bei den Dichtern der *Anthologia Graeca* tausendmal auftaucht: die im Dunkel des Schlafgemachs entzündete Lampe.

Wenn wir das lichte Antlitz der Erotik, ihre strahlende Bejahung des Lebens kennenlernen wollen, genügt es, sich einen Augenblick eines dieser Fruchtbarkeitssymbole, diese Statuetten des Neolithikums zu betrachten:

den gertenschlanken Wuchs, die Rundung der Hüften, die Hände, die pralle Brüste drücken, das verzückte Lächeln. Und wenn wir sie schon nicht besichtigen können, sollten wir uns wenigstens ein Foto der riesigen Skulpturen im buddhistischen Tempel von Karli in Indien ansehen. Körper von Männern und Frauen wie gewaltige Ströme oder sanfte Hügel, Bilder einer am Ende zufriedenen Natur, überrascht in diesem Augenblick des Einverständnisses mit der Welt und mit sich selbst, der auf die sexuelle Lust folgt. Sonniges Glück – die Welt lächelt. Wie lange? Einen Seufzer lang – eine Ewigkeit. Ja, die Erotik löst sich von der Sexualität, verwandelt sie und lenkt sie von ihrem Ziel, der Fortpflanzung, ab; doch diese Loslösung ist auch eine Rückkehr. Das Paar kehrt zum Meer des Sexus zurück und wiegt sich auf seinen endlosen und sanften Wellen. Dort erlangt es wieder die Unschuld der Tiere. Die Erotik ist ein Rhythmus, Umkehr zur versöhnten Natur. Das erotische Jenseits ist hier und jetzt. Alle Frauen und alle Männer haben diese Augenblicke erlebt, sie sind unsere Ration Paradies.

Die Erfahrung, an die ich hier erinnert habe, ist die der Rückkehr zur ursprünglichen Wirklichkeit *vor* der Erotik, der Liebe und der Ekstase der Mystiker. Diese Rückkehr ist weder Flucht vor dem Tod noch Leugnung der schrecklichen Aspekte der Erotik. Sie ist ein Versuch, diese zu verstehen und sie in das Große Ganze zu integrieren. Kein intellektuelles, sondern sinnliches Verstehen: ein Wissen der Sinne. D.H. Lawrence suchte sein ganzes Leben lang nach diesem Wissen; kurz vor seinem Tod – eine wunderbare Belohnung – hinterließ er uns in einem faszinierenden Gedicht ein Zeugnis seiner Entdeckung: Die Rückkehr zum Großen Ganzen ist der Abstieg zum Grund, in den unterirdischen Palast von Pluto und Persephone, dem Mädchen, das jeden Frühling auf die Erde zurückkehrt. Rückkehr zum Ort des Ursprungs, wo Tod und Leben sich umarmen:

> Reach me a gentian, give me a torch!
> let me guide myself with the blue, forked torch
> of a flower
> down the darker and darker stairs, where blue
> is darkened on blueness
> down the way Persephone goes, just now, in
> first-frosted September,
> to the sightless realm where darkness is married
> to dark
> and Persephone herself is but a voice, as a bride,
> a gloom invisible enfolded in the deeper dark
> of the arms of Pluto as he ravishes her once again
> and pierces her once more with his passion of
> the utter dark
> among the splendour of black-blue torches,
> shedding fathomless darkness on the nuptials.*

> Gib mir einen Enzian, reich eine Fackel mir!
> daß die blaue, gegabelte Fackel dieser Blume
> mich leite
> die dunklen, bei jedem Schritt dunkleren
> Stufen hinab, wo das Blau dunkelt vor Bläue
> und eben jetzt Persephone im ersten
> Septemberfrost

* D.H. Lawrence, *Bavarian Gentians.*

ins blinde Reich hinabsteigt, wo Dunkelheit
dem Dunkel ist vermählt
und sie, die Braut, eine Stimme nur ist,
unsichtbare Düsternis, im tieferen Dunkel
umfangen
von Plutos Armen, als erneut er sie entführt
und noch einmal durchdringt mit seiner
tiefdunklen Leidenschaft
beim blauschwarzen Fackelschein,
dessen abgründiges Dunkel das Brautpaar
überströmt.

EROS UND PSYCHE

Die Liebe, im strengen Sinn des Wortes, taucht zum ersten Mal in der Erzählung von Amor und Psyche auf, die Apuleius in eines der unterhaltsamsten Bücher der griechisch-römischen Antike, *Die Metamorphosen*, auch *Der goldene Esel* genannt, eingeschaltet hat. Amor, ein grausamer Gott, dessen Pfeile weder seine eigene Mutter noch sogar Jupiter respektieren, verliebt sich in eine Sterbliche: Psyche. Die Geschichte, sagt Pierre Grimal, ist »direkt inspiriert von Platons *Phaidros*: Die individuelle Seele (Psyche), getreues Bild der universalen Seele (Venus), steigt dank der Liebe (Eros) von der Sterblichkeit Schritt für Schritt zur göttlichen Unsterblichkeit auf«. Die Präsenz der Seele in einer Liebesgeschichte ist in der Tat ein platonisches Echo, und das trifft auch für die Suche nach Unsterblichkeit zu, die Psyche durch ihre Vereinigung mit einem Gott erlangt. Auf jeden Fall handelt es sich um eine unerwartete Transformierung des Platonismus: Die Novelle ist eine realistische Liebesgeschichte (es gibt sogar eine böse Schwiegermutter: Venus), nicht die Schilderung eines einsamen philosophischen Abenteuers. Ich weiß nicht, ob jenen, die sich mit dem Thema beschäftigt haben, auch aufgefallen ist, was für mich die große und eigentliche Neuheit der Geschichte ausmacht: Amor, ein Gott, verliebt sich in ein Mädchen, das die Personifizierung der Seele ist: Psyche. Vor allem möchte ich darauf hinweisen, daß diese Liebe gegenseitig ist und erwidert wird: Keiner der beiden Liebenden ist für den anderen Gegenstand der Betrachtung; auch stellen sie keine Stufen auf der Leiter der Kontemplation dar. Amor liebt Psyche und Psyche liebt Amor; deshalb – sehr prosaisch – vermählen sie sich am Ende. Unzählig sind die Geschichten von Göttern, die sich in Sterbliche verlieben, doch in keiner dieser stets sinnenfrohen Liebschaften spielt die seelische Anziehungskraft der geliebten Person eine Rolle. Apuleius' Erzählung kündigt eine Sicht der Liebe an, die tausend Jahre später die Geistesgeschichte des Abendlandes verändern sollte. Apuleius war in die Isis-Mysterien initiiert, und seine Novelle endet mit dem Erscheinen der Göttin und der Erlösung Lucius', der in einen Esel verwandelt worden war. Das Vergehen, die Bestrafung und die Erlösung sind wesentliche Elemente der abendländischen Konzeption der Liebe. Es ist das Thema Goethes im zweiten Teil des *Faust*, das Wagners in *Tristan und Isolde* und das der *Aurelia* von Nerval.

In Apuleius' Geschichte muß die junge Psyche, ihrer Neugier wegen bestraft – nämlich weil sie die Sklavin und nicht die Herrin ihres Verlangens ist –, zum unterirdischen Palast von Pluto und Proserpina hinabsteigen, in das Reich der Toten, aber auch das der Wurzeln und Keime: Verheißung der Auferstehung. Nach bestandener Prüfung kehrt Psyche ans Licht zurück und erlangt ihren Geliebten wieder: Amor, der Unsichtbare, gibt sich schließlich zu erkennen. Wir besitzen einen anderen Text, der ebenfalls mit einer Rückkehr endet und der als Pendant zu Psyches Leidensweg gelesen werden kann. Ich meine die letzten Seiten des *Ulysses* von Joyce. Nach ihrem Streifzug durch die Stadt kehren die beiden Gestalten Bloom und Stephen ins Haus von Ulysses/Bloom zurück. Das heißt: nach Ithaka, wo Penelope/Molly sie erwartet. Blooms Frau ist alle Frauen, oder vielmehr, sie ist die Frau schlechthin: die ewige Quelle, die große Vulva, die Magna Mater, unser Anfang und unser Ende. Als Molly den jungen Dichter Stephen sieht, beschließt sie, ihn bald zu ihrem Geliebten zu machen. Molly ist nicht nur Penelope, sondern auch Venus, doch ohne die Poesie und deren Wandlungskräfte ist sie weder Frau noch Göttin. Obgleich Molly ungebildet ist, weiß sie, daß sie nichts ist ohne die Sprache, ohne die sublimen oder idiotischen Metaphern des Verlangens. Deshalb schmückt sie sich mit anzüglichen Schmeicheleien, Liedern und Gassenhauern, als wären es Halsketten, Ohrringe und Armbänder. Die Poesie, die höchste und die vulgärste, ist ihr Spiegel: bei der Betrachtung ihres Bildes stürzt sie hinein, versinkt in ihrem Sein und wird zur Quelle.

Die Spiegel und ihr Doppel, die Brunnen, sind in der Geschichte der erotischen Dichtung Sinnbilder des Untergangs und der Auferstehung. Wie die Frau, die sich in ihnen betrachtet, sind die Brunnen Wasser des Verderbens und Wasser des Lebens; sich in diesen Wassern sehen, in sie hineinfallen und wieder freikommen heißt wiedergeboren werden. Molly ist ein Brunnen, und sie führt ohne Unterlaß ein langes Selbstgespräch, das dem unablässigen Sprudeln einer Quelle gleicht. Und was sagt sie? Diese ganze Flut von Worten ist ein großes Ja zum Leben, ein Ja, das sich um Gut und Böse nicht kümmert, ein egoistisches Ja, schlau, gierig, generös, üppig, stupide, kosmisch, ein Ja der Zustimmung, das in seinem monotonen Fluß alles vermengt und verschmilzt: Vergangenheit, Gegenwart und Zukunft, das, was wir waren, was wir sind und sein werden, alle miteinander und alles zusammen in einem großen Ausbruch gleich einem Schwall, der jeden und alles hochschleudert, niederreißt und verwirbelt zu einem Ganzen ohne Anfang noch Ende:

oh und das Meer das Meer glührot manchmal wie Feuer und die herrlichen Sonnenuntergänge und die Feigenbäume in den Alamedagärten ja und die ganzen komischen kleinen Straßen und Gäßchen und rosa und blauen und gelben Häuser und die Rosengärten und der Jasmin und die Geranien und Kaktusse und Gibraltar als kleines Mädchen wo ich eine Blume des Berges war ja wie ich mir die Rose ins Haar gesteckt hab wie die andalusischen Mädchen immer machten oder soll ich eine rote tragen ja und wie er mich geküßt hat unter der maurischen Mauer und ich hab gedacht na schön er so gut wie jeder andere und hab ihn mit den Augen gebeten er soll doch nochmal fragen ja und dann hat er mich gefragt ob ich will ja sag ja meine Bergblume und ich hab ihm zuerst die Arme um den Hals gelegt und ihn zu mir niedergezogen daß er meine Brüste fühlen konnte wie sie dufteten ja und das Herz ging ihm wie verrückt und ich hab ja gesagt ja ich will Ja.*

Das große Ja Mollys umfaßt alle Verneinungen und verkehrt sie in eine Hymne auf das undifferenzierte Leben. Es ist eine Lebensbejahung ähnlich der von Duchamps *Rrose Sélavy*. Eine Feier des Eros, nicht der Psyche. Mollys Monolog enthält einen Satz, den keine verliebte Frau sagen würde: »und wie er mich geküßt hat unter der maurischen Mauer und ich hab gedacht na schön er so gut wie jeder andere ...« Nein, es ist nicht egal, ob mit diesem

---

* Übersetzt von Hans Wollschläger.

oder mit jenem. Und dies ist die Linie, welche die Grenze zwischen Liebe und Erotik markiert. Liebe bedeutet, sich zu einer einzigen Person hingezogen fühlen: zu einem Körper und zu einer Seele. Liebe ist Erwählung; Erotik Einwilligung. Ohne Erotik – ohne sichtbare Gestalt, welche die Sinne für sich einnimmt – gibt es keine Liebe, doch die Liebe übersteigt den begehrten Körper und sucht die Seele im Körper und in der Seele den Körper. Die ganze Person.

Das Gefühl der Liebe stellt eine Ausnahme innerhalb dieser großen Ausnahme dar, welche die Erotik gegenüber der Sexualität ist. Doch ist es eine Ausnahme, die es in allen Gesellschaften und in allen Epochen gibt. Kein Volk und keine Zivilisation, die nicht Gedichte, Lieder, Legenden oder Geschichten besitzt, in denen die Anekdote oder das Thema – der Mythos, in der ursprünglichen Bedeutung des Worts – nicht die Begegnung zweier Personen ist, ihre gegenseitige Anziehung und die Schwierigkeiten und Strafandrohungen, denen sie trotzen müssen, um sich zu vereinigen. Die Begegnung ihrerseits setzt zwei widersprüchliche Bedingungen voraus: Die Zuneigung, welche die Liebenden zueinander empfinden, ist unwillkürlich, sie verdankt sich einem geheimen, allmächtigen Magnetismus; zugleich aber bedeutet sie Erwählung. Prädestination und Wahl, objektive und subjektive Kräfte, Schicksal und Freiheit, überschneiden sich in der Liebe. Das Gebiet der Liebe ist ein durch die Begegnung zweier Menschen magnetisierter Raum.

Lange Zeit glaubte ich, Denis de Rougemont und seinem berühmten Buch *L'Amour et l'Occident* folgend, daß das Gefühl der Liebe ausschließlich unserer Zivilisation eigen war und daß es an einem bestimmten Ort und zu einer bestimmten Zeit entstanden war: in der Provence zwischen dem 11. und 12. Jahrhundert. Heute scheint mir diese Meinung nicht mehr vertretbar. Vor allem muß man unterscheiden zwischen dem Gefühl der Liebe und der Idee der Liebe, die eine Gesellschaft oder eine bestimmte Epoche sich zu eigen macht. Das Gefühl der Liebe gibt es zu allen Zeiten und an allen Orten; in seiner einfachsten und unmittelbarsten Form ist es lediglich die starke Zuneigung, die wir zu einem Menschen unter vielen empfinden. Das Vorhandensein einer Literatur, deren zentrales Thema die Liebe ist, ist ein schlagender Beweis für die Universalität der Liebesempfindung. Ich betone: der Empfindung, nicht der Idee. Liebe in der summarischen Form, wie ich sie weiter oben definiert habe: mysteriöse starke Zuneigung zu einem einzigen Menschen, das heißt, Verwandlung des »erotischen Objekts« in ein freies und einzigartiges Subjekt. Die Gedichte Sapphos sind keine Philosophie der Liebe: sie sind ein Zeugnis, die Form, in der sich dieser sonderbare Magnetismus kristallisiert hat. Gleiches gilt für die im *Shih-ching* (»Das Buch der Lieder«) versammelten Lieder, für viele spanische Romanzen oder für andere Gedichtsammlungen dieser Art. Manchmal jedoch wird die Reflexion über die Liebe zur Ideologie einer Gesellschaft; dann haben wir es mit einer Lebensweise, einer Kunst zu leben und zu sterben zu tun. Das heißt mit einer Ethik, einer Ästhetik und einer Etikette: einer *cortesia*, um den mittelalterlichen Begriff zu gebrauchen.

Die *cortesia* ist nicht jedermann zugänglich: sie ist ein Wissen und eine Praxis. Sie ist das Privileg dessen, was man den Adel des Herzens nennen könnte. Kein Adel, der sich auf das Blut und die Privilegien eines Erbes gründet, sondern auf gewisse Qualitäten des Geistes. Auch wenn diese Qualitäten angeboren sind, muß der Adept, damit sie sich manifestieren und ihm zur zweiten Natur werden, seinen Geist und seine Sinne kultivieren, muß er zu fühlen und zu sprechen lernen und, in gewissen Augenblicken, zu schweigen. Die *cortesia* ist eine Schule der Sensibilität und der Selbstlosigkeit. *Razón de amor*, unser schönes Liebesgedicht, das erste in spanischer Sprache (13. Jahrhundert), beginnt wie folgt:

Qui triste tiene su coraçon
Benga oyr esta razon;
Odra razon acabada,
Feyta d'amor e bien rymada.
Un escolar la rrimo
Que sie(m)pre duenas amo,
Mas sie(m)pre ovo cryança,
En Alemania y en Fra(n)çia;
Moro mucho en Lombardia
Por aprender cortesia.

Wes Herz in Trübsal sich verloren,
nehme sich diesen Rat zu Ohren.
Zu hören einen Rat, der wohlbedacht,
von Lieb diktiert und schön zu Reim gebracht.
Der so gereimt, ist ein Scholar,
der Damen stets in Liebe dienstbar war,
und dabei Bildung hat geschlürft zugleich
in Deutschland und im Frankenreich;
weilte auch länger in der Lombardei,
daß man ihm höfisch Wesen brächte bei.*

* Übertragen von Lothar Klünner.

Die »höfische Liebe« ist erlernbar: sie ist ein Wissen der vom Licht der Seele erleuchteten Sinne, eine durch die *cortesia* verfeinerte sinnliche Anziehung. In ähnlicher Form wie im Abendland gedieh sie in der islamischen Welt, in Indien und im Fernen Osten. Auch dort gab es eine Kultur der Liebe, sie war das Privileg einer kleinen Gruppe von Männern und Frauen. Die arabischen und persischen Literaturen, beide eng verbunden mit dem Leben am Hofe, sind überaus reich an Gedichten, Geschichten und Abhandlungen über die Liebe. Und schließlich sind zwei große Romane, ein chinesischer und ein japanischer, dem Wesen nach Liebesgeschichten, und beide spielen in einem geschlossenen, aristokratischen Milieu.

Im Roman von Ts'ao Chan, *Hung-lou meng* (»Der Traum der roten Kammer«), spielt die Geschichte in einem Palast, und der Held sowie die beiden Heldinnen gehören der Aristokratie an.* Das Buch ist ausgeschmückt mit Gedichten und Betrachtungen über die Liebe. Letztere sind eine Mischung aus buddhistischer und taoistischer Metaphysik, das Ganze gefärbt vom Volksglauben und vom Aberglauben wie in *La Celestina*, unserem großen und schrecklichen Buch der Liebe. Die strenge Philosophie des Konfuzius spielt im *Traum der roten Kammer* kaum eine Rolle, außer als ein langweiliges Raster von Verboten und Vorschriften, welche die Erwachsenen der jugendlichen Leidenschaft entgegenstellen. Heuchleri-

* Obgleich der Titel des Romans, *Der Traum der roten Kammer*, schön und von der Tradition sanktioniert ist, ist er doch ungenau. In Wirklichkeit heißt *Hung-lou meng: Traum roter Häuser*. So wurden, der rötlichen Farbe ihrer Mauern wegen, die Häuser der Reichen genannt; die Häuser der einfachen Leute waren grau.

sche Regeln, die die hemmungslose Begierde und Sinnenlust derselben Erwachsenen verschleiern. Der Gegensatz zwischen der profanen und der sakralen Welt: die Moral der Erwachsenen ist weltlich, wohingegen die Liebe zwischen Chia Pao-yü und Lin Tai-yü die Erfüllung eines vor abertausend Jahren beschlossenen Schicksals ist. Ähnliches gilt für *Genji monogatari* (»Der Roman vom Prinzen Genji«), das Werk von Murasaki Shikibu, einer japanischen Hofdame. Die Personen sind Mitglieder des höchsten Adels, und ihre Liebesbeziehungen werden aus dem Blickwinkel einer melancholischen Philosophie geschildert, die vom Buddhismus und vom Gefühl der Vergänglichkeit alles Weltlichen geprägt ist. Merkwürdig, daß Denis de Rougemont für all diese Zeugnisse unempfänglich war: Wo eine hohe höfische Kultur blüht, keimt eine Philosophie der Liebe. Die Beziehung zwischen dieser Philosophie und dem allgemeinen Gefühl spiegelt die Beziehung dieses letzteren zur Erotik und die beider zur Sexualität. Das Bild der konzentrischen Kreise, das ich am Anfang heraufbeschworen habe, kehrt wieder: Der Sexus ist die Wurzel, die Erotik der Stiel und die Liebe die Blüte. Und die Frucht? Die Früchte der Liebe sind nicht faßbar. Dies ist eins ihrer Rätsel.

Hat man die Existenz verschiedener Ideologien der Liebe in anderen Zivilisationen anerkannt, ist zu bedenken, daß es zwischen jenen und der des Okzidents fundamentale Unterschiede gibt. Der wesentlichste scheint mir der folgende zu sein: Im Orient wurde die Liebe innerhalb einer religiösen Tradition begriffen; nie war sie ein unabhängiger Gedanke, sondern sie leitete sich von dieser oder jener Lehre ab. Dagegen wurde die Philosophie der Liebe im Okzident von Anfang an außerhalb der offiziellen Religion und manchmal in Opposition zu ihr konzipiert und verstanden. Bei Platon ist die Reflexion über die Liebe von seiner Philosophie nicht zu trennen; und diese letztere ist reich an Kritik hinsichtlich der Mythen und der religiösen Praktiken (wie des Bittgebets und des Opfers als Mittel, die Gunst der Götter zu erlangen). Das sprechendste Beispiel ist die »höfische Liebe«, die von der Kirche nicht nur mit Besorgnis, sondern auch mit Mißbilligung gesehen wurde. Nichts dergleichen findet sich in der östlichen Tradition. Der Roman von Ts'ao Chan stellt gleichsam einen Schnittpunkt zwischen zwei Welten dar, die, obgleich voneinander getrennt, miteinander in Verbindung stehen: einerseits das Jenseits des Buddhismus und des Taoismus, bevölkert von Mönchen, Asketen und Gottheiten, andererseits die Leidenschaften, Begegnungen und Trennungen einer polygamen Adelsfamilie im China des 18. Jahrhunderts. Religiöse Metaphysik und psychologischer Realismus. Die gleiche Dualität herrscht im Roman von Murasaki Shikibu. Keines dieser Werke, auch nicht die anderen Romane, Theaterstücke und Gedichte mit amourösem Thema, wurde der Heterodoxie beschuldigt. Einige wurden kritisiert und manchmal wegen ihrer Kühnheiten und Obszönitäten sogar verboten, nicht jedoch wegen ihrer Ideen.

Die abendländische Konzeption des Schicksals – und seiner Kehrseite oder seines Komplements, der Freiheit – unterscheidet sich substantiell von der östlichen Konzeption. Dieser Unterschied schließt zwei weitere mit ein, die eng miteinander verbunden sind: die Verantwortung eines jeden für seine Taten und die Existenz der Seele. Der Buddhismus, der Taoismus und der Hinduismus teilen den Glauben an die Seelenwanderung, und daher ist der Begriff einer individuellen Seele in diesen Lehren nicht klar umrissen. Für die Hindus und Taoisten ist das, was wir Seele nennen, lediglich ein Augenblick einer Wirklichkeit, die sich von Anbeginn an unablässig wandelt und die sich zwangsläufig im Laufe künftiger Leben weiter wandeln wird, bis sie schließlich die Befreiung erlangt. Und vom Buddhismus wird die Existenz einer individuellen Seele energisch negiert. In den zwei Romanen – um auf die Werke von Ts'ao Chan und Murasaki Shikibu zurückzukommen – ist die Liebe ein von altersher auferlegtes Schicksal. Das Karma ist bekanntlich nur das Ergebnis unserer früheren Leben. So ist die unvermittelte Liebe Yugaos zu Genji und die Eifersucht, die diese Liebe bei der »Dame von Rokujo« weckt, die Folge nicht nur ihres gegenwärtigen Lebens, sondern vor allem auch ihrer früheren Leben. Shuichi Kato macht darauf aufmerksam, wie oft Murasaki Shikibu das Wort *sukuse* (Karma) benutzt, um das Verhalten und das Schicksal ihrer Personen zu erklären. Für den Okzident dagegen ist die Liebe ein frei gewähltes Schicksal; das heißt, so stark der Einfluß der Prädestination auch sein mag – das bekannteste Beispiel ist der Zaubertrank, den Tristan und Isolde trinken –, bedarf es doch der Komplizenschaft der Liebenden, damit das Schicksal sich erfüllt. Die Liebe ist ein Knoten, in dem sich Schicksal und Freiheit unauflöslich verbinden.

Hier muß ich auf eine Ähnlichkeit hinweisen, die sich am Ende in einen neuen Gegensatz verkehrt. Im *Traum der roten Kammer* und im *Roman vom Prinzen Genji* ist die Liebe eine Schule der Ernüchterung, ein Weg, auf dem sich die Wirklichkeit nach und nach als eine Schimäre erweist. Wie in der abendländischen Tradition kommt dem Tod eine entscheidende Funktion zu: er weckt den in seinen Träumen verlorenen Liebenden. In den beiden Werken ist die Analyse der Liebesleidenschaft und ihres zugleich realen und irrealen Charakters überaus scharfsichtig und feinsinnig; es ist daher verständlich, daß man sie mit verschiedenen europäischen Romanen und insbesondere mit dem Werk von Proust verglichen hat. Auch *Auf der Suche nach der verlorenen Zeit* ist die Geschichte einer Wanderung auf verschlungenen Wegen, die den Erzähler, geleitet von diesem Vergil, der die unwillkürliche Erinnerung ist, von Ernüchterung zu Ernüchterung führt bis zur Kontemplation der Wirklichkeit aller Wirklichkeiten: der Zeit selbst. In den beiden östlichen Romanen führt der Weg der Ernüchterung nicht zur Erlösung des Ichs, sondern zur Entdeckung einer namenlosen und unsagbaren Leerheit; nichts erscheint, alles verschwindet: wir selbst verschwinden in einer strahlenden Leere. Am Ende von Prousts Werk betrachtet der Erzähler die Kristallisierung der gelebten Zeit, einer Zeit, die die seine ist, unübertragbar, und die auch schon nicht mehr die seine ist: nichts als die Wirklichkeit, so wie sie ist, gerade nur ein Vibrieren, unser Teil an Unsterblichkeit. Prousts Wanderung ist eine persönliche Suche im Geiste einer Philosophie, die der offiziellen Religion fernsteht; jene, welche die Protagonisten von Ts'ao Chan und Murasaki Shikibu unternehmen, sind eine Bestätigung der Wahrheiten und Lehren des Buddhismus und des Taoismus. Trotz des Ungestüms der Überschreitungen wurde die Liebe im Orient innerhalb der Religion gelebt und gedacht; sie konnte eine Sünde sein, aber keine Häresie. Im Okzident entfaltete sich die Liebe gegenüber der Religion, außerhalb von ihr und sogar in Opposition zu ihr. Die okzidentale Liebe ist das Kind der Philosophie und des poetischen Empfindens, das alles, was es berührt, in ein Bild verwandelt. Deshalb wurde die Liebe für uns zu einem *Kult.*

Es kann nicht überraschen, daß die Philosophie der Liebe zuerst in Griechenland entstand. Dort löste sich die Philosophie bereits sehr früh von der Religion: Das griechische Denken begann mit der Kritik, welche die Vorsokratiker an den Mythen übten. Die alttestamentarischen Propheten unterzogen die Gesellschaft der Kritik von der Religion aus; die griechischen Denker unterzogen die Götter der Kritik von der Vernunft aus. Auch kann es nicht überraschen, daß der erste Philosoph der Liebe, Platon, auch ein Dichter war: Die Geschichte der Dichtung ist von jener der Liebe untrennbar. Damit ist Platon der Begründer unserer Philosophie der Liebe. Sein Einfluß dauert fort, vor allem dank seiner Idee der Seele; ohne diese gäbe es unsere Philosophie der Liebe nicht, oder sie hätte eine ganz andere Gestalt angenommen, die man sich schwer vorstellen kann. Die Idee der Seele ist, den Gelehrten zufolge, nicht griechisch; bei Homer sind die Seelen der Toten nicht wirklich Seelen, unkörperliche Wesen: sie sind Schatten. Für einen Griechen der Antike gab es keine klare Unterscheidung zwischen Körper und Seele. Die Idee einer vom Körper unterschiedenen Seele taucht zum ersten Mal bei einigen Vorsokratikern wie Pythagoras und Empedokles auf; Platon greift sie auf, systematisiert sie, macht sie zu einer der Achsen seines Denkens und vererbt sie seinen Nachfolgern. Doch obgleich die Konzeption der Seele bei Platon das Zentrum der Philosophie der Liebe ist, kommt ihr nicht die Bedeutung zu, die sie später in der Provence, bei Dante und bei Petrarca haben wird. Platons Liebe ist nicht die unsere. Man kann sogar sagen, daß sie nicht wirklich eine Philosophie der Liebe, sondern eine sublimierte (und sublime) Form der Erotik ist. Diese Behauptung mag gewagt erscheinen. Das ist sie nicht; um sich davon zu überzeugen, braucht man nur die zwei der Liebe gewidmeten Dialoge, *Phaidros* und *Das Gastmahl*, zu lesen, insbesondere den letzteren, und sie mit den anderen großen Texten über dasselbe Thema, die uns die Philosophie und die Dichtung hinterlassen haben, zu vergleichen.

Das Gastmahl besteht aus mehreren Reden oder Lobreden auf die Liebe, vorgetragen von sieben Teilnehmern. Sehr wahrscheinlich repräsentieren sie die zu jener Zeit gängigen Meinungen über das Thema, mit Ausnahme von Sokrates, der die Ideen Platons äußert. Die schöne Verteidigungsrede des Aristhophanes hebt sich von den anderen stark ab. Um das Geheimnis der gegenseitigen Anziehung zu erklären, bedient er sich des Mythos vom ursprünglichen Androgynen. Anfangs gab es drei Geschlechter, das männliche, das weibliche und das androgyne, das beide in sich vereinte. Dieses letztere war stark, intelligent und bedrohte die Götter. Um es zu unterwerfen, beschloß Zeus, es zu zweiteilen. Seither sind die getrennten Hälften auf der Suche nach ihrer sie ergänzenden Hälfte. Der Mythos des Androgynen ist nicht nur tiefgründig, er findet auch bei uns tiefen Widerhall: Wir sind unvollständige Wesen, und das Liebessehnen ist ständiges Verlangen nach »Vollständigkeit«. Ohne den anderen oder die andere werde ich nicht ich selbst sein.

Dieser Mythos und der von Eva, aus der Rippe Adams geschaffen, sind poetische Metaphern, die, ohne wirklich etwas zu erklären, alles sagen, was es über die Liebe zu sagen gibt. Aber diese Mythen ergeben keine Philosophie, sie antworten auf das Geheimnis der Liebe mit einem anderen Geheimnis. Zudem berührt der Mythos des Androgynen nicht gewisse Aspekte der Liebesbeziehung, die in meinen Augen wesentlich sind, wie den der Verbindung zwischen Freiheit und Prädestination oder zwischen sterblichem Leben und Unsterblichkeit.

Im Mittelpunkt des *Gastmahls* steht die Rede des Sokrates. Der Philosoph berichtet seinen Zuhörern von dem Gespräch, das er mit einer weisen fremden Priesterin, Diotima aus Mantineia, geführt hatte. Platon bedient sich häufig alter (oder erfundener) Mythen, die irgendein berühmter Besucher darlegt. Es mutet seltsam an, daß in einer vorwiegend homosexuellen Gesellschaft wie dem platonischen Zirkel Sokrates ausgerechnet einer Frau eine Doktrin über die Liebe in den Mund legt. Ich glaube, daß es sich dabei um eine Rückerinnerung handelt, in eben der Bedeutung, die Platon diesem Wort gibt: ein Hinabsteigen zu den Quellen, in das Reich der Mütter, den Ort der ursprünglichen Wahrheiten. Es ist daher ganz natürlich, daß einer alten Prophetin die Aufgabe zukommt, die Geheimnisse der Liebe zu enthüllen. Diotima beginnt mit der Feststellung, daß Eros weder ein Gott noch ein Mensch ist: er ist ein Dämon, ein Geist, der zwischen den Göttern und den Sterblichen lebt. Seine Aufgabe ist es, die Lebenden miteinander in Verbindung zu bringen und zu vereinen. Vielleicht deshalb verwechseln wir ihn mit dem Wind und stellen ihn mit Flügeln dar. Er ist der Sohn der Armut und der Fülle, was seine Eigenschaft als

Vermittler erklärt. Er bringt das Licht mit dem Schatten in Verbindung, die sinnlich wahrnehmbare Welt mit den Ideen. Als Sohn der Armut trachtet er nach Reichtum; als Kind der Fülle verteilt er Güter. Er ist der Begehrende, der fordert; der Begehrte, der gibt.

Liebe ist nicht schön, sie sehnt sich nach Schönheit. Alle Menschen ersehnen etwas. Ein solches Verlangen ist das Trachten nach dem Besten: Der Feldherr möchte den Sieg erringen, der Dichter eine Hymne von unvergleichlicher Schönheit schreiben, der Töpfer formvollendete Amphoren schaffen, der Kaufmann Güter und Geld anhäufen. Und was ersehnt der Liebende? Er trachtet nach Schönheit, nach der menschlichen Pracht. Die Liebe entsteht beim Anblick der schönen Person. Doch obgleich das Verlangen allen gemeinsam ist und alle anspornt, trachtet jeder nach etwas anderem; die einen ersehnen dieses, die anderen jenes. Die Liebe ist eine der Formen, in denen sich das allgemeine Verlangen äußert, und sie besteht in der Anziehung durch die menschliche Schönheit. An diesem Punkt angelangt, warnt Diotima Sokrates: Die Liebe ist nicht einfach. Sie ist eine Mischung verschiedener Elemente, vereint und beseelt durch das Verlangen. Auch ihr Objekt ist nicht einfach, es verändert sich unablässig. Die Liebe ist mehr als nur Anziehung durch die menschliche Schönheit, die der Zeit, dem Tod und dem Verderben unterworfen ist. Diotima fährt fort: Alle Menschen trachten nach dem Besten, angefangen mit dem, was sie nicht haben. Wir sind zufrieden mit unserem Körper, wenn seine Glieder gesund und beweglich sind; wären unsere Beine mißgebildet und weigerten sich, uns zu tragen, würden wir nicht zögern, sie wegzuwerfen, um sie durch die des schnellsten Läufers auf der Aschenbahn zu ersetzen. Und so ist es mit allem, wonach uns verlangt. Und welchen Nutzen haben wir, wenn wir bekommen, wonach uns verlangt? Die Art des Nutzens ist von Fall zu Fall verschieden, doch das Ergebnis ist dasselbe: wir fühlen uns glücklich. Die Menschen streben nach Glück und wollen es für immer. Das Verlangen nach Schönheit, das der Liebe inhärent ist, ist auch Verlangen nach Glück; und nicht nach augenblicklichem und vergänglichem, sondern nach ewigem Glück. Alle Menschen leiden an einem Mangel: ihre Tage sind gezählt, sie sind sterblich. Das Trachten nach Unsterblichkeit ist ein Wesenszug, der allen Menschen gemein ist und der sie definiert.

Das Verlangen nach dem Besten verbindet sich mit dem Verlangen, dieses für immer zu behalten und sich immer daran zu erfreuen; alle Lebewesen, und nicht nur die Menschen, haben dieses Verlangen. Alle wollen sich verewigen. Das Verlangen nach Fortpflanzung ist eines der Elemente oder Komponenten der Liebe. Es gibt zwei Arten der Fortpflanzung: die des Körpers und die der Seele. Männer und Frauen, in ihre Schönheit verliebt, vereinigen ihre Körper, um sich fortzupflanzen. Die Zeugung, sagt Platon, ist etwas Göttliches, sowohl bei den Tieren wie bei den Menschen. Die zweite Art der Fortpflanzung aber ist die edelste, denn die Seele zeugt in einer anderen Seele unvergängliche Ideen und Gefühle. Jene, die »durch die Seele fruchtbar« sind, empfangen mit dem Denken: die Dichter, die Künstler, die Gelehrten und nicht zuletzt die Begründer von Gesetzen und all jene, die ihre Mitbürger das rechte Maß und die Gerechtigkeit lehren. Ein Liebender kann so in der Seele des geliebten Wesens das Wissen, die Tugend und die Verehrung des Schönen, Gerechten und Guten zeugen. Diotimas Rede und die Kommentare des Sokrates sind eine Art Wanderung. In dem Maße, wie wir vorwärts kommen, entdecken wir neue Aspekte der Liebe, gleich jenem, der einen Hügel besteigt und bei jedem Schritt die Veränderungen des Panoramas wahrnimmt. Es bleibt jedoch ein Teil verborgen, den wir nicht mit den Augen, sondern nur mit dem Verstand erkennen können. »All das, was ich dir enthüllt habe«, sagt Diotima zu Sokrates, »sind die kleineren Mysterien der Liebe.« Hierauf unterweist sie ihn in den tieferen und verborgeneren.

In der Jugend fühlen wir uns von der körperlichen Schönheit angezogen und lieben lediglich einen Körper, eine schöne Gestalt. Wenn aber das, was wir lieben, die Schönheit ist, warum sie nur in einem einzigen Körper und nicht in vielen lieben? Und Diotima fragt erneut: Wenn sich die Schönheit in vielen Formen und Personen findet, warum sie nicht an sich lieben? Und warum nicht über die Formen hinausgehen und jenes lieben, was sie schön macht: die Idee? Diotima sieht die Liebe als eine Stufenleiter: ganz unten die Liebe zu einem schönen Körper; sodann die Liebe zur Schönheit vieler Körper; danach die Liebe zur Schönheit selbst; darauf die Liebe zur tugendhaften Seele; und schließlich zur unkörperlichen Schönheit. Wenn die Liebe zur Schönheit untrennbar ist vom Verlangen nach Unsterblichkeit, wie sollte man dann nicht an ihr teilhaben durch die Kontemplation der ewigen Formen? Die Schönheit, die Wahrheit und das Gute sind drei Dinge und sind doch nur eins: Facetten oder Aspekte ein und derselben Wirklichkeit, der einzigen wahrhaft realen Wirklichkeit. Diotima schließt: »Jener, der den Weg der Initiation in die

Liebe in der richtigen Reihenfolge gegangen ist, wird, wenn er ans Ziel gelangt, plötzlich eine wunderbare Schönheit gewahren, Endzweck aller unserer Mühen ... Eine nicht gezeugte, unverderbliche ewige Schönheit, die weder wächst noch abnimmt.« Eine vollkommene, einzige, mit sich selbst identische Schönheit, die nicht aus einzelnen Teilen besteht wie der Körper noch aus Argumentationen wie die Rede. Die Liebe ist der Weg, der Aufstieg zu dieser Schönheit: er führt von der Liebe zu einem einzigen Körper zur Liebe zu zwei oder mehreren Körpern; sodann zu allen schönen Formen und von diesen zu den tugendhaften Taten; von den Taten zu den Ideen und von den Ideen zur absoluten Schönheit. Das Leben des Liebenden dieser Art von Schönheit ist das höchste, das gelebt werden kann, denn in ihm »kommunizieren die Augen des Verstandes mit der Schönheit, und der Mensch erzeugt weder Bilder noch Trugbilder der Schönheit, sondern schöne Wirklichkeiten«. Und dies ist der Weg zur Unsterblichkeit.

Diotimas Rede ist sublim. Auch Sokrates war sublim, denn er erwies sich dieser Rede in seinem Leben und vor allem in seinem Tode würdig. Eine solche Rede zu kommentieren hieße, die stille Betrachtung des Weisen mit dem Geschwätz und Gezänk, die auf dieser Erde herrschen, zu unterbrechen. Doch dieselbe Liebe zur Wahrheit – wenn sie in meinem Fall auch schlicht und keineswegs sublim ist – veranlaßt mich zu der Frage: Hat Diotima wirklich von der Liebe gesprochen? Sie und Sokrates sprachen von Eros, diesem Dämon oder diesem Geist, in dem ein Trieb sich verkörpert, der weder rein animalisch noch geistig ist. Eros kann uns in die Irre führen, kann uns in dem Sumpf der Konkupiszenz versinken lassen oder in das Verlies der Libertinage stoßen; auch kann er uns erheben und zur höchsten Kontemplation führen. Eben das ist es, was ich in diesen Reflexionen *Erotik* nannte und von der Liebe im eigentlichen Sinne zu unterscheiden versuchte. Ich wiederhole: ich spreche von der Liebe, wie wir sie von der Provence her kennen. Diese Liebe war im alten Griechenland, obgleich es sie in diffuser Form als Empfindung gab, weder als Idee noch als Mythos bekannt. Die erotische Leidenschaft zu einer einzigen Person ist allgemein, es gibt sie in allen Gesellschaften; die Idee oder Philosophie der Liebe ist historisch und entsteht nur dort, wo gewisse gesellschaftliche, geistige und moralische Umstände zusammentreffen. Platon hätte sich über das, was wir Liebe nennen, bestimmt empört. Einige ihrer Manifestationen hätten ihn abgestoßen, etwa die Idealisierung des Ehebruchs, des Selbstmords und des Todes; andere, wie die Verehrung der Frau, hätten ihn verwundert. Und die sublime Liebe wie die Dantes zu Beatrice und die Petrarcas zu Laura wäre ihm als Krankheit der Seele erschienen.

Das Gastmahl enthält indes auch Ideen und Äußerungen, an denen wir Anstoß nehmen würden, läsen wir sie nicht mit einem gewissen geschichtlichen Abstand. Zum Beispiel, wenn Diotima die Stufen der Liebe beschreibt und sagt, daß man zuerst nur einen schönen Körper liebt, es aber absurd wäre, nicht zu erkennen, daß andere Körper ebenfalls schön sind; es wäre folglich auch absurd, sie nicht alle zu lieben. Es ist klar, daß Diotima von etwas ganz anderem spricht als dem, was wir Liebe nennen. Für uns ist die Treue eine der Bedingungen der Liebesbeziehung. Diotima scheint dies nicht nur zu ignorieren, sie denkt nicht einmal an die Gefühle dessen oder derer, die wir lieben: sie betrachtet sie als einfache Stufen beim Aufstieg zur Kontemplation. Tatsächlich ist die Liebe für Platon im Grunde keine *Beziehung*: sie ist ein einsames Abenteuer. Beim Lesen bestimmter Sätze im *Gastmahl* muß man trotz der Erhabenheit der Ideen unweigerlich an einen philosophischen Don Juan denken. Der Unterschied besteht darin, daß der Weg des Verführers nach unten führt und im Inferno endet, während der des platonischen Liebenden in der Betrachtung der Idee gipfelt. Don Juan ist subversiv, und mehr als die Liebe zu den Frauen ist es der Stolz, der ihn anstachelt, und die Verlokkung, Gott herauszufordern. Er ist das Gegenbild des platonischen Eros.

Die strenge Verurteilung der physischen Lust sowie die Predigt der Keuschheit als Weg zur Tugend und Glückseligkeit sind die natürliche Folge der platonischen Trennung von Körper und Seele. Für uns ist diese Trennung zu rigoros. Dies ist eines der Merkmale des modernen Zeitalters: Die Grenzen zwischen Seele und Körper sind heute verschwommen. Viele unserer Zeitgenossen glauben nicht mehr an die Seele, ein Begriff, der von der modernen Psychologie und Biologie kaum noch gebraucht wird; zudem ist das, was wir *Körper* nennen, heute bei weitem komplexer als für Platon und seine Zeit. Unser Körper besitzt viele Eigenschaften, die früher der Seele zukamen. Die Strafe des Libertins, wie ich weiter oben zu zeigen versucht habe, besteht darin, daß der Körper seines Opfers, »das erotische Objekt«, auch ein Bewußtsein ist; durch das Bewußtsein verwandelt sich das Objekt in ein Subjekt. Dies gilt nicht für die platonische Konzeption. Für Platon sind die erotischen Objekte – sei es der Körper oder die Seele des Epheben – nie Subjekte. Sie haben einen Körper und fühlen nicht, sie haben eine Seele und schweigen. Sie sind wirklich *Objekte*, und ihre Funktion ist es, Stufen beim Aufstieg des Philosophen zur Kontemplation der Wesenheiten zu sein. Auch wenn im Verlauf seines Aufstiegs der Liebende – besser gesagt: der Meister – Beziehungen zu anderen Menschen unterhält, ist sein Weg wesentlich der eines einzelnen. In dieser Beziehung zu den anderen mag es Dialektik geben, doch es kommt weder zum Dialog noch zum Gespräch. Der Text des *Gastmahls* selbst, obgleich er die Form des Dialogs annimmt, besteht aus sieben einzelnen Reden. Im *Gastmahl* – Erotik in ihrem reinsten und erhabensten Ausdruck – taucht die unerläßliche Bedingung der Liebe nicht auf: die oder der andere, der einwilligt oder ablehnt, Ja oder Nein sagt und dessen Schweigen sogar eine Antwort ist. Die oder der andere und seine Ergänzung, das, was das Verlangen in Einwilligung verwandelt: der freie Wille, die Freiheit.

VORGESCHICHTE DER LIEBE

Am Anfang dieser Reflexionen habe ich auf die Affinität zwischen Erotik und Poesie hingewiesen; erstere ist eine Metapher der Sexualität, letztere eine Erotisierung der Sprache. Die Beziehung zwischen Liebe und Poesie ist noch enger. Die Lyrik und später der Roman – der auf seine Weise Dichtung ist – waren die ständigen Vermittler der Liebesempfindung. Was uns die Dichter, die Dramatiker und die Romanciers über die Liebe gesagt haben, ist nicht weniger wertvoll und tiefgründig als die Meditationen der Philosophen. Und oft ist ihr Zeugnis getreuer, kommt der menschlichen und psychologischen Wirklichkeit näher. Die platonischen Liebenden, so wie *Das Gastmahl* sie darstellt, sind selten; nicht jedoch die Emotionen, die Sappho beim Anblick einer geliebten Person beschreibt:

> Scheinen will mir, er komme gleich den Göttern,
> jener Mann, der dir gegenüber nieder-
> sitzen darf und nahe den süßen Stimmen-
> zauber vernehmen
>
> und des Lachens lockenden Reiz. Das läßt mein
> Herz im Innern mutlos zusammenkauern.
> Blick ich dich ganz flüchtig nur an, die Stimme
> stirbt, eh sie laut ward,

ja, die Zunge liegt wie gelähmt, auf einmal
läuft mir Fieber unter der Haut entlang, und
meine Augen weigern die Sicht, es über-
rauscht meine Ohren,

mir bricht Schweiß aus, rinnt mir herab, es beben
alle Glieder, fahler als trockne Gräser
bin ich, einer Toten beinahe gleicht mein
Aussehn ...*

Es ist nicht leicht, in der griechischen Dichtung Verse von solcher Eindringlichkeit, von so starker Verdichtung, zu finden, doch gibt es eine Fülle von Werken mit ähnlichen Themen, die allerdings nicht lesbisch sind. (Auch in dieser Hinsicht war Sappho ein Sonderfall: Im Gegensatz zur männlichen Homosexualität taucht die weibliche in der griechischen Literatur kaum auf.) Die Grenzen zwischen Erotik und Liebe sind fließend; gleichwohl wage ich zu behaupten, daß die große Mehrheit der griechischen Gedichte eher erotische Gedichte denn Liebesgedichte sind. Dies trifft auch auf die *Anthologia Palatina* zu. Einige dieser kurzen Gedichte sind unvergeßlich: die von Meleagros, mehrere, die Platon zugeschrieben werden, einige von Philodemos und, schon in der byzantinischen Periode, die von Paulos Silentiarios. In all diesen Gedichten sehen wir, und vor allem hören wir, den Liebenden in seinen verschiedenen Gemütszuständen – das Verlangen, die Wonne, die Enttäuschung, die Eifersucht, das ephemere Glück –, doch nie den anderen oder dessen Empfindungen und Emotionen. Auch gibt es keine

* Übertragen von Joachim Schickel.

Liebesdialoge – im Sinne von Shakespeare und Lope de Vega – im griechischen Theater. Aegisthos und Klytaemnestra verbindet das Verbrechen, nicht die Liebe, sie sind Komplizen, keine Liebenden; einsame Leidenschaft verzehrt Phaedra, und Eifersucht Medea. Um Urbilder und Vorahnungen dessen zu finden, was bei uns später die Liebe ist, muß man nach Alexandria und Rom gehen. Die Liebe hat ihren Ursprung in der großen Stadt.

Das erste große Liebesgedicht ist das Werk von Theokrit: *Die Zauberin* (»Pharmakeutria«). Es wurde im ersten Viertel des 3. Jahrhunderts v. Chr. geschrieben und besitzt noch heute, nach mehr als zweitausend Jahren – selbst in Übersetzungen gelesen, die, wie gut sie auch sein mögen, eben nur Übersetzungen sind –, seine ganze Leidenschaftlichkeit. Das Gedicht ist ein langer Monolog Simaithas, der von Delphis verlassenen Geliebten. Es beginnt mit einer Anrufung des Mondes in seinen drei Manifestationen: Artemis, Selene und Hekate, die Schreckliche. Darauf folgt der stockende Bericht Simaithas, die ihre Dienerin anweist, diesen oder jenen Teil des schwarzen Rituals zu vollziehen, dem sie beide frönen. Jede dieser magischen Handlungen wird unterstrichen durch einen herzzerreißenden Kehrreim: *Zaubervogel, gib mir meinen Geliebten wieder, bring ihn mir ins Haus.** Während das Dienstmädchen eine Handvoll geröstetes Mehl auf den Boden streut, spricht Simaitha: »Das sind Delphis' Gebeine.« Während sie einen Lorbeerzweig verbrennt,

* Ein Utensil der Zauberei, bestehend aus einer mit zwei Löchern versehenen Metallscheibe, die man mittels einer Schnur in Kreisbewegung brachte. Sie stellte den Wendehals dar, den Vogel, in den Hera eine Nymphe, die Vermittlerin der ehebrecherischen Liebschaft des Zeus mit Io, verwandelte.

der knisternd aufflammt und kaum Asche hinterläßt, verdammt sie den Treulosen: »So soll sein Fleisch brennen ...« Nachdem sie Hekate drei Trankopfer dargebracht hat, wirft sie eine Franse des Mantels, den Delphis in ihrem Haus vergessen hat, ins Feuer und stößt hervor: »Warum, grausamer Eros, hast du dich wie ein Blutegel an meinem Fleisch festgesogen, warum saugst du mein schwarzes Blut?« Zum Schluß ihrer Beschwörung bittet Simaitha ihre Ministrantin, auf Delphis' Türschwelle einige Kräuter zu streuen, auf diese zu spucken und zu sagen: »Ich zermalme seine Gebeine.« Während Simaitha ihre Zauberformeln hersagt, entfahren ihr Geständnisse und Klagen: Sie ist besessen vom Verlangen, und das Feuer, das sie anzündet, um ihren Geliebten zu verbrennen, ist das Feuer, in dem sie selber verbrennt. Rachsucht und Liebe, beides zusammen: Delphis hat sie entjungfert und dann verlassen, aber sie kann ohne diesen ersehnten und verhaßten Mann nicht leben. Es ist das erste Mal, daß in der Literatur – und mit solcher Vehemenz geschrieben – eines der großen menschlichen Mysterien auftaucht: die unentwirrbare Verflechtung von Haß und Liebe, Zorn und Verlangen.

Simaithas Liebeswut scheint von Pan erregt, dem Gott des Sexus mit Ziegenbockhufen, bei dessen Lauf der Waldboden bebt und dessen Keuchen das Laub erzittern läßt und die Frauen zur Raserei bringt. Reine Sexualität. Doch ist der Ritus vollzogen, beruhigt sich Simaitha, so wie sich unter dem Einfluß des Mondes die Wogen des Meeres glätten und im Hain der Wind sich besänftigt. Da vertraut sie sich Selene wie einer Mutter an. Ihre Geschichte ist einfach. Durch ihren Bericht erraten wir, daß sie eine ledige junge Frau von bescheidenem Stande ist (obgleich nicht zu bescheiden: sie hat eine Dienerin); sie lebt allein (sie spricht von ihren Freundinnen und Nachbarinnen, nicht von ihrer Familie); um ihren Lebensunterhalt zu bestreiten, geht sie vielleicht irgendeiner Beschäftigung nach. Sie ist eine Frau aus dem Volke, eine junge Frau, wie es Tausende und Abertausende in allen Städten der Welt gibt, seit es auf der Erde Städte gibt; Simaitha könnte heute in New York, Buenos Aires oder Prag leben. Nachbarinnen laden sie eines Tages zur Artemis-Prozession ein. Kokett putzt sie sich heraus und bedeckt ihre Schultern mit einem Leinentuch, das eine Freundin ihr leiht. In der Menge begegnen ihr zwei junge Männer, die aus der Palästra kommen, blondbärtig und mit sonnengebräunten, glänzenden Oberkörpern. Liebe auf den ersten Blick: »Ich sah ...«, sagt Simaitha, doch wen, das sagt sie nicht. Warum? Was sie sah, war die Wirklichkeit selbst, in einem Körper und einem Namen: Delphis. Verwirrt kehrt sie nach Hause zurück, beherrscht von einer Zwangsvorstellung. Mehrere Tage vergehen: Tage des Fieberns und der Schlaflosigkeit. Simaitha konsultiert Magier und Hexen, so wie wir heute Psychiater konsultieren, und, wie wir, ohne Erfolg. Sie erleidet

> ... das Leid
> der Liebe, das nur geheilt werden kann
> durch die Gegenwart und die Gestalt.

Nicht ohne Bedenken – Simaitha ist sittsam und stolz – läßt sie Delphis eine Nachricht zukommen. Der junge Athlet stellt sich sogleich bei ihr ein, und sie beschreibt ihre Erregung bei seinem Anblick mit fast den gleichen

Worten wie Sappho: »Da durchrann mich's kalt am ganzen Leibe ... Reden konnt' ich mehr nicht als die Kinder, die im Traume wimmern nach der Mutter. Regungslos erstarrte ich zum Wachsbild.«* Delphis ergeht sich in Versprechungen, und noch am selben Tag teilt er Simaithas Bett. Auf dieses Rendezvous folgen weitere. Plötzlich aber bleibt er zwei Wochen fern. Der unausbleibliche Klatsch einer Freundin: Delphis hat sich in jemand anderen verliebt, sagt die Schwatzhafte, ich weiß nicht, ob in einen Knaben oder in ein Mädchen. Simaithas Monolog endet mit einem Gelübde und einer Drohung: Sie liebt Delphis und wird ihn suchen, doch wenn er sie zurückweist, verfügt sie über Gifte, die ihm den Tod bringen werden. Und sie verabschiedet sich von Selene (und von uns): »Leb wohl, heitere Göttin: ich werde, wie bisher, mein Unglück ertragen; leb wohl, Göttin mit dem strahlenden Antlitz, lebet wohl, ihr Sterne, die ihr folgsam das Gefährt der stillen Nacht geleitet.« Simaithas Liebe besteht aus hartnäckigem Verlangen, Verzweiflung, Zorn und Hilflosigkeit. Wir sind hier sehr fern von Platon. Zwischen dem, was wir begehren, und dem, was wir schätzen, tut sich eine Kluft auf: Wir lieben das, was wir nicht schätzen, und es verlangt uns danach, für immer mit einem Menschen zusammen zu sein, der uns unglücklich macht. In der Liebe taucht das Leid auf, es ist eine böse Verlockung, der wir erliegen. Wer aber wollte Simaitha verurteilen?

---

* Auch Catull hat die Passage Sapphos fast wörtlich nachgeahmt. Ein Beweis mehr, daß die Poesie, selbst die persönlichste, aus Nachahmung und Erfindung besteht.

Das Gedicht Theokrits hätte nicht in dem Athen Platons geschrieben werden können. Nicht nur wegen der Athener Misogynie, sondern auch wegen der Stellung der Frau im klassischen Griechenland. In der alexandrinischen Epoche, die mehr als nur eine Ähnlichkeit mit der unseren aufweist, kommt es zu einer unsichtbaren Revolution: Die Frauen, bislang im Gynäzeum eingeschlossen, treten ins Freie und erscheinen in der Gesellschaft. Einige leisten Außerordentliches, nicht in der Literatur und in den Künsten, sondern in der Politik, wie Olympias, die Mutter von Alexander dem Großen, und Arsinoë, die Frau von Ptolemaios Philadelphos. Dieser Wandel beschränkte sich nicht auf die Aristokratie, sondern erstreckte sich auch auf große Teile der Bevölkerung wie Kaufleute, Handwerker, kleine Grundbesitzer, niedere Angestellte und all jene, die in den großen Städten vom Klatsch gelebt haben und noch heute davon leben. Abgesehen von seinem dichterischen Wert, wirft Theokrits Gedicht indirekt ein gewisses Licht auf die hellenistische Gesellschaft. Man könnte es eine Sittenschilderung nennen; es ist bezeichnend, daß es uns nicht das Leben der Fürsten und Potentaten vor Augen führt, sondern das des städtischen Mittelstandes mit seinen großen und kleinen Leidenschaften, seinen Nöten, seinem gesunden Menschenverstand und seinen Narreteien. Dank dieses Gedichts und anderer von Theokrit, wie auch dank der »Mimiamben« von Herondas, können wir uns eine Vorstellung von der Stellung der Frau und von ihrer relativen Bewegungsfreiheit machen.

Eine junge und arme Frau wie Simaitha zur Protagonistin eines Liebesgedichts zu machen, das uns abwechselnd erschüttert, anrührt und ein Lächeln entlockt, war eine ungeheure literarische und historische Neuheit. Erstere verdanken wir Theokrit und seinem Genius; letztere der Gesellschaft, in der er lebte. Die historische Neuheit des Gedichts war eine Folge des gesellschaftlichen Wandels, der seinerseits eine Folge der großen schöpferischen Tat der hellenistischen Periode war: die Umgestaltung des antiken Stadtstaates. Die Polis, in sich geschlossen und auf ihre Autonomie bedacht, öffnete sich der Außenwelt. Die großen Städte wurden durch die Kommunikation zwischen Individuen, den Austausch von Ideen, die Übernahme von Sitten und Lehren zu wahren Kosmopolen. Unter den Dichtern der hellenistischen Periode, die in der *Anthologia Palatina* vertreten sind, waren mehrere Ausländer wie der Syrer Meleagros. Diese große zivilisatorische Tat wurde mitten in den Kriegen und zur Zeit despotischer Monarchien vollbracht, die diese Epoche charakterisieren. Und der größte Erfolg war ohne Zweifel das Auftauchen eines freieren Frauentypus in den neuen Städten. Das »erotische Objekt« begann sich in ein Subjekt zu verwandeln. Die Vorgeschichte der Liebe im Abendland ereignete sich, wie ich schon sagte, in den großen Städten: Alexandria und Rom.

Die Frauen – genauer: die Patrizierinnen – nehmen in der Geschichte Roms eine führende Stellung ein, sowohl in der Republik als auch zur Zeit des Imperiums. Mütter, Gemahlinnen, Schwestern, Töchter, Geliebte: es gibt kein Ereignis in der römischen Geschichte, an dem neben dem Redner, dem Krieger, dem Politiker oder dem Imperator nicht irgendeine Frau teilhat. Einige Frauen waren heroisch, andere tugendhaft oder auch infam. In den letzten Jahren der Republik taucht eine andere Gesellschaftsklasse auf: die der Kurtisanen. Schon bald wurde sie einer der Pfeiler des weltlichen Lebens und Gegenstand der »chronique scandaleuse«. Patrizierinnen wie Kurtisanen sind freie Frauen in den verschiedenen Bedeutungen des Wortes: durch ihre Herkunft, durch ihre Mittel und durch ihre Sitten. Frei vor allem, weil es ihnen in einem bis dahin unbekannten Maße freisteht, ihre Geliebten zu akzeptieren oder zurückzuweisen. Sie sind Herrinnen ihres Körpers und ihrer Seele. Die Heldinnen der erotischen und der Liebesgedichte stammen aus diesen zwei Klassen. Wie in Alexandria bilden die jungen Dichter Gruppen, die Ruhm erlangen nicht nur durch ihre Werke, sondern auch durch ihre Ansichten, ihre Sitten und ihre Liaisons. Catull war einer von ihnen. Seine literarischen Dispute und seine Satiren waren nicht minder berühmt als seine Liebesgedichte. Er starb jung, und seine besten Gedichte sind jene, in denen er seine Liebe zu Lesbia gesteht, ein poetischer Name, hinter dem sich Clodia, eine ob ihrer Schönheit, ihrer gesellschaftlichen Stellung und ihres ausschweifenden Lebenswandels berühmte Patrizierin verbirgt. Eine abwechselnd glückliche und unglückliche, naive und zynische Liebesgeschichte. Die Verbindung der Gegensätze – Verlangen und Verdruß, Sinnlichkeit und Haß, das erahnte Paradies und die durchlebte Hölle – kristallisiert sich in kurzen Gedichten von großer Intensität. Catulls Vorbilder waren die alexandrinischen Dichter, vor allem der im Altertum berühmte Kallimachos, von dem jedoch nur Fragmente erhalten sind, und Sappho. Der Poesie Catulls kommt in der Geschichte der Liebe eine einzigartige Stellung zu durch die konzise und spöttische Art, in der sie höchst Komplexes ausdrückt: die Gleichzeitigkeit von Haß und Liebe, von Begehren und Verachtung in ein und demselben Bewußtsein. Unsere Sinne können nicht ohne das auskommen, was unsere Vernunft und unsere Moral mißbilligen.

Catulls Konflikt ähnelt dem Simaithas, wenn auch mit erheblichen Unterschieden. Der erste ist das Geschlecht: in Catulls Gedichten spricht ein Mann. Es ist bedeutsam, daß der Mann, nicht die Frau, sich in einer Situation der Abhängigkeit befindet. Der zweite Unterschied: Der Held ist keine Fiktion, und er spricht im eigenen Namen. Damit will ich nicht sagen, daß Catulls Gedichte bloße Geständnisse sind oder nur Vertraulichkeiten enthalten; es gibt in ihnen, wie in allen dichterischen Werken, ein fiktives Element. Der Dichter, der spricht, ist und ist nicht Catull – er ist eine *persona*, eine Maske, die das wirkliche Gesicht erahnen läßt und es zugleich verbirgt. Seine Leiden sind echt, und sie sind auch Sprachfiguren. Es sind Bilder, Darstellungen. Der Dichter macht aus seiner Liebe eine Art Versroman, doch sie ist dadurch nicht weniger erlebt und erlitten. Ein weiterer Unterschied: sie und er, vor allem aber sie, gehören den oberen Klassen an. Da beide freie Menschen und in gewisser Weise asozial sind – sie durch ihre Stellung, er, weil er Dichter ist –, wagen sie es, sich über die Konventionen und Normen, die ihnen hinderlich sind, hinwegzusetzen. Ihre Liebe ist eine Übung in Freiheit, eine Überschreitung und eine Herausforderung der Gesellschaft. Es ist dies ein Merkmal, das in den Annalen der Liebesleidenschaft immer öfter zu finden sein wird, von Tristan und Isolde bis zu den Romanen unserer Zeit. Und letztens: Catull ist ein Dichter, und sein Reich ist das der Imagination. Im Gegensatz zu Simaitha, die schlichter und simpler ist, versucht er nicht, sich mit Zaubertränken und Gift zu rächen; seine Rache nimmt eine imaginäre Form an: seine Gedichte.

Bei Catull finden wir drei Elemente der modernen Liebe: die Wahl, die Freiheit der Liebenden; die Herausforderung, die Liebe als eine Überschreitung; und schließlich die Eifersucht. In kurzen, klaren und schmerzlichen Gedichten verleiht Catull der Macht der Leidenschaft Ausdruck, die nach und nach in unser Bewußtsein dringt, bis sie unseren Willen lähmt. Er hat als erster die imaginäre Natur der Eifersucht und ihre übermächtige psychologische Realität erkannt. Unmöglich kann man diese Eifersucht mit verletztem Ehrgefühl verwechseln. Bei Othello vermischt sich die echte Eifersucht – er liebt Desdemona – mit dem Zorn des beleidigten Mannes. Aber die Liebe, in der pervertierten Form der Eifersucht, ist seine vorherrschende Leidenschaft. *And I will kill thee/And love you after.* Dagegen sind die Personen der spanischen Dramen, insbesondere jene Calderons, nicht eifersüchtig. Mit ihrer Rache reinigen sie sich von der, fast immer eingebildeten, Befleckung ihrer Ehre. Sie sind nicht verliebt, sie sind Wächter ihres Ansehens, Sklaven der öffentlichen Meinung. Wie einer von ihnen sagt:

El legislador tirano
ha puesto en ajena mano
mi opinión y no en la mía.

Der Gewaltherrscher als Gesetzgeber
hat meine Meinung in fremde Hand
und nicht in die meine gelegt.

Bei all diesen Beispielen, das bewegendste, Othello, nicht ausgenommen, ist der Gesellschaftskodex maßgebend. Nicht so bei Proust, dem großen modernen Dichter nicht der Liebe, sondern ihrer giftigen Sekretion, ihrer unseligen Perle: der Eifersucht. Swann weiß, daß er Opfer eines Wahns ist. Was ihn mit Odette verbindet, ist weder die Tyrannei der sexuellen Anziehung noch die des Geistes. Jahre später, als er sich seine Leidenschaft in Erinnerung ruft, gesteht er sich ein: »Wenn ich daran denke, daß ich die besten Jahre meines Lebens einer Frau wegen verloren habe, die nicht mein Typ war.« Daß er sich zu Odette hingezogen fühlt, ist ein Phänomen, das sich nicht erklären läßt, es sei denn auf negative Weise: Odette fasziniert ihn, weil sie unzugänglich ist. Nicht ihr Körper, ihr Bewußtsein. Wie die ideale Geliebte der provenzalischen Dichter ist sie unerreichbar. Sie ist es – trotz der Ungezwungenheit, mit der sie sich hingibt – allein dadurch, daß sie existiert. Odette ist untreu und lügt ständig, doch auch wenn sie aufrichtig und treu wäre, bliebe sie unzugänglich. Swann kann sie berühren und besitzen, kann sie isolieren und einsperren, kann sie zu seiner Sklavin machen – ein Teil von ihr wird sich ihm immer entziehen. Odette wird stets eine *andere* sein. Existiert Odette wirklich, oder ist sie nur eine Fiktion ihres Liebhabers? Swanns Leiden ist wirklich. Ist auch die Frau, die es verursacht, wirklich? Ja, sie ist gegenwärtig, besitzt ein Gesicht, einen Körper, einen Duft und eine Vergangenheit, die ihm nie gehören werden. Ihre Gegenwart ist wirklich und unergründlich: Was gibt es hinter diesen Augen, diesem Mund, diesen Brüsten? Swann wird es nie erfahren. Vielleicht weiß es nicht einmal Odette; sie belügt nicht nur ihren Geliebten, sie belügt sich selbst.

Odettes Geheimnis ist auch das von Albertine und Gilberte. Der andere entzieht sich uns immer. Proust analysiert unentwegt das Unglück, untersucht haarklein Odettes Lügen und Albertines Ausflüchte, doch die Freiheit des anderen will er nicht anerkennen. Liebe ist Verlangen nach Besitz, aber auch Selbstlosigkeit; bei Proust ist sie nur das erstere, und deshalb ist seine Sicht der Liebe negativ. Swann leidet, er opfert sich für Odette auf, er heiratet sie schließlich und gibt ihr seinen Namen. Hat er sie je geliebt? Ich bezweifle es, und er selbst hat auch daran gezweifelt. Catull und Lesbia sind asozial; Swann und Odette amoralisch. Sie liebt ihn nicht, sie bedient sich seiner. Auch er liebt sie nicht, er verachtet sie. Trotzdem kann er sich nicht von ihr trennen, seine Eifersucht hält ihn davon ab. Er ist in sein Leiden verliebt, und sein Leiden ist unnütz. Wir leben mit Phantomen zusammen, und wir sind selber Phantome. Um aus diesem imaginären Gefängnis auszubrechen, gibt es nur zwei Wege. Der eine ist der der Erotik, aber wir haben schon gesehen, daß er an einer Mauer endet. Auf die Frage des eifersüchtigen Liebenden, »woran denkst du, was fühlst du?«, gibt es nur die Antwort des Sadomasochismus: den anderen quälen oder uns selbst quälen. Im einen wie im anderen Fall bleibt der andere unerreichbar und unverwundbar. Wir sind nicht transparent, weder für die anderen noch für uns selbst. Eben das ist das Manko des Menschen, das Mal, mit dem wir von Geburt an gezeichnet sind. Der andere Ausweg ist die Liebe: die Freiheit der geliebten Person anerkennen und akzeptieren. Ein Wahn, eine Schimäre? Vielleicht, aber es ist die einzige Möglichkeit, aus dem Gefängnis der Eifersucht auszubrechen. Vor vielen Jahren schrieb ich: Die Liebe ist ein Opfer ohne Wirkung; heute würde ich sagen: Die Liebe ist eine närrische Wette um die Freiheit. Nicht um die meine, um die des anderen.

Die Epoche des Kaisers Augustus ist die der großen lateinischen Dichtung: Vergil, Horaz, Ovid. Sie alle haben uns denkwürdige Werke hinterlassen. Liebesgedichte? Die von Horaz und Ovid sind Variationen, zumeist hervorragende, der traditionellen Themen der Erotik, und fast immer vom Epikureismus geprägt. Und Vergil? Augustinus sagte: »Ich habe Dido beweint, wo ich meine Sünden hätte beweinen sollen.« Ein großes Lob für den unvergleichlichen Künstler; allerdings ist die Schilderung der Liebe von Aeneas und Dido grandios wie eine Oper oder wie ein in der Ferne tobendes Gewitter. Wir bewundern sie, doch sie berührt uns nicht. Properz, ein weit weniger glänzender Dichter, verstand es, die Leiden und Freuden der Liebe eindringlicher und direkter zu vermitteln. Properz erfindet eine Heldin: Cynthia. Eine Mischung aus Fiktion und Wirklichkeit, ist sie eine literarische Gestalt und eine reale Person. Wir wissen, daß sie existierte, und wir kennen ihren wahren Namen: Hostia, wiewohl die Gelehrten sich darüber streiten, ob sie eine Kurtisane oder eine mit einem reichen Mann verheiratete Frau war. Romanhafte und trotzdem sehr reale Liebesbeziehungen: Begegnungen, Trennungen, Treubrüche, Lügen, rückhaltlose Hingabe, endlose Streitereien, Augenblicke der Sinnenlust, aber auch der Leidenschaft, des Zorns oder moroser Melancholie.

Properz' Modernität ist außergewöhnlich. Ich füge hinzu, daß es die Modernität Roms ist; keine große Stadt: *die* Stadt. Viele Abenteuer und Episoden, von denen die

Elegien berichten, scheinen einem modernen Roman oder einem Film zu entstammen. Zum Beispiel: Cynthia beschließt, mit einem Freund in der Umgebung Roms spazierenzugehen, angeblich, um die keusche Juno zu ehren, in Wirklichkeit aber, um Venus zu opfern. Properz sinnt auf Rache und veranstaltet an einem abgelegenen Ort eine kleine Lustbarkeit. Während er dabei ist, sich mit zwei Kurtisanen, die er an zweifelhaften Orten aufgegabelt hat, zu verlustieren – ein ägyptischer Flötist und ein Zwerg, der die Musik mit Händeklatschen begleitet, vervollständigen das Bild –, stürzt mit zerzaustem Haar, einer Furie gleich, Cynthia herzu. Eine Feldschlacht, Kratz- und Bißwunden, Flucht der zwei Dirnen und das Protestgeschrei der Nachbarschaft. Cynthia siegt und verzeiht ihrem Geliebten am Ende (IV-8). Realismus, eine Vorliebe für das Pittoreske und für das wahrheitsgetreue, affektive und groteske Detail. Ein Humor, der weder den Autor noch seine Geliebte verschont. Pound hat diesen Humor wiederentdeckt und sich zu eigen gemacht. Doch Properz' Modernität ist nicht nur literarisch, sie ist ein Kettenglied in der Geschichte der Liebesdichtung.

Eine der Elegien von Properz führt eine dichterische Form ein, auf die berühmte Nachfolger zurückgreifen sollten. Ich beziehe mich auf die siebte Elegie des vierten Buches. Einige Kritiker lehnen sie ab; sie finden sie abgeschmackt sowohl ihres Themas als auch mancher Äußerungen wegen. Mich dagegen hat sie tief ergriffen. Das Gedicht beginnt mit der Erklärung einer ungewöhnlichen Tatsache, vom Dichter vorgebracht, als wäre es die normalste Sache von der Welt: »Dies ist keine Fabel, die Manen gibt es; der Geist der Toten entgeht den Flammen und kehrt zu uns zurück.« Cynthia ist gestorben und wurde gestern erst eingeäschert. Der Ort der Feuerbestattung befindet sich an einer geräuschvollen Straße wie ein Friedhof in Paris oder New York. Zu eben der Stunde, da ihr Geliebter ihrer gedenkt, erscheint Cynthias Geist an seinem einsamen Lager. Sie ist schön wie immer, wenn auch etwas bleich. Es gibt schaurige Einzelheiten: ein Teil ihrer Tunika ist versengt, und der Ring mit dem Aquamarin, den sie am Finger trug, ist verschwunden; das Feuer hat ihn verzehrt. Cynthia ist zurückgekehrt, um ihrem Geliebten seine Untreue vorzuhalten – sie vergißt, wie üblich, ihre eigene Untreue –, ihn an seine Treubrüche zu erinnern und ihn noch einmal ihrer Liebe zu versichern. Der Geist endet mit folgenden Worten: »Du kannst dir jetzt andere Frauen nehmen, doch bald wirst du mir gehören, mir ganz allein.« Verblüffend ist der Kontrast zwischen dem übernatürlichen Charakter der Episode und dem Realismus der Schilderung, ein Realismus, der unterstrichen wird durch Cynthias Verhalten und ihre Worte, ihre Klagen, ihre Eifersucht, ihre erotischen Regungen, die versengte Tunika, den verschwundenen Ring. Cynthia läßt ihre Leidenschaft wieder aufleben, als wäre sie nicht gestorben. Sie ist eine wahre *Seele im Fegefeuer.* Am Schluß ihrer düsteren Zusammenkunft löst sie sich aus der Umarmung ihres Geliebten, nicht freiwillig, sondern weil es Tag wird »und ein gebieterisches Gesetz den Schatten befiehlt, in die Wasser der Lethe zurückzukehren«. Und sie sagt ihm noch einmal: Du wirst mir gehören und ich werde den Staub deiner Gebeine mit dem Staub der meinen vermischen *(mecum eris et mixtis ossibus ossa teram).* Sechzehnhundert Jahre später sollte Quevedo schreiben: *medulas* (...) *polvo serán, mas polvo enamorado*

(»all das Mark (...) Staub wird es sein, doch Staub, der liebt«).

Obgleich die antike Literatur voller Geister ist, besitzt doch keine dieser Erscheinungen die in schrecklicher Weise physische Wirklichkeit des Geistes von Cynthia. Auch nicht ihre düstere Erotik. Dem göttlichen Gesetz unterworfen, entwindet sich Cynthia gegen ihren Willen den Armen ihres Geliebten, und diese Trennung kommt einem neuerlichen Tod gleich. Odysseus und Aeneas steigen hinab ins Reich der Schatten und sprechen mit den Toten: der eine geht auf die Suche nach Tiresias, um sein Schicksal zu erfahren, während der andere nach seinem Vater Anchises sucht; beide sind umgeben von Scharen berühmter Toter, Verwandter, Freunde, Helden und Heldinnen; keine dieser Begegnungen hat erotische Züge. Aeneas erblickt Dido unter den Schatten – wie jemand, sagt Vergil, »der den Mond durch die Wolken ziehen sieht oder zu sehen glaubt« –, doch die Königin, unversöhnlich, antwortet auf seine reuigen Worte nicht und zieht sich in den tiefen Wald zurück. Die Szene ist bewegend; der Emotion, die sie bei uns hervorruft, kommt jedoch ein anderer Gefühlswert zu: sie ist Mitleid. Dagegen ist der Besuch Cynthias das Rendezvous eines Lebenden mit einer Toten. Properz ist der Erfinder einer Gattung, die bis zu Baudelaire und seinen Nachkommen fortbestehen wird: die erotische Begegnung mit den Toten. Das Mittelalter war bevölkert von Inkuben und Sukkuben, Dämonen, die sich in Gestalt eines Mannes oder einer Frau heimlich in die Betten schlichen und den Mönchen und den Jungfrauen, den Dienern und den Herrinnen beischliefen. Diese lasziven Erscheinungen wie auch der »Dämon des Mittags« – Versuchung der Kinder des Saturn, der Mönche und der Einsiedler, die ihren Geist kultivieren – unterscheiden sich deutlich von dem Geist Cynthias. Sie sind Höllengeister, nicht Seelen von Verstorbenen.

In der Renaissance und der Barockzeit wurde der Besuch der Geister mit dem Neuplatonismus assoziiert. Es gibt zahlreiche Beispiele in dieser dichterischen Tradition. Das eindrucksvollste ist das Sonett von Quevedo: *Amor constante más allá de la muerte* (»Über den Tod hinaus beständige Liebe«). Ein schwarzer und weißer, ein glühender und eisiger Stern. Der platonischen Lehre gemäß verläßt die unsterbliche Seele in der Todesstunde den Körper und steigt in die höheren Sphären auf oder kehrt zur Erde zurück, um sich zu läutern. Der Körper verwest, wird wieder amorphe Materie; die Seelen der Liebenden suchen einander und vereinigen sich. Darin stimmt das Christentum mit dem Platonismus überein; selbst die Seelen der Ehebrecher Paolo und Francesca im zweiten Kreis der Hölle wandern gemeinsam umher. Es gibt jedoch einen substantiellen Unterschied: Im Gegensatz zur platonischen Lehre rettet das Christentum den Körper, der nach dem Jüngsten Gericht wiederaufersteht und in ewiger Seligkeit oder in der Hölle lebt. Quevedo bricht mit dieser doppelten Tradition und sagt etwas, das weder platonisch noch christlich ist. Das Sonett von Quevedo ist weltweit und zu Recht bewundert worden, doch wie mir scheint, hat man weder seine Singularität erkannt noch gesehen, worin es sich von der neuplatonischen Tradition unterscheidet. Es ist hier nicht der Ort, dieses Gedicht zu analysieren; ich will mich daher auf einen kurzen Kommentar beschränken. Zunächst der Text:

AMOR CONSTANTE MÁS ALLÁ DE LA MUERTE

Cerrar podrá mis ojos la postrera
sombra que me llevare el blanco día,
y podrá desatar esta alma mía
hora a su afán ansioso lisonjera;

mas no de esotra parte en la ribera
dejará la memoria, en donde ardía;
nadar sabe mi llama la agua fría,
y perder el respeto a ley severa.

Alma a quien todo un dios prisión ha sido,
venas que humor a tanto fuego han dado,
medulas que han gloriosamente ardido:

su cuerpo dejará, no su cuidado;
serán ceniza, mas tendrá sentido;
polvo serán, mas polvo enamorado.

ÜBER DEN TOD HINAUS BESTÄNDIGE LIEBE

Schließen mag die Augen mir der letzte Schatten,
entführen mir den lichten Tag,
lösen auch mag diese meine Seele
die letzte Stunde, solcher Sehnsucht schmeichelnd;

doch nicht auf diesem Ufer des Flusses
erlischt die Erinnerung an ihr Glühen;
zu schwimmen weiß die Flamme auf der kalten Flut,
nicht achtend mehr das eherne Gesetz.

Seele, der ein ganzer Gott Gefängnis war,
Adern, die solchem Feuer Nahrung gaben,
all das Mark, das lodernd brannte:

ihren Leib wird sie lassen, nicht ihre Sorge;
Asche werden sie sein, doch Asche, die noch fühlt;
Staub wird es sein, doch Staub, der liebt.

In dem ersten Quartett beschwört der Dichter den Tag seines Todes herauf. Die sichtbare Welt verschwindet, und die Seele, losgelöst von der Zeit und ihren Täuschungen, kehrt in die Nacht des Anfangs zurück, die auch die des Endes ist. Einverständnis mit dem Gesetz des Lebens: Die Menschen sind sterblich und ihre Tage sind gezählt. In dem zweiten Quartett verkehrt sich das Einverständnis in Rebellion. Eine ungewöhnliche und wenig christliche Übertretung: Die Erinnerung an seine Liebe wird auf dem anderen Ufer der Lethe weiterlodern. Die Seele, von der Leidenschaft in Brand geraten und zur schwimmenden Flamme geworden, überquert den Fluß des Vergessens. Die Verbindung von Wasser und Feuer ist eine Metapher, die so alt ist wie die menschliche Imagination, welche von Anbeginn an bemüht ist, den Gegensatz der Elemente in einer Einheit aufzuheben; in Quevedos Sonett nimmt die Hochzeit von Feuer und Wasser die Form einer zugleich polemischen und komplementären Beziehung an. Die Flamme kämpft mit dem Wasser und besiegt es; seinerseits ist das Wasser ein Hindernis, das die Flamme gleichwohl über seine bewegte Oberfläche schwimmen läßt. Die Seele, die verliebte Flamme, verletzt das »eherne Gesetz«, das die Welt der Toten von der Welt der Lebenden trennt.

Das erste Terzett vollzieht die Überschreitung und bereitet die finale Verwandlung vor. In einer raschen Aufzählung vereinen sich, ohne zu verschmelzen, die Seele und der Körper, wobei letzterer durch zwei Elemente der erotischen Leidenschaft versinnbildlicht wird: das Blut und das Mark. Im ersten Vers heißt es, daß die Seele Gefangene »eines ganzen Gottes« gewesen ist. Nicht des christlichen Gottes, sondern, trotz seiner Macht, eines Gottes unter anderen: Eros. Das Bild des Liebesgefängnisses taucht auch in anderen Gedichten Quevedos auf; zum Beispiel in dem Sonett, das ein Bildnis seiner Geliebten, das er auf seinem Ring trug, zum Thema hat: »En breve cárcel traigo aprisionado ... (»Im engen Kerker trag ich eingeschlossen ...«) Im allgemeinen, wie gerade in diesem Sonett zu sehen, ist nicht die Seele des Liebenden die Gefangene, sondern das Bild der Geliebten, das eingegraben (gefangen) ist im Herzen oder in der Seele ihres Geliebten. Der Liebende, sagt Sor Juana Inés de la Cruz in einem Sonett, schafft mit seiner Phantasie ein Gefängnis, um das geliebte Bild einzusperren. Obgleich Quevedo das Gegenteil sagt – die Seele des Liebenden ist die Gefangene –, annulliert er nicht die Beziehung zwischen den beiden Gliedern, dem Liebenden und der Geliebten. Wie dem auch sei, in dem einen wie in dem anderen Fall ist das Kennzeichen des Paares das Verlangen, das ein Liebesgefängnis schafft. Das Verlangen ist eine Konsekration, sei es weil das Gefängnis göttlich (Eros) ist oder weil die Gefangene eine Göttin oder Halbgöttin (die geliebte Frau) ist. So tradiert sich eine der Grundideen der Liebe im Abendland: die Konsekration der geliebten Frau. In seinen beiden Aspekten evoziert das Bild die heilige Kommunion, eine bestürzende und sakrilegi-

François Boucher, *Herakles und Omphale*, 1731-1734

Jean-Antoine Watteau, *Nymphe und Satyr*, 1715-1716

sche Analogie, die eine Violation des Platonismus und des Christentums zugleich ist. Der zweite Vers nimmt die Verbindung von Wasser und Feuer wieder auf, doch jetzt expliziter und nachdrücklicher: das Blut des Körpers nährt die immaterielle Flamme der Leidenschaft. Der dritte Vers ist nicht weniger beeindruckend: das Feuer der Leidenschaft verzehrt das Mark der Knochen. Eine weitere Verschmelzung des Materiellen und des Geistigen: das Mark ist der innerste und verborgenste Teil des Menschen, »das Substantiellste«, präzisiert das Wörterbuch, »einer nicht materiellen Sache«.

Das ergreifende Schlußterzett ist das Ergebnis der Transmutation, die im Liebeskampf zwischen Feuer und Wasser, Leben und Tod stattfindet. Im ersten Vers läßt die Seele des Liebenden den Körper, »nicht ihre Sorge« hinter sich. Bejahung der Unsterblichkeit der Seele, die jedoch in den Banden dieser Welt gefangen bleibt. Durch das Verlangen ist die Seele weiterhin an einen Körper, den der geliebten Frau, gebunden. Die »Sorge«, die die Seele am Ufer des Flusses des Vergessens zurückhält und die die Erinnerung in eine schwimmende Flamme verwandelt, ist nicht die Liebe zu den ewigen Ideen noch zum christlichen Gott, es ist das Verlangen nach einem sterblichen Menschen. Der berühmte Ausspruch Blakes, »Die Ewigkeit ist in die Werke der Zeit verliebt«, trifft voll und ganz auf diesen blasphemischen Vers zu. Die folgende Zeile verkehrt die Glieder des Paradoxons: Die Adern werden Asche sein, »doch Asche, die noch fühlt«. Die unbeseelten Reste des Körpers werden weder ihr Empfindungsvermögen noch ihr Bewußtsein verlieren, sie werden weiterhin fühlen und sich ihres Gefühls bewußt sein. Das Mark ist Gegenstand derselben Transmutation: obgleich es zu Staub wird, zu schnöder Materie, wird es weiterhin lieben. Die Reste des Toten, auch wenn sie rein stofflich sind, bewahren die Eigenschaften der Seele und des Lebens: Gefühl und Verstand. In der platonischen Tradition verläßt die Seele den Körper auf der Suche nach den ewigen Formen; in der christlichen wird die Seele sich eines Tages mit dem Körper wiedervereinen: am Tag der Tage (dem des Jüngsten Gerichts). Erbe beider Traditionen, verändert Quevedo sie und profaniert sie in gewissem Maße: Obgleich der Körper zu formloser Materie zerfällt, ist diese Materie beseelt. Die Macht, die sie beseelt und ihr eine erschreckende Ewigkeit verleiht, ist die Liebe, das Verlangen.

Religion und Poesie durchdringen einander fortwährend. In Quevedos Sonett sind die Mythen und Riten des griechisch-römischen Heidentums stets gegenwärtig; desgleichen, wenn auch nicht so offensichtlich, die Mysterien des Christentums. Das Thema des Sonetts ist zutiefst religiös und philosophisch: das Überleben der Seele. Doch ist Quevedos Vision ohnegleichen und in ihrer Singularität tragisch. Der Körper verliert seine menschliche Gestalt; er wird seelenlose Materie, und trotzdem wird er weiterhin lieben. Der Unterschied zwischen Seele und Körper ist aufgehoben. Weg der Seele: alles wird zu Staub. Weg des Körpers: dieser Staub ist beseelt und fühlt. Das Feuer, das den Körper zerstört, beseelt ihn auch und verwandelt ihn in sehnende Asche. Das Feuer des Gedichts ist metaphorisch und steht für die Leidenschaft; es gemahnt den Leser aber auch an den heidnischen griechisch-römischen Ritus der Einäscherung des Leichnams, die von der Kirche verdammt wurde. Wir wissen nicht, ob Quevedo sich dieser Assoziation bewußt war; wahrscheinlich ließ er sich von Bildern leiten, die ihm selbst unbewußt waren. Wie dem auch sei, was zählt, ist das, was der Leser bei der Lektüre des Gedichts spürt ... und was er spürt, ist, daß das Feuer der Liebe auf einmal keine abgenutzte Metapher mehr ist, sondern wieder eine echte Flamme wird, die den Körper eines Toten verzehrt. Wiedererstehung eines Bildes, das im kollektiven Unbewußten unserer Zivilisation schlummert. Der *Diccionario de Autoridades* definiert das Wort *ceniza* (Asche) als »die Gebeine und sterblichen Überreste eines Gestorbenen« und fügt an, daß es »auf den Brauch anspielt, den das Altertum einführte und beachtete, die Körper ihrer Toten zu verbrennen und deren Asche einzusammeln, um sie in Grüften, Urnen oder Pyramiden aufzubewahren«. Das Sonett Quevedos ist eine pyramidenförmige Urne, eine Flamme.

In der Neuzeit nimmt die düstere Begegnung mit dem Geist der Toten andere Formen an. Einige sind geprägt von Religiosität, und der Besuch der toten Geliebten wird als ein Erlösungsversprechen angesehen: die Aurelia von Nerval oder die Sophie von Novalis. Zuweilen stellt sich die Erscheinung auch als die Halluzination eines Schuldbewußtseins dar oder als die Projektion eines perversen Bewußtseins. In den Visionen Baudelaires triumphiert das Böse mit seinem Gefolge von Vampiren und Dämonen. Schwer zu sagen, ob diese Bilder Ausgeburten eines kranken Geistes oder Manifestationen von Gewissensbissen sind. Das Thema des erotischen Traumbilds in der modernen Literatur ist vielschichtig; doch ist hier nicht der Ort, es zu untersuchen, und ich sehe mich dazu auch nicht imstande. Ich möchte nur an ein Gedicht von López Velarde erinnern, das die religiöse Verheißung der

Erlösung durch die Liebe, die den Romantikern so teuer war, mit dem Realismus von Properz verbindet. López Velarde schrieb besagtes Gedicht kurz vor seinem Tode; es blieb unvollendet und enthält zwei Zeilen, die nicht zu entziffern sind. All das macht es noch eindrucksvoller.

Das Gedicht verrät einen Gemütszustand, dem eines seiner bevorzugten Worte entspricht: *zozobra* (innere Unruhe). Es kann als eine Vorahnung gelesen werden; es ist die Erzählung eines Traums, den der Dichter »apokalyptisch« nennt, eine Ankündigung zugleich seines nahen Endes und einer düsteren Hochzeit. Es ist ein Traum, der seine Sehnsüchte und seine Ängste ausdrückt: ein Liebesgedicht an eine Tote und Grauen vor dem Tod. López Velarde hätte mit Nerval sagen können: *C'est la Mort – ou la Morte* ... Seine Vision ist realistisch. Obgleich er sie nicht beim Namen nennt, ist klar, daß die Frau, die ihm erscheint, Fuensanta, seine Jugendliebe ist, der er auch sein erstes Buch gewidmet hatte. Einige Jahre vor ihm, 1917, gestorben, war sie fern ihrer Heimatprovinz, im Valle de México, begraben worden. Deshalb nennt er sie »die Gefangene des Valle de México«. Auch erwähnt er das auf einer Erholungsreise gekaufte Kleid, in dem sie beerdigt wurde. Die Erscheinung trägt schwarze Handschuhe und zieht ihn »in den Ozean ihres Schoßes«. Eine schaurige Übereinstimmung zwischen den beiden Gedichten: Properz erzählt, obgleich Stimme und Aussehen der ihm erscheinenden Cynthia die einer Lebenden waren, daß »die Knochen ihrer Finger bei jeder Bewegung ihrer zarten Hände knackten«; López Velarde sagt weniger brutal, daß ihrer beider Hände sich verflochten, »als wären sie die vier Grundfesten des Weltgebäudes«, und er fragt sich:

¿Conservabas tu carne en cada hueso?
El enigma de amor se veló entero
en la prudencia de tus guantes negros.

Bewahrtest du dein Fleisch an jedem Knochen?
Das Rätsel der Liebe verhüllte sich ganz
in deiner schwarzen Handschuhe Sorgfalt.

Die Gedichte von Catull und Properz sind düstere Visionen der Liebe: Eifersucht, Treubruch, Verstoßung, Tod. Doch gerade so wie de Sades schwarzer Erotik die helle Leidenschaft von Lawrence und Molly Blooms großes Ja der Zustimmung gegenüberstehen, gibt es auch in der griechisch-römischen Literatur Gedichte und Romane, die den Sieg der Liebe feiern. Ich habe schon die Erzählung von Apuleius erwähnt. Ein weiteres Beispiel ist *Daphnis und Chloe*, das kleine Meisterwerk von Longos. Die griechischen Romane der alexandrinischen und römischen Periode sind reich an Liebesgeschichten. Heute lesen nur wenige diese Werke; seinerzeit waren sie ungeheuer populär, so wie heute die rührseligen Romane. Auch im 16. und 17. Jahrhundert waren sie sehr beliebt. Cervantes bekennt, daß ihn zu seinem Alterswerk *Die Mühen und Leiden des Persiles und der Sigismunda*, das er als seinen vollkommensten Roman betrachtete, Heliodoros angeregt hatte. Die moderne Kritik weiß um einen weiteren griechischen Einfluß: den von Achilleus Tatios. So verschiedenartige Autoren wie Tasso, Shakespeare und Calderón bewunderten Heliodoros und ahmten ihn zuweilen nach. Wir wissen, wie sehr der junge Racine Theagenes und Charikleia, die Helden des Romans von Heliodoros, liebte; von seinem gestrengen Lehrer bei der

Lektüre dieses profanen Autors ertappt, nahm Racine die Konfiszierung des Buches gelassen hin, indem er sagte: »Macht nichts, ich kenne es auswendig«. Die Vorliebe für diese Art von Werken war verständlich: Abgesehen davon, daß sie durch die in ihnen geschilderten Peripetien und Abenteuer sehr unterhaltsam waren, boten sie den Lesern des 16. und 17. Jahrhunderts einen Aspekt der Antike, der sich von der klassischen Epoche stark unterschied und ihrem Denken und Empfinden näher kam. Im Unterschied zu den lateinischen Romanen wie dem *Satyricon* und dem *Goldenen Esel*, die faktisch der Schelmenliteratur zuzurechnen sind, steht im Mittelpunkt der griechischen Romane die Liebe, die auch das Thema der Dichter der Renaissance und des Barock war.

Die Dominanz der erotischen, vor allem heterosexuellen, Sujets ist für die Literatur und Kunst der hellenistischen Epoche charakteristisch. Nicht jedoch für das klassische Griechenland. Michael Grant weist darauf hin, daß einer der berühmten Dichter dieser Periode, Apollonios von Rhodos, der erste war, der die Liebe zum Hauptthema der epischen Dichtung gemacht hat.* Er bezieht sich auf die Schilderung der Liebe Medeas zu Jason in dessen *Argonautika*. Diese Liebe war für Euripides das Thema einer Tragödie gewesen; Apollonios macht daraus eine romantische Geschichte. In der Neuen Komödie ist die Achse der dramatischen Handlung stets die Liebe eines jungen Mannes aus gutem Hause zu einer Hetäre oder einer Sklavin, welche, wie sich am Ende herausstellt, die bei ihrer Geburt geraubte Tochter eines prominen-

* Michael Grant, *From Alexander to Cleopatra*. The Hellenistic World, New York 1986.

ten Bürgers ist. Die Heldinnen bei Euripides waren Königinnen und Prinzessinnen; die von Menandros sind Töchter bürgerlicher Familien. Es gibt in diesen Werken auch viele Frauen von bescheidener Herkunft, wie die Simaitha bei Theokrit, oder solche, die durch ein grausames Schicksal geknechtet wurden. Die Hetären, die sich in dem Athen von Perikles einer gehobenen Stellung erfreut hatten, behielten diese auch in Alexandria und anderen Städten. In den Romanen von Heliodoros, Tatios und anderen sind die Helden Prinzen und Prinzessinnen, die von der launischen Fortuna – welche die Stelle der strengen Schicksalgöttin eingenommen hatte – zur Knechtschaft, Sklaverei und sonstigem Elendsdasein verurteilt wurden. Hintergrund und Begleitumstände ihrer verwickelten und phantastischen Abenteuer – Gefangenschaften, Fluchten, Kämpfe und Listen, um lüsterne Despoten und mannstolle Königinnen zu narren – waren Schiffbrüche, Durchquerungen von Wüsten und Reisen durch barbarische Länder mit fremden Sitten und Gebräuchen. Exotik war schon immer eine der Würzen der Liebesgeschichten. Die Reise erfüllte auch noch eine andere Funktion: ein Hindernis zu überwinden. Die Funktion der Reise war eine doppelte, sie trennte die Liebenden und brachte sie am Ende unerwartet wieder zusammen. Nach tausend Mühen und Strafen der Böswilligkeit und Lüsternheit der Tyrannen und Tyranninnen schließlich entronnen, kehrten er und sie heil und gesund in ihre Heimat zurück, um am Ende zu heiraten.

Die Gesellschaft des klassischen Griechenlands mißbilligte die Liebesleidenschaft. Platon hält sie im *Phaidros* für ein Delirium. Später, in *Nomoi*, ächtete er sogar die homosexuelle Liebe. Die anderen Philosophen waren nicht weniger streng, und selbst Epikur sah in der Liebe eine Bedrohung für die Heiterkeit des Gemüts. Dagegen wurde sie von den alexandrinischen Dichtern verherrlicht, wiewohl sie sich deren Verheerungen nicht verhehlten. Weiter oben habe ich bereits die historischen, die gesellschaftlichen und geistigen Gründe für diesen tiefgreifenden Wandel angedeutet. In den großen Städten tauchte ein neuer Typ von Mann und Frau auf, freier und selbstbewußter. Der Verfall der Demokratien und die Etablierung mächtiger Monarchien hatten einen allgemeinen Rückzug ins Privatleben zur Folge. Die politische Freiheit machte der inneren Freiheit Platz. Den Ausschlag für diese Evolution der Ideen und Sitten gab die neue Stellung der Frau. Wir wissen, daß zum ersten Mal in der griechischen Geschichte die Frauen Berufe und Ämter außerhalb des Hauses auszuüben begannen. Einige wurden Magistrate, was für Platon und Aristoteles undenkbar gewesen wäre; andere wurden Hebammen, und wieder andere widmeten sich philosophischen Studien, der Malerei und der Dichtkunst. Die verheirateten Frauen genossen eine relative Freiheit, wie aus den frivolen Bemerkungen der geschwätzigen Weiber bei Theokrit und Herondas hervorgeht. Die Heirat wurde nicht länger als eine Angelegenheit betrachtet, die allein zwischen den Familienoberhäuptern arrangiert wird, sondern als eine Übereinkunft, an der das Brautpaar einen wesentlichen Anteil hat. All dies beweist einmal mehr, daß die Manifestation der Liebe untrennbar ist von der Emanzipation der Frau. Es gibt keine Liebe ohne die Freiheit der Frau.

Ein Athener des 5. vorchristlichen Jahrhunderts war in erster Linie ein Bürger; ein Alexandriner des 3. Jahrhunderts v. Chr. war ein Untertan des Ptolemaios Philadelphos. »Der griechische Roman, die Neue Komödie und später die Liebeselegie«, sagt Pierre Grimal, »konnten nur in einer Gesellschaft entstehen, die die traditionellen Fesseln gelockert hatte, um dem einzelnen mehr Freiraum zu geben ... Der Roman öffnet die Türen des Gynäzeums, überwindet die Mauern des Gartens, in dem sich die Töchter der ehrbaren Familien ergingen«. Dies war möglich, weil man sich einen inneren Freiheitsraum geschaffen hatte, und dieser Raum war offen für den Blick des Dichters und den der Öffentlichkeit. Das Individuum tritt in Erscheinung, und mit ihm eine bis dahin ungekannte Art Freiheit: »Die Tradition fesselt und determiniert den tragischen Helden, wohingegen der Held des Romans frei ist.«* Die politischen Pflichten, von der Philosophie Platons und Aristoteles' hoch gepriesen, werden hintangesetzt durch die Suche nach persönlichem Glück, Weisheit oder heiterer Gelassenheit. Pyrrhon trachtet nach Ataraxie, Epikur nach Mäßigkeit, Zenon nach Gleichmut: private Tugenden. Andere suchen das Vergnügen, wie Kallimachos und Meleagros. Sie alle verachten das politische Leben.

In Rom verkünden die Elegiker recht prahlerisch, daß sie einer anderen Miliz dienen als der, die in den Bürgerkriegen kämpft oder für Rom ferne Länder erobert: der *militia amoris.* Tibull preist das Goldene Zeitalter, weil es im Gegensatz zu unserem, »das die Meere mit Blut gefärbt und überall Tod verbreitet hat«, nicht die Geißel des Krieges kannte: »Die grausame Kunst des Kriegers

---

* Pierre Grimal, Einführung in *Romans grecs et latins.* Bibliothèque de la Pléiade, Gallimard, Paris 1958.

hatte noch nicht das Schwert geschmiedet.« Die einzigen Kämpfe, die Tibull in seinen Gedichten verherrlicht, sind die der Liebe. Properz ist provokanter. In einer Elegie überläßt er Vergil die Ehre, Augustus' Sieg bei Aktium zu feiern; er selbst zieht es vor, seine Liebe zu Cynthia zu besingen, wie der »sinnenfreudige Catull, der mit seinen Versen Lesbia berühmter machte als Helena«. In einer anderen Elegie sagt Properz uns freiweg, was er angesichts der patriotischen Heldentaten empfindet: »Der göttliche Cäsar (Augustus) schickt sich an, seine Krieger bis zum Indus zu führen ... die Ströme Euphrat und Tigris unter seine Herrschaft zu bringen ... die Trophäen der besiegten Parther in den Jupitertempel heimzubringen ... Mir genügt es, dem Vorbeimarsch von der Via Sacra aus Beifall zu spenden ...« Alle diese Zeugnisse aus Alexandria und Rom gehören dem Kapitel an, das ich die *Vorgeschichte* der Liebe genannt habe. Sie alle preisen eine Leidenschaft, welche die klassische Philosophie als Knechtschaft verurteilt hatte. Die Haltung von Properz, Tibull und der anderen Dichter stellte eine Herausforderung an die Gesellschaft und an deren Gesetze dar, sie war eine Vorform dessen, was wir heute »zivilen Ungehorsam« nennen. Nicht im Namen eines allgemeinen Prinzips, wie im Falle von Thoreau, sondern einer individuellen Leidenschaft wie der des Helden in *L'âge d'or*, dem Film von Buñuel und Dalí. Die Dichter hätten auch sagen können, daß die Liebe durch eine unwillkürliche Anziehung entsteht, die durch unseren freien Willen zur Vereinigung führt. Die freiwillige Vereinigung ist ihre unerläßliche Bedingung, der Akt, der die Knechtschaft in Freiheit verwandelt.

DIE DAME UND DIE HEILIGE

Die griechisch-römische Antike kannte die Liebe fast nur als schmerzliche Leidenschaft, und trotzdem war sie an sich begehrenswert und wert, erlebt zu werden. Diese Wahrheit, von den Dichtern Alexandrias und Roms tradiert, hat nichts von ihrer Gültigkeit verloren: Die Liebe ist Verlangen nach *Ganzheit*, und insofern entspricht sie einem tiefen Bedürfnis der Menschen. Der Mythos vom Androgynen ist eine psychologische Wirklichkeit. Wir alle, Männer wie Frauen, suchen unsere verlorene Hälfte. Der antiken Welt fehlte jedoch eine Lehre der Liebe, ein Komplex von Ideen, Praktiken und Verhaltensweisen, die in einer menschlichen Gemeinschaft Gestalt annehmen und von ihr geteilt werden. Die Theorie, die diese Funktion hätte erfüllen können, der platonische Eros, denaturierte die Liebe eher und verwandelte sie in eine philosophische und kontemplative Erotik, von der die Frau zudem ausgeschlossen war. Im 12. Jahrhundert, in Frankreich, manifestiert sich die Liebe nicht mehr als ein individuelles Delirium, als Ausnahme oder Verirrung, sondern als das Ideal eines höheren Lebens. Das Entstehen der »höfischen Liebe« gleicht einem Wunder, da es sich weder einer religiösen Doktrin noch einer philosophischen Lehre verdankt. Die »höfische Liebe« war die Erfindung einer Gruppe von Dichtern im Schoße einer zahlenmäßig eher kleinen Gesellschaft: des Lehnsadels im Süden des vormaligen Gallien. Sie entstand weder in einem großen Reich, noch war sie das Ergebnis einer alten Zivilisation. Sie tauchte auf in einem Komplex halb unabhängiger Herrenhöfe, in einer Zeit politischer Instabilität, aber großer geistiger Fruchtbarkeit. Sie war eine Verheißung, ein Frühling. Das 12. Jahrhundert war das Jahrhundert der Geburt Europas; in dieser Epoche zeichnet sich ab, was später die großen Schöpfungen unserer Zivilisation werden sollten, darunter zwei der bemerkenswertesten: die lyrische Dichtung und die Idee der Liebe als Lebensform. Die Dichter erfanden, wie gesagt, die »höfische Liebe«. Sie konnten sie freilich nur erfinden, weil sie ein latenter Wunsch jener Gesellschaft war.

Die Literatur über die »höfische Liebe« ist überaus reich. Hier werde ich nur einige Punkte berühren, die ich in bezug auf den Gegenstand dieser Reflexionen für wesentlich halte. Ich habe dieses Thema bereits in anderen Schriften behandelt, wie auch zwei andere, die damit zusammenhängen: die Liebe in der Dichtung Dantes und in der Lyrik des spanischen Barock; ich werde hier nicht darauf zurückkommen.* Der Begriff der »höfischen Liebe« spiegelt die Unterscheidung des Mittelalters zwischen *Hof* und *Stadt* wider. Nicht die »niedere« Liebe – Begattung und Fortpflanzung –, sondern ein sublimes Empfinden, das die Herrenhöfe auszeichnet. Die Dichter nannten es nicht »höfische Liebe«; sie benutzten einen anderen Ausdruck: *fin' amors*, was soviel heißt wie geläuterte, verfeinerte Liebe. Eine Liebe, die weder die

---

* Siehe die letzten Seiten von *Nackte Erscheinung. Das Werk von Marcel Duchamp.* LCB, Berlin 1987, Suhrkamp, Frankfurt am Main 1991; das Kapitel »Sternenrat« in *Sor Juana Inés de la Cruz oder die Fallstricke des Glaubens.* Suhrkamp, Frankfurt am Main 1991; und »Quevedo, Heráclito y algunos sonetos« in *Sombras de obras.* Barcelona 1983.

reine Fleischeslust noch die Fortpflanzung im Sinn hatte. Eine Askese und eine Ästhetik. Zweifellos gab es unter diesen Dichtern herausragende Persönlichkeiten, doch das, was wirklich zählt, ist ihr gemeinsames Werk.* Die individuellen Unterschiede, so groß sie waren, verhinderten nicht, daß alle dieselben Werte und dieselbe Lehre teilten. In weniger als zwei Jahrhunderten schufen diese Dichter einen Kodex der Liebe, der in vielen Aspekten noch heute Gültigkeit hat, und vererbten uns die Grundformen der Lyrik des Abendlandes. Drei Merkmale der provenzalischen Dichtung**: Die meisten Gedichte haben die Liebe zum Thema; es ist die Liebe zwischen Mann und Frau; die Gedichte sind in Vulgärsprache geschrieben. Dante nennt in seiner *Vita nova* den Grund für die Bevorzugung der Vulgärsprache vor dem Latein: die Dichter wollten von den Damen verstanden werden. Gedichte, nicht um gelesen, sondern um gehört zu werden, von Musik begleitet, vorgetragen im Hof des Schlosses eines Standesherrn. Zu dieser glücklichen Verbindung zwischen gesprochenem Wort und Musik konnte es nur in einer Gesellschaft kommen, die verfeinerte Lustbarkeiten liebte und aus Männern und Frauen des Adels bestand. Und darin liegt ihre große historische Neuheit:

---

* Unter ihnen Guillaume IX, Herzog von Aquitanien (der erste provenzalische Dichter), Jaufré Rudel, Marcabrú, Bernart de Ventadorn, Arnaut Daniel, Bertran de Born, die Comtesse Beatriz de Dia, Peire Vidal, Peire Cardinal ... Es gibt viel Literatur über die provenzalische Dichtung. Im Spanischen verfügen wir über ein grundlegendes Werk: Martín de Riquer, *Los trovadores* (Historia literaria y textos), drei Bde., Barcelona 1983.

** Sowohl vom sprachlichen als auch vom geographischen Gesichtspunkt aus gesehen, ist *provenzalische Dichtung* ein ungenauer Begriff, doch ist er allgemein üblich.

Am platonischen Gastmahl nahmen ausschließlich Männer teil, und die Geselligkeiten, auf welche die Gedichte Catulls und Properz' anspielen, waren Feste von Libertins, Kurtisanen und leichtlebigen Patrizierinnen wie Clodia.

Das Entstehen der »höfischen Liebe« wurde durch verschiedene historische Umstände begünstigt. In erster Linie dadurch, daß es relativ unabhängige und reiche Herrenhöfe gab. Das 12. Jahrhundert war eine Zeit des Aufschwungs: prosperierende Landwirtschaft, Beginn der städtischen Wirtschaft, reger Handel nicht nur zwischen den europäischen Ländern, sondern auch mit dem Orient. Es war eine Epoche der Weltoffenheit. Dank der Kreuzzüge kamen die Europäer in engeren Kontakt mit der orientalischen Welt, mit ihren Reichtümern und ihren Wissenschaften; auf dem Umweg über die arabischen Kulturen entdeckten sie Aristoteles, die griechisch-römische Medizin und Wissenschaft wieder. Einige der provenzalischen Dichter nahmen an Kreuzzügen teil. Und Guillaume von Aquitanien reiste nach Syrien und später nach Spanien. Die Beziehungen zu Spanien waren besonders fruchtbar, sowohl auf dem Gebiet der Politik und des Handels als auch hinsichtlich der Sitten und Gebräuche; nicht selten traf man an den Höfen der Feudalherren arabische Tänzerinnen und Sänger aus Al-Andalus. Anfang des 12. Jahrhunderts war der Süden Frankreichs eine privilegierte Gegend, wo sich die verschiedensten Einflüsse kreuzten, der nordische wie auch der orientalische. Diese Mannigfaltigkeit befruchtete die Geister und zeitigte eine einzigartige Kultur, die man, ohne zu übertreiben, die erste europäische Zivilisation nennen kann.

Das Entstehen der »höfischen Liebe« wäre unerklärlich ohne den Wandel der Stellung der Frau. Dieser Wandel betraf vor allem die adligen Damen, die größere Freiheit genossen als ihre Ahnfrauen in den finsteren Jahrhunderten. Verschiedene Umstände begünstigten diese Entwicklung. Einer war religiöser Art: Das Christentum hatte der Frau eine Würde verliehen, die im Heidentum unbekannt war. Ein weiterer Umstand war das germanische Erbe: Schon Tacitus hatte mit Erstaunen vermerkt, daß die germanischen Frauen viel freier waren als die römischen (*Germania*). Und schließlich der Zustand der Feudalgesellschaft. Die Heirat zwischen den Herrenhöfen beruhte nicht auf Liebe, sondern auf politischen, wirtschaftlichen und strategischen Interessen. In dieser Welt, die ständig Krieg führte, manchmal in fernen Ländern, waren die Herren oft abwesend und mußten die Verwaltung ihrer Ländereien ihren Gemahlinnen überlassen. Mit der Treue nahm man es auf beiden Seiten nicht sehr genau, und es gibt zahlreiche Beispiele außerehelicher Beziehungen. In dieser Epoche war die Artussage von der ehebrecherischen Liebesbeziehung zwischen der Königin Ginevra und Lancelot populär geworden wie auch das unglückliche Los Tristans und Isoldes, der Opfer einer schuldhaften Leidenschaft. Zudem gehörten jene Damen mächtigen Familien an, und einige zögerten nicht, ihren Ehegatten die Stirn zu bieten. Guillaume von Aquitanien mußte erdulden, daß seine zweite Frau ihn verließ und, nachdem sie in einer Abtei* Zuflucht gefunden und eine Liaison mit einem Bischof eingegangen war, nicht ruhte, bis sie die Exkommunikation ihres Ge-

* Es handelt sich um die Abtei von Fontevrault, der eine Äbtissin vorstand. Guillaume nannte sie eine »Abtei von Dirnen«.

mahls erreichte. Unter den Frauen dieser Periode sticht besonders hervor die Gestalt der Aliénor von Aquitanien, Gemahlin zweier Könige, Mutter von Richard Löwenherz und Schirmherrin der Dichter. Mehrere adlige Damen waren auch Dichterinnen; ich erwähne nur die Comtesse de Dia, eine berühmte *trobairitz*. Die Frauen genossen in der Feudalzeit Freiheiten, die sie später durch das vereinte Werk der Kirche und der absoluten Monarchie verloren. Das Phänomen von Alexandria und Rom wiederholte sich: Die Geschichte der Liebe und die der Freiheit der Frau sind voneinander nicht zu trennen.

Es ist nicht leicht festzustellen, welche Ideen und Lehren es waren, die zum Entstehen der »höfischen Liebe« beitrugen. Auf jeden Fall waren es wenige. Die provenzalische Dichtung entstand in einer zutiefst christlichen Gesellschaft. Gleichwohl weicht die »höfische Liebe« in vielen wesentlichen Punkten von den Lehren der Kirche ab und widersetzt sich diesen sogar. Die Bildung der Dichter, ihre Kultur und ihre Glaubensanschauungen waren christlich, doch viele ihrer Ideale und Bestrebungen waren mit den Dogmen des römischen Katholizismus unvereinbar. Sie waren aufrichtige Gläubige, und dennoch frönten sie einem weltlichen Kult, der keineswegs der Roms war. Dieser Widerspruch scheint sie gar nicht gestört zu haben, wenigstens nicht am Anfang; dagegen scheint er der geistlichen Obrigkeit, die die »höfische Liebe« stets verdammte, nicht unbemerkt geblieben zu sein. Indes war der Einfluß der griechisch-römischen – der heidnischen – Antike unbedeutend. Die provenzalischen Dichter kannten die lateinischen Dichter nur oberflächlich und bruchstückhaft. Allerdings gab es den Präzedenzfall einer »neulateinischen« Literatur von Kle-

Nicolas Poussin, *Pan mit Syrinx*, 1637-1638
Foto: Archiv für Kunst und Geschichte, Berlin

Giulio Romano, *Hochzeitsbankett von Amor und Psyche* (Fragment), 1525-1535. Foto: Scala, Florenz

rikern, die »epistolae amatoriae« in Nachahmung Ovids schrieben; René Nelli zufolge hatten sie »keinen Einfluß, weder auf den Stil der ersten Troubadoure noch auf ihre Ideen über die Liebe«.* Einige Kritiker sind der Meinung, daß die Prosodie der lateinischen liturgischen Dichtung die Metrik und die Strophenformen der provenzalischen Lyrik beeinflußt hat. Das ist möglich. Doch konnten die religiösen Themen jener Dichtung auf die erotischen Lieder der Provenzalen keinen Einfluß ausüben. Nicht zuletzt war der Platonismus ein starker erotischer und geistiger Impuls des Abendlandes. Obgleich es keine direkte Übertragung der platonischen Liebeslehren gab, ist anzunehmen, daß die provenzalischen Dichter gewisse Kenntnisse dieser Ideen durch die Araber erhielten. Diese Hypothese verdient einen eigenen Kommentar.

Über die Beziehungen zwischen der arabischen Form der *cortesia* und jener Occitaniens sagt René Nelli: »Der früheste, tiefste und entscheidendste Einfluß war der des muselmanischen Spanien. Die Kreuzzüge in Spanien lehrten die südfranzösischen Freiherren mehr als die Kreuzzüge im Orient.« Die meisten Gelehrten sind sich darin einig, daß sich die provenzalischen Dichter zwei arabisch-andalusische Volksdichtungsformen zu eigen machten: den *zéjel* und die *jarcha.* Ich möchte aber noch eine andere Anleihe von größerer Bedeutung erwähnen, die beträchtliche Auswirkungen hatte nicht nur auf die Dichtung, sondern auch auf die Sitten und Anschauungen: die Verkehrung der herkömmlichen Stellung des

* René Nelli, *L'Érotique des troubadours.* Toulouse 1963.

Liebhabers und seiner Dame. Die Achse der Feudalgesellschaft war die – zugleich rechtliche und geheiligte – vertikale Beziehung zwischen Herr und Vasall. Im muselmanischen Spanien hatten sich die Emire und Standesherren zu Dienern und Sklaven ihrer Geliebten erklärt. Die provenzalischen Dichter machen sich die arabische Sitte zu eigen, verkehren die traditionelle Beziehung der Geschlechter, nennen die Dame ihre Herrin und bekennen sich zu ihrem Diener. In einer Gesellschaft, die viel offener war als die muselmanisch-spanische und in der die Frauen Freiheiten genossen, die im Islam undenkbar waren, kam dieser Wandel einer Revolution gleich. Er erschütterte das durch die Tradition geheiligte Bild vom Mann und von der Frau, wirkte sich auf die Sitten und selbst auf das Vokabular aus und veränderte durch die Sprache die Sicht der Welt. Dem Brauch der Dichter aus Al-Andalus folgend, die ihre Geliebten mit *sayyidí* (mein Herr) und *mawlanga* (mein Gebieter) anredeten, nannten die provenzalischen Dichter ihre Damen *midons (meus dominus)*. Ein Brauch, der sich im Limousin bis heute erhalten hat. Die Vermännlichung der Anrede der Damen sollte den Wandel in der Hierarchie der Geschlechter unterstreichen: Die Frau nahm die höhere Stellung ein und der Liebhaber die des Vasallen. Die Liebe ist subversiv.

Wir können jetzt das schwierige Thema des Platonismus anschneiden. In der arabischen Erotik ist die höchste Liebe die reine Liebe; alle Autoren gelehrter Abhandlungen preisen die Enthaltsamkeit und rühmen die keusche Liebe. Es ist dies eine Idee platonischen Ursprungs, wenngleich von der islamischen Theologie modifiziert. Der Einfluß der griechischen Philosophie auf das arabische Denken ist bekannt. Die *falasifos* (arabische Transkription von *philósophoi*) verfügten schon früh über die Werke des Aristoteles und einige platonische und neuplatonische Abhandlungen. Es gibt eine Stammlinie arabischer Denker, die vom Neuplatonismus geprägt sind. Unterschieden werden sollte jedoch zwischen denen, die die Liebe als einen Weg zur Göttlichkeit verstanden, und jenen, die sie auf die menschliche Sphäre beschränkten, wenngleich mit Ausblick auf die höheren Sphären. Für die islamische Orthodoxie ist der mystische Weg, der die Vereinigung mit Gott sucht, Häresie: die Distanz zwischen Schöpfer und Geschöpf ist unüberwindlich. Diesem Verbot zum Trotz ist eine der spirituellen Reichtümer des Islams die Sufi-Mystik, welche die Vereinigung mit Gott sehr wohl zuläßt. Unter den Sufi-Dichtern und -Mystikern gab es einige Märtyrer, die für ihre Ideen starben. Ibn Dā'ūd, Rechtsgelehrter und Dichter aus Bagdad, gehörte der orthodoxen Richtung an. Sein Fall ist singulär, denn Ibn Dā'ūd war auch der Autor von *(Kitāb) az-Zahra* (»Das Blumenbuch«), einer Abhandlung über die Liebe, in welcher der Einfluß vom *Gastmahl* und vom *Phaidros* unverkennbar ist. Die Liebe entsteht beim Anblick eines schönen Körpers; die Stufen der Liebe führen vom Physischen zum Geistigen; die Schönheit der geliebten Person ist der Weg zur Kontemplation der ewigen Formen. Trotzdem lehnt Ibn Dā'ūd, getreu der Orthodoxie, die Vereinigung mit Gott ab: Die Göttlichkeit, ewige Andersheit, ist unerreichbar.

Ein Jahrhundert später, in dem Córdoba der Omaijaden, schreibt der Philosoph und Dichter Ibn Hazm, eine der faszinierendsten Gestalten aus Al-Andalus, eine kleine Abhandlung über die Liebe, *Das Halsband der Taube*, heute in fast alle europäischen Sprachen übersetzt.* Für Ibn Hazm entsteht die Liebe, wie bei Platon, beim Anblick der physischen Schönheit. Auch er spricht, wenngleich weniger systematisch, von der Stufenleiter der Liebe, die vom Physischen zum Geistigen führt. Ibn Hazm zitiert eine Passage von Ibn Dā'ūd, die ihrerseits ein Zitat aus dem *Gastmahl* ist: »Meine eigene Auffassung ist, daß die Liebe eine Vereinigung von den in dieser erschaffenen Welt getrennten Seelenteilen in ihrem höheren Ursprungselement ist, und zwar nicht so, daß die Seelen in Teile zerlegte Kugeln sind, was die Meinung einiger Philosophen ist, wie sie Muhammad Ibn Dā'ūd wiedergibt, sondern in der Weise, daß die beiderseitigen bewegenden Kräfte in der Heimstatt ihrer höheren Welt verwandt und auf Grund ihrer Gestaltungsart einander nahe sind.«** Der angesprochene Philosoph ist Platon, und die »getrennten Seelenteile« beziehen sich auf die Rede über den Androgynen im *Gastmahl*. Die Idee, daß die Seelen in dieser Welt einander suchen ob der Beziehungen, die sie zueinander hatten, bevor sie auf die Erde hinabstiegen und sich verkörperten, ist ebenfalls platonischen Ursprungs: es ist die Rückerinnerung.

Es gibt noch weitere Anklänge an *Phaidros* in *Das Halsband der Taube*: »Ich sehe eine menschliche Gestalt, doch wenn ich sie genauer betrachte, meine ich in ihr einen Körper zu sehen, der aus der himmlischen Welt der Sphären kommt.« Die Betrachtung der Schönheit ist eine Epiphanie. Meinerseits habe ich einen weiteren Nachhall von Ibn Hazm entdeckt, nicht bei den provenzalischen

---

* Emilio García Gómez zufolge wurde *Das Blumenbuch* wahrscheinlich 890 und *Das Halsband der Taube* 1022 verfaßt.

** Zitiert nach Ibn Hazm Al-Andalusi, *Das Halsband der Taube*. Übertragen von Max Weisweiler. Insel Verlag, Frankfurt am Main 1961.

Dichtern, sondern bei Dante. Im ersten Kapitel von *Das Halsband der Taube* steht: »Die Liebe an sich ist ein Akzidens und kann daher nicht Träger anderer Akzidentien sein« (Erstes Kapitel: »Das Wesen der Liebe«). Im Kapitel XXV der *Vita nova* heißt es mit fast denselben Worten: »Die Liebe existiert nicht an sich als Substanz: sie ist das Akzidens einer Substanz.« In dem einen wie in dem anderen Fall ist der Sinn klar: Die Liebe ist weder ein Engel noch ein menschliches Wesen (weder eine unkörperliche geistige Substanz noch eine geistige körperliche Substanz), sondern etwas, das den Menschen widerfährt: eine Leidenschaft, ein Akzidens. Die Unterscheidung zwischen Substanz und Akzidens ist eher aristotelisch denn platonisch, doch worauf ich Nachdruck legen wollte, ist die Übereinstimmung zwischen Ibn Hazm und Dante. Wie mir scheint, bestätigt sich mit den Jahren mehr und mehr die Ansicht von Asín Palacios, der als erster in der Dichtung Dantes arabisches Gedankengut entdeckt hat.

Haben die Provenzalen die Abhandlung von Ibn Hazm gekannt? Es ist unmöglich, diese Frage mit letzter Sicherheit zu beantworten; indes gibt es Indizien, die den Einfluß der arabischen Abhandlungen auf die *fin'amors* zu beweisen scheinen. Mehr als hundertfünfzig Jahre später schreibt Andreas Capellanus auf Ersuchen von Marie de Champagne, Tochter von Aliénor von Aquitanien, eine Abhandlung über die Liebe, *De arte honesta amandi*, in der er die Ideen und Formeln wiederholt, die sich in *Das Halsband der Taube* finden. Auch ist die Annahme nicht unbegründet, daß die provenzalischen Dichter, noch bevor Andreas Capellanus die Abhandlung geschrieben hatte (1185), von den Ideen der arabischen Erotik, sei es auch nur bruchstückhaft, Kenntnis erhielten, und zwar zu eben der Zeit, da sie sich die metrischen Formen und das Liebesvokabular der arabischen Dichtung zu eigen machten. Die Ähnlichkeiten sind zahlreich: der Kult der physischen Schönheit, die Stufen der Liebe, das Lob der Keuschheit – eine Methode zur Läuterung des Verlangens, kein Zweck an sich – wie auch die Betrachtung der Liebe als Offenbarung einer übermenschlichen Wirklichkeit, jedoch nicht als ein Weg, um zu Gott zu gelangen. Letzteres ist entscheidend: Weder die »höfische Liebe« noch die Erotik von Ibn Hazm sind eine Mystik. Bei beiden ist die Liebe menschlich, ausschließlich menschlich, auch wenn ein Abglanz anderer Wirklichkeiten oder, wie Ibn Hazm sagt, der »himmlischen Welt der Sphären« auf ihr liegt. Ich halte fest: Die abendländische Konzeption der Liebe ähnelt mehr der der Araber und Perser als der Indiens oder des Fernen Ostens. Das ist nicht verwunderlich, denn beide leiten sich her – oder genauer, sind Abweichungen – von zwei monotheistischen Religionen, und beide teilen den Glauben an eine persönliche und ewige Seele.

Die »höfische Liebe« hat ihre Blütezeit in derselben Epoche und innerhalb derselben Religion, in der die katharische Häresie auftaucht und sich verbreitet. Dank der egalitären Predigten der Katharer und der Redlichkeit und Sittenstrenge ihrer Bischöfe erlangte der Katharismus schon bald große Popularität. Seine Theologie beeindruckte die Gelehrten, das Bürgertum und den Adel. Seine Kritik an der römischen Kirche weckte Hoffnung bei einer Bevölkerung, die die ständigen Übergriffe des Klerus und die Einmischung der päpstlichen Gesandten leid waren. Die Herrschsucht der Standesherren, die sich der kirchlichen Besitztümer bemächtigen wollten und sich durch die französische Monarchie bedroht fühlten, leisteten dem neuen Glauben ebenfalls Vorschub. Nicht zuletzt auch ein Gemeinschaftsgefühl, das ich zögere, als nationalistisch zu bezeichnen: der Stolz und das Bewußtsein, eine Sprache, Sitten und Bräuche und eine Kultur gemeinsam zu haben. Ein diffuses, aber mächtiges Gefühl: das der Zugehörigkeit zu einer Gemeinschaft, zu Occitanien, dem Land der *langue d'oc*, Rivale des Landes der *langue d'oïl*. Zwei Gesellschaften, zwei Empfindungsweisen, die sich kristallisierten in zwei Arten, *ja* zu sagen, einer Partikel, die uns nicht durch das definiert, was wir verneinen, sondern durch das, was wir bejahen und was wir sind. Als die katharische Religion in Occitanien Wurzeln schlug, identifizierte sie sich mit der Sprache und der Kultur dieses Landes. Viele Standesherren und adlige Damen, die die Troubadoure protegierten, empfanden Sympathie für diese Lehre. Auch wenn es nur wenige katharische Troubadoure gab – und keiner von ihnen schrieb Liebesgedichte –, ist es ganz natürlich, daß sich gewisse Beziehungen zwischen der »höfischen Liebe« und den Glaubensanschauungen der Katharer herstellten. Doch mit dieser schlichten Tatsache nicht zufrieden, ging Denis de Rougemont einen Schritt weiter: er meinte, daß die provenzalischen Dichter sich von der katharischen Lehre hatten inspirieren lassen und dieser ihre Grundgedanken verdanken. Von Deduktion zu Deduktion gelangte er schließlich zu der Feststellung, daß die abendländische Liebe eine Häresie war – und eine Häresie, die um sich selbst nicht wußte. Rougemonts Idee ist verführerisch, und ich gestehe, daß ich ihr eine Zeitlang ganz rückhaltlos angehangen habe. Heute nicht mehr, und ich sage auch gleich, warum.

Weit mehr als eine Häresie, war der Katharismus eine Religion, denn sein Glaube ist ein Dualismus, der dem christlichen Glauben in allen seinen Erscheinungsformen, von der römisch-katholischen bis zur byzantinischen, entgegensteht. Seinen Ursprung hat der Katharismus in Persien, der Wiege dualistischer Religionen. Er lehrte nicht nur die Koexistenz zweier Prinzipien – das Licht und die Finsternis –, sondern in seiner extremsten Version, jener der Albigenser, auch die Koexistenz zweier Schöpfungen. Wie zahlreiche Sekten der ersten Jahrhunderte glaubten auch die Katharer, daß die Erde die Schöpfung eines ruchlosen Demiurgen (Satan) war und daß die Materie an sich böse ist. Sie glaubten auch an die Seelenwanderung, verurteilten die Gewalt, lebten vegetarisch, predigten die Keuschheit (Fortpflanzung war eine Sünde), fanden den Selbstmord nicht verwerflich, unterschieden in ihrer Kirche zwischen »vollkommenen« und einfachen Gläubigen. Der Aufschwung der katharischen Kirche im Süden Frankreichs und im Norden Italiens ist ein erstaunliches, aber nicht unerklärliches Phänomen: Der Dualismus ist unsere spontane Antwort auf die Greuel und die Ungerechtigkeiten auf Erden. Gott kann nicht der Schöpfer einer Welt sein, die dem Zufall, der Zeitlichkeit, dem Schmerz und dem Tod preisgegeben ist; nur ein Dämon konnte eine Welt geschaffen haben, die mit Blut besudelt ist und in der die Ungerechtigkeit herrscht.

Keine dieser Anschauungen hat die geringste Ähnlichkeit mit jenen der »höfischen Liebe«. Eher ist das Gegenteil der Fall: sie stehen im Gegensatz zueinander. Der Katharismus verurteilt die Materie, und diese Verurteilung bezieht sich auf jede profane Liebe. Daher wurde die Ehe als Sünde betrachtet: Kinder aus Fleisch und Blut zu zeugen hieß, die Materie zu vermehren, das Werk des Demiurgen Satan fortzusetzen. Beim gläubigen Volk tolerierte man die Ehe als ein *pis-aller*, ein notwendiges Übel. Auch die *fin'amors* verurteilt die Ehe, aber aus einem völlig anderen Grunde: sie war eine Verbindung, die fast immer ohne Einwilligung der Frau, nur des materiellen, politischen oder familären Interesses wegen eingegangen wurde. Deshalb pries man die außerehelichen Beziehungen, wofern sie nicht aus bloßer geschlechtlicher Begierde entstanden, sondern durch die Liebe geheiligt wurden. Der Katharer verurteilte die Liebe, selbst die reinste, weil sie die Seele an die Materie band; erstes Gebot der *cortesia* war die Liebe zu einem schönen Körper. Was für die Dichter heilig war, war für die Katharer Sünde.

Das Bild der Stufenleiter findet sich in fast allen Kulten. In ihm verbinden sich zwei Ideen: die des Aufstiegs und die der Initiation. Im ersten Fall ist die Liebe eine Zustandsveränderung, eine Erhöhung; die Liebenden erheben sich, wenn auch nur für einen Augenblick, über die zeitliche Bedingtheit und werden buchstäblich in eine andere Welt versetzt. Im zweiten Fall erfahren sie eine verborgene Wirklichkeit. Es handelt sich dabei nicht um geistige Erkenntnis; was da schaut und erkennt, ist nicht das geistige Auge wie bei Platon, sondern das des Herzens. Hinzu kommt eine weitere Besonderheit, die sich weder aus der religiösen noch der philosophischen Tradition herleitet, sondern aus der feudalen Wirklichkeit: der »Dienst« des Liebenden. Wie der Vasall dient der Liebende seiner Geliebten. Der »Dienst« umfaßt mehrere Entwicklungsstufen: er beginnt mit der Betrachtung des Körpers und des Antlitzes der Geliebten, worauf, einem Ritual gemäß, der Austausch von Zeichen und Gedichten folgt und es zu Zwiegesprächen kommt. Wo und wann endet der Dienst? Wenn man die Texte liest, erweist sich, daß es während der ersten Periode der provenzalischen Dichtung diesbezüglich keinen Zweifel gab: Erfüllung fand die Liebe in der Fleischeslust. Es war eine Ritterdichtung, von Feudalherren geschrieben und an Damen ihres Standes gerichtet. In einer zweiten Periode treten professionelle Dichter auf den Plan; viele von ihnen gehörten nicht dem Adel an und lebten von ihren Gedichten, indem sie von Schloß zu Schloß zogen oder aber die Protektion eines Standesherrn oder einer Dame von hoher Geburt genossen. Die anfängliche poetische Fiktion, die den Herrn zum Vasallen seiner Dame machte, war nicht länger eine Konvention und spiegelte die gesellschaftliche Wirklichkeit wider: Die Dichter waren fast immer von niedererem Stand als die Damen, für die sie ihre Lieder schrieben. So war es nur natürlich, daß die Idealität der Liebesbeziehung betont wurde, auch wenn diese immer mit der Person der Dame verbunden blieb, mit ihrer Seele und ihrem Körper.

Man darf nicht vergessen, daß das Ritual der »höfischen Liebe« eine poetische Fiktion war, eine Verhaltensregel und eine Idealisierung der gesellschaftlichen Wirklichkeit. Daher können wir nicht wissen, wie und bis zu welchem Punkt ihre Regeln befolgt wurden. Auch muß man in Betracht ziehen, daß während der zweiten Epoche der »höfischen Liebe«, die ihre Blütezeit war, die meisten Troubadoure Dichter von Beruf waren und ihre

Lieder weniger eine persönliche Erfahrung ausdrückten, sondern eher eine ethische und ästhetische Lebenslehre waren. Mit ihren Liebesliedern erfüllten sie eine gesellschaftliche Funktion. Augenfällig ist aber auch, daß die Ideen und Gefühle, die in ihren Gedichten zum Ausdruck kamen, in etwa dem entsprachen, was die Standesherren, die Damen und die Geistlichen der Lehnshöfe dachten, empfanden und durchlebten. Mit Vorbehalt zähle ich hier die drei Stufen des »Liebesdienstes« auf: Werbung, Flehen und Erhörung.* Die Dame erhörte ihren Liebhaber, indem sie ihn küßte, und damit endete sein Dienst. Doch es gab eine vierte Stufe: die der körperlichen Liebe (*drutz*). Viele Troubadoure billigten nicht, daß es zum *fach* (Vollzug des Beischlafs) kam. Diese Zurückhaltung war ohne Zweifel dem Stand der Troubadoure zuzuschreiben, die professionelle Dichter geworden waren; ihre Gedichte spiegelten nicht mehr ihre eigenen Gefühle wider, zudem war die Distanz zu den Damen nun zu groß. Und manchmal war es nicht nur der Standesunterschied, sondern auch das Alter: er und sie waren bejahrt. Schließlich dachte man auch, daß der Beischlaf das Verlangen und die Liebe tötete. Gleichwohl weist Martín de Riquer darauf hin, daß die moderne Kritik »an den Tag gebracht hat, daß die *fin'amors* nach der physischen Vereinigung trachten konnte ... Gäbe es ein solches Bestreben nicht, hätte die *alba* (Tagelied) genannte Gattung, welche die Vereinigung der Liebenden als schon vollzogen voraussetzt, nicht den geringsten Sinn«.** Nebenbei gesagt, sollten diese Lieder, die so

* René Nelli, *op. cit.*
** Martín de Riquer, *op. cit.*

frisch sind wie der Morgen, der europäischen Lyrik Glanz verleihen, von den Nachtigallen Shakespeares bis zu den Lerchen Lope de Vegas:

Quan lo rossinhols escria
ab sa par la nueg e·l dia,
yeu suy ab ma bell'amia
        jos la flor,
tro la gaita de la tor
escria: »Drutz, al levar!
qu'ieu vey l'alba e·l jorn clar.*

Wenn ein Pärchen Nachtigallen
Tag und Nacht sein Lied läßt schallen,
laß uns in die Blumen fallen,
        Liebste mein,
bald schon wird der Türmer schrein:
»Liebesleut, erhebt euch schnell!
Frühlicht glimmt, der Tag wird hell.**

Die Idee, daß die Liebe eine Initiation ist, impliziert, daß sie auch eine Prüfung ist. Vor der physischen Vereinigung gab es eine Zwischenstufe, die *assag* oder *assai*, Liebesprüfung, genannt wurde. Viele Gedichte spielen auf diesen Brauch an, unter ihnen eines der Comtesse de Dia und ein anderes von Azalaïs de Porcairagues, einer weniger bekannten *trobairitz*. Diese letztere bezieht sich auf den *assai* expressis verbis: »Schöner Freund ... Bald werden wir zur Prüfung kommen *(tost en venrem a l'assai)* und

---

* Anonymes Gedicht.
** Übertragen von Lothar Klünner.

ich werde mich Euer Gnaden hingeben.« Der *assai* seinerseits umfaßte mehrere Stufen: der Dame zusehen, wenn sie aufstand oder zu Bett ging; sie nackt betrachten (der Körper der Frau war ein Mikrokosmos, und in seinen Formen zeigte sich die ganze Natur mit ihren Tälern, Hügeln und Hainen); und schließlich sich zu ihr ins Bett legen und sich verschiedenen Liebkosungen hingeben, ohne jedoch zur letzten zu kommen *(coitus interruptus)*.*

Unser ältestes Gedicht in spanischer Sprache, *Razón de amor*, das sich in seinen ersten Versen ebenfalls expressis verbis auf die »höfische Liebe« bezieht, bietet eine bezaubernde Schilderung des *assai*. Ein köstlich künstlicher Garten: der *locus amœnus*. Eine Quelle, blühende Bäume, Vögel, Rosen, Lilien, Salbei, Veilchen, duftende Kräuter: ein balsamischer Frühling. Ein Jüngling erscheint, er ist ein »Scholar«, kommt aus Frankreich oder Italien, sucht jemanden und streckt sich neben der Quelle aus; da es sehr warm ist, legt er seine Kleider ab und labt sich am kühlen Quellwasser. Kommt eine Jungfrau von seltener Schönheit, und genüßlich werden ihre Gestalt und ihre Kleidung beschrieben: der Umhang und der Rock aus Seide, der Hut und die Handschuhe. Das Mädchen wandelt einher, pflückt Blumen und singt dabei ein Liebeslied. Der Jüngling erhebt sich, geht auf sie zu und fragt sie, ob sie um die Liebe wisse. Sie bejaht, aber sagt, daß sie ihren Freund noch nicht kenne. Schließlich aber erkennen sie einander an den Pfändern, die sie sich geschickt haben: Sie ist diejenige, die er sucht, und er ist derjenige, den sie sucht. Beide sind Adepten der *cortesia*. Sie umar-

* Ich habe diese Zeremonie auf den letzten Seiten von *Nackte Erscheinung, op. cit.*, kommentiert.

men sich und legen sich *so ell olivar* (»unter den Olivenbaum«), sie entledigt sich ihres Umhangs und küßt ihn auf Augen und Mund: *tan gran sabor de mí avía, / sol' fablar non me podía* (»so gebannt sie vor mir stand, / daß sie gar kein Wort mehr fand«). So, einander liebkosend, verbringen sie eine lange Zeit: *Una gran pieça allí estando, / de nuestro amor ementando* (»Lange sind wir dort geblieben, / sprachen immer nur vom Lieben«), bis sie sich zu ihrem großen Kummer von ihm trennen muß und unter Liebesschwüren fortgeht. Der Jüngling bleibt allein zurück und sagt: *Desque la vi fuera del uerto, / por poco non fui muerto* (»Wo ich sie fern vom Garten sah, / blieb das Herz mir stehn beinah«).

Der Text, der uns überliefert ist, scheint nicht vollständig zu sein; vielleicht ist er ein Fragment eines längeren Gedichts. Gewisse Elemente lassen darauf schließen, daß es sich um eine Allegorie handelt. Im Gezweig eines Apfelbaums erblickt der Jüngling zwei silberne Becher, einen mit funkelndem rotem Wein, von der Herrin jenes Lustgartens für ihren Geliebten dort versteckt. Ist sie dieselbe, die sich mit dem Jüngling unter dem Olivenbaum vergnügt hatte, oder ist es eine andere Frau, die das Mädchen erwähnte und die ihn ebenfalls liebt? Der zweite Becher enthält kaltes Wasser. Der Jüngling gesteht, daß er gern davon getrunken hätte, doch habe er befürchtet, es könnte ein Zaubertrank sein. Ich werde hier nicht versuchen, dieses mysteriöse Gedicht zu enträtseln; ich habe es lediglich angeführt, um an einem Beispiel in spanischer Sprache den Ritus des *assai*, der Liebesprüfung, zu demonstrieren.

Zwischen der »höfischen Liebe« und dem Katharismus

gibt es ohne Zweifel Berührungspunkte, aber es gibt auch Affinitäten zum Christentum und zur platonischen Tradition. Diese sind nur natürlich; erstaunlich und bezeichnend aber ist, daß sich die »höfische Liebe« von Anfang an als völlig unabhängig gezeigt hat, mit Charakteristiken, die verhindern, daß man sie mit den Glaubensanschauungen der Katharer oder mit den Lehren der katholischen Kirche verwechselt. Sie war eine Häresie sowohl in bezug auf das Christentum als auch in bezug auf die katharischen Glaubenslehren und die platonische Philosophie der Liebe. Besser gesagt, sie war eine Dissidenz, eine Überschreitung. Ich sage das, weil sie dem Wesen nach weltlich war und von Laien gelebt und empfunden wurde. Ich habe sie einen *Kult* genannt, ihrer Riten und Anhänger wegen, aber es war ein Kult außerhalb der Kirchen und Religionen und in Opposition zu ihnen. Dies ist auch eines der spezifischen Merkmale, welche die Erotik von der Liebe unterscheiden. Die Erotik kann religiös sein, wie im Tantrismus und in einigen gnostischen Sekten des Christentums; die Liebe aber ist immer menschlich. Daher war die Verherrlichung der Liebe mit dem rigorosen Dualismus der Katharer nicht vereinbar, konnte es gar nicht sein. Gewiß, zur Zeit der großen Krise des Katharismus, die die provenzalische Zivilisation mit in den Untergang riß – das Land wurde von den Truppen Simon de Montforts verwüstet, der unerschütterliche Geist von den Inquisitoren gebrochen –, zeigten die provenzalischen Dichter, wie die gesamte Bevölkerung, Sympathien für die Sache der Katharer. Es konnte gar nicht anders sein. Unter dem Vorwand, eine Häresie auszurotten, dehnte der französische König Louis VIII, in Komplizenschaft mit Papst Innozenz III., der den Kreuzzug gegen die Albigenser ausgerufen hatte, seine Herrschaft auf den ganzen Süden aus und vernichtete Occitanien. In jener Schreckenszeit wurden alle Occitanier – Katholiken und Katharer, Adlige und Bürger, das gemeine Volk und die Dichter – Opfer der Soldateska von Simon de Montfort und der grausamen dominikanischen Inquisition. Aber es ist anzunehmen, daß auch die Katharer, hätten sie wie durch ein Wunder gesiegt, die »höfische Liebe« verdammt hätten.

Obgleich sich die Gründe der Kirche Roms, die *fin'amors* zu verdammen, von denen der Katharer unterschieden, waren sie nicht weniger schwerwiegend, vor allem bezüglich der Ehe. Für die Kirche ist die Ehe eines der sieben von Jesus Christus gestifteten Sakramente. Gegen ihre Unverletzlichkeit zu verstoßen oder ihre Heiligkeit in Zweifel zu ziehen war nicht nur eine große Sünde – es war Häresie. Für die Anhänger der »höfischen Liebe« war die Ehe ein ungebührliches Joch, das die Frau versklavte, während die Liebe außerhalb der Ehe heilig war und den Liebenden eine spirituelle Würde verlieh. Wie die Kirche verurteilten sie den Ehebruch, der aus Lüsternheit begangen wird, doch sie erhoben ihn zum Sakrament, wenn das mysteriöse Fluidum der *fin'amors* ihm seine Weihe gab. Ebensowenig konnte die Kirche die Liebesriten der *cortesia* billigen; mochten die ersten, wiewohl als sündhaft angesehenen Stufen noch harmlos erscheinen, so konnte man nicht dasselbe sagen von den verschiedenen äußerst sinnenfreudigen Zeremonien des *assai*. Die Kirche verdammte die fleischliche Vereinigung sogar in der Ehe, wenn sie als erklärtes Ziel nicht die Fortpflanzung hatte. Die »höfische Liebe« zeigte sich nicht nur gleichgültig gegen dieses Ziel, ihre Riten verherrlichten eine physische Lust, die von der Zeugung deutlich Abstand nahm.

Die Kirche erhob die Keuschheit in den Rang der höchsten Tugenden. Ihr Lohn war überirdisch: die Gnade Gottes und sogar, für die Besten, die ewige Seligkeit. Die provenzalischen Dichter priesen stets eine mysteriöse, zugleich physische und spirituelle Exaltation, die sie *joi* nannten und die für sie der höchste Lohn der Liebe war. Diese *joi* war weder einfache Freude noch Wonne, sondern ein undefinierbarer Glückszustand. Die Worte, mit denen einige Dichter die *joi* beschreiben, lassen darauf schließen, daß sie sich auf die Wollust des Beischlafs beziehen, wiewohl sublimiert durch das Verzögern und die *mezura*: Die »höfische Liebe« war keine Ausschweifung, sondern eine Ästhetik der Sinne. Andere sprechen von dem Gefühl, sich durch die Betrachtung der nackten Geliebten mit der Natur zu vereinigen, und verglichen es mit dem Glückgefühl, das sich unser angesichts mancher Landschaften an einem Frühlingsmorgen bemächtigt. Für wieder andere war es eine Erhebung der Seele ähnlich der Verzückung der Mystiker und der Ekstase der kontemplativen Philosophen und Dichter. Das Glück ist dem Wesen nach unaussprechlich; die *joi* der Provenzalen war eine Art von Glück und so doppelt unaussprechlich. Nur die Poesie konnte dieses Gefühl evozieren. Und ein weiterer Unterschied zur christlichen Glaubenslehre: Die *joi* war kein Lohn *post mortem* wie der für die Enthaltsamkeit, sondern eine natürliche Gunst, die jenen Liebenden gewährt wurde, die ihr Verlangen geläutert hatten.

Alle diese Unterschiede verbanden sich in einem größeren: dem Aufstieg der Frau von der Untergebenen zur

Herrin. Die »höfische Liebe« verlieh den Damen den kostbarsten Besitz: den ihres Körpers und ihrer Seele. Die Erhöhung der Frau war eine Revolution nicht nur in den Liebesbeziehungen zwischen den Geschlechtern, sondern auch in der gesellschaftlichen Realität. Allerdings räumte die »höfische Liebe« den Frauen keine gesellschaftlichen oder politischen Rechte ein; sie implizierte keine Reform des Rechts, sie bedeutete einen Wandel in der Sicht der Welt. Indem man die überkommene hierarchische Ordnung umstieß, wollte man die gesellschaftliche Inferiorität der Frau mit ihrer Überlegenheit auf dem Gebiet der Liebe kompensieren. In dieser Hinsicht war es ein großer Schritt zur Gleichberechtigung der Geschlechter. In den Augen der Kirche jedoch bedeutete der Aufstieg der Dame wahre Vergötzung. Es war eine Todsünde, ein Geschöpf mit der Liebe zu lieben, die wir dem Schöpfer schuldig sind. Eine Idolatrie, eine sakrilegische Konfusion des Irdischen mit dem Göttlichen, des Zeitlichen mit dem Ewigen. Ich verstehe, daß Denis de Rougemont in der Liebe eine Häresie gesehen hat; auch verstehe ich, daß W.H. Auden sagte, die Liebe sei für das Christentum eine Krankheit. Für beide gab es und konnte es kein Heil außerhalb der Kirche geben. Aber eine Ansicht zu verstehen heißt nicht, sie zu teilen. Ich denke genau das Gegenteil.

Es gibt die Liebe auch in anderen Zivilisationen; ist sie eine Häresie auch für den Buddhismus, den Taoismus, den Vishnuismus und den Islam? Und bezüglich der Liebe im Abendland: Was die Theologen und ihre modernen Nachfolger die Vergötzung der Frau nennen, war in Wirklichkeit ein *Wiedererkennen*. Jede Person ist einzigartig, und deshalb ist es kein Mißbrauch der Sprache, von der »Heiligkeit des Menschen« zu sprechen. Der Ausdruck ist übrigens christlichen Ursprungs. Ja, jeder Mensch, der schlechteste nicht ausgenommen, verkörpert ein Mysterium, das man ohne Übertreibung heilig oder geheiligt nennen kann. Für die Christen und die Mohammedaner ist das große Mysterium der *Sturz*, der Sündenfall: der der Menschen, aber auch der der Engel. Der große Sturz, das große Mysterium, war der des schönsten Engels, des Statthalters der himmlischen Heerscharen: Luzifer. Der Sturz Luzifers antizipiert und impliziert den der Menschen. Aber Luzifer ist, soviel wir wissen, unerlösbar; seine Verdammnis ist ewig. Der Mensch hingegen kann seine Sünde sühnen, kann den Sturz in Flug verwandeln. Liebe ist das Wiedererkennen – in der geliebten Person – dieser Gabe des Fliegens, die alle Menschen auszeichnet. Das Mysterium der conditio humana liegt in der Freiheit: sie ist Sturz und sie ist Flug. Darin auch liegt der ungeheure Reiz, den die Liebe auf uns ausübt. Sie weist uns keinen Weg zum Heil; auch ist sie keine Idolatrie. Sie beginnt mit der Bewunderung einer Person, gefolgt von freudiger Erregung, und sie gipfelt in der Leidenschaft, die uns glücklich oder unglücklich macht. Die Liebe ist eine Prüfung, die uns alle, Glückliche wie Unglückliche, adelt.

Das Ende der »höfischen Liebe« koindiziert mit dem Ende der provenzalischen Zivilisation. Die letzten Dichter zerstreuten sich; einige suchten Zuflucht in Katalonien oder in Spanien, andere in Sizilien oder im Norden Italiens. Doch bevor die provenzalische Dichtung erlosch, befruchtete sie das übrige Europa. Durch ihren Einfluß wurden die keltischen Sagen des Artus-Zyklus umgestaltet, und dank ihrer Popularität wurde die *cortesia* zu einem Lebensideal. Chrétien de Troyes war der erste, der die neue Empfindsamkeit in den traditionellen epischen Stoff einbrachte. Sein Versroman über die verbotene Liebe Lancelots zur Königin Ginevra wurde oft imitiert. Unter allen diesen Geschichten ragt die von Tristan und Isolde heraus, bis heute der Archetypus dessen, was man Liebesleidenschaft genannt hat. In der Geschichte von Tristan gibt es grausame und zauberische Elemente, die ihr eine düstere Größe verleihen, doch die sie auch vom Ideal der *cortesia* entfernen. Für die Provenzalen ist die Liebe, und darin folgen sie Ibn Hazm und der arabischen Erotik, das Resultat einer verfeinerten Gesellschaft; trotz der Strafen und Leiden, welche die Liebenden erdulden, ist sie keine tragische Leidenschaft, da ihr letztes Ziel die *joi* ist, dieses Glück, das aus der Verbindung von Lust und Kontemplation der natürlichen und der spirituellen Welt erwächst. In der Liebe Tristans und Isoldes weisen die magischen Elemente – der Liebestrank, den die Liebenden aus Versehen trinken – auf die irrationale Macht der Erotik hin. Als Opfern dieser Macht bleibt den Liebenden kein anderer Ausweg als der Tod. Der Gegensatz zwischen dieser düsteren Sicht der Leidenschaft und jener der *cortesia*, die die Leidenschaft als einen Läuterungsprozeß sieht, der zur Erleuchtung führt, macht das Wesen des Mysteriums der Liebe aus. Vom Leben und vom Tod gleichermaßen fasziniert, ist die Liebe Sturz und Flug, Wahl und Unterwerfung.

Der Einfluß dieser Literatur, der die grausamen Sagen mit der *cortesia* vermengte, war überaus groß. Eine berühmte Episode in der *Divina Commedia* veranschaulicht die Macht, die sie auf die Geister ausübte. Im zweiten

Kreis der Hölle, wo die Wollüstigen büßen, begegnet Dante Paolo und Francesca. Vom Dichter befragt, erzählt Francesca ihm, daß eines Tages, als Paolo und sie gemeinsam in einem Buch von der Liebe Lancelots und Ginevras lasen, sie ihre Liebe füreinander entdeckten, die sie in den Tod führen sollte. Als sie an die Stelle kamen, wo Lancelot und Ginevra sich in ihrer Leidenschaft zum ersten Mal küssen, hielten sie überwältigt im Lesen inne und sahen sich verwirrt an. Dann

> questi, che mai da me non fia diviso,
> la bocca me bacíò tutto tremante.

> hat dieser, der mich niemals wird verlassen,
> mich auf den Mund geküßt mit tiefem Beben.*

Und Francesca sagt: *quel giorno piú non vi leggemo avante...* (»an jenem Tage lasen wir nicht weiter«). Man hat sich oft gefragt, ob Dante das Los des unglücklichen Paares beklagt hat oder nicht. Eines ist gewiß, nämlich daß er, als er sie in der Hölle sah und ihre Geschichte hörte, ohnmächtig zusammenbrach.

Nach rechter Glaubenslehre kann uns das Schicksal der Sünder nur Abscheu einflößen. Das Gegenteil wäre Blasphemie, hieße an der göttlichen Gerechtigkeit zweifeln. Aber auch Dante war ein Sünder, und seine Sünden waren vor allem Liebessünden, wie Beatrice ihm das mehr als einmal in Erinnerung bringt. Vielleicht deshalb, und aus Sympathie für Francesca – sie war mit seiner Fa-

---

* Zitiert nach Dante Alighieri, *Die Göttliche Komödie.* Übertragen von Hermann Gmelin. Reclam, Stuttgart 1984.

milie befreundet –, modifizierte er die Geschichte etwas: im Roman ist es Ginevra, die Lancelot zuerst küßt. Dante wollte den Theologen und den Dichter miteinander verbinden, doch nicht immer gelang ihm das. Wie alle Dichter des *dolce stil nuovo* kannte und bewunderte er die Provenzalen. In der Episode von Paolo und Francesca spielt er zweimal auf die Lehre der »höfischen Liebe« an. Das erste Mal ist es ein Widerhall seines geistigen Vaters, Guido Guinizelli, der die Liebe als einen Adel des Herzens betrachtete: *Amor, ch'al cor gentil ratto s'apprende* (»Liebe, die schnell ein edles Herz ergreifet«). Die Liebe ist eine spirituelle Bruderschaft, und nur jene, die ein edles Herz haben, können wirklich lieben. Des weiteren greift er eine Maxime von Andreas Capellanus auf: *Amor, ch'a nullo amato amar perdona* (»Liebe, der kein Geliebtes kann entgehen«). Die Liebe befiehlt, und ihr nicht zu gehorchen ist einer edlen Seele unmöglich. Indem Francesca diesen Leitsatz wiederholt, entschuldigt sie damit nicht ihre Liebessünde? Und ist diese Entschuldigung ihrerseits nicht eine neue Sünde? Wie mag Dante über all das wirklich gedacht haben?

Dante bewirkte eine Veränderung in der »höfischen Liebe«, indem er sie in die scholastische Theologie einbrachte. Damit verringerte er den Gegensatz zwischen der Liebe und dem Christentum. Und dadurch, daß er Beatrice als weibliche Gestalt der Erlösung, als Mittlerin zwischen Himmel und Erde einführte, modifizierte er die Beziehung zwischen dem Liebhaber und der Dame. Beatrice nahm weiterhin die höhere Stellung ein, doch die Beziehung zwischen ihr und Dante änderte sich. Einige haben sich gefragt: War es wirklich Liebe? Aber wenn es keine war, warum verwandte sich Beatrice ausgerechnet für einen Sünder? Die Liebe ist ausschließlich, die Barmherzigkeit nicht; einem Menschen vor anderen den Vorzug geben ist eine Sünde wider das Gebot der christlichen Nächstenliebe. So bleibt Dante ein Gefangener der »höfischen Liebe«. Beatrice hat im Bereich der Liebe eine Funktion ähnlich jener der Jungfrau Maria auf dem Gebiet der Religion. Allerdings ist Beatrice keine universale Fürsprecherin; ihr Motiv ist die Liebe zu einer Person. Ihre Gestalt ist doppeldeutig. Beatrice ist Liebe und sie ist Barmherzigkeit. Hinzu kommt eine weitere Ambiguität, die nicht minder ins Gewicht fällt: Beatrice ist verheiratet. Auch darin folgt Dante der »höfischen Liebe« und damit einer der kühnsten Überschreitungen der christlichen Moral. Wie ist Beatrices Sorge um das Seelenheil Dantes anders zu erklären als durch die Liebe?

Auch Laura, die Geliebte Petrarcas, war verheiratet. (Übrigens eine Vorfahrin des Marquis de Sade.) Natürlich handelt es sich nicht um eine Koinzidenz: Beide Dichter blieben dem Archetypus der »höfischen Liebe« treu. Diese Tatsache ist besonders bezeichnend, wenn man bedenkt, daß Dante und Petrarca nicht nur Dichter verschiedenen Geistes waren, sondern auch verschiedene Auffassungen von der Liebe hatten. Petrarca besaß nicht den Genius Dantes; seine Dichtung umfaßt nicht das Menschenschicksal in seiner Ganzheit, das am Faden der Zeit zwischen zwei Ewigkeiten hängt. Indes ist seine Auffassung von der Liebe moderner: Seine Geliebte ist weder eine Himmelsbotin, noch erschließt sie übernatürliche Mysterien. Seine Liebe ist idealisch, nicht himmlisch; Laura ist eine Dame, keine Heilige. Petrarcas Gedichte sprechen nicht von übernatürlichen Visionen, sie sind subtile Analysen der Leidenschaft. Der Dichter gefällt sich in Antithesen – Feuer und Eis, Licht und Finsternis, Flug und Sturz, Freude und Leid –, weil er selbst der Schauplatz des Widerstreits entgegengesetzter Leidenschaften ist.

Dante oder die gerade Linie; Petrarca oder die Linie, die in ständigem Zickzack verläuft. Seine Widersprüche lähmen ihn, bis neue Widersprüche ihn wieder antreiben. Jedes Sonett ist ein luftiges Gefüge, das sich auflöst, um in einem anderen Sonett wiederzuerstehen. Der *Canzoniere* ist im Unterschied zur *Divina Commedia* nicht der Bericht einer Wanderung und eines Aufstiegs; Petrarca durchlebt und beschreibt einen endlosen Streit mit sich selbst und in ihm selbst. Er lebt nach innen gekehrt, spricht nur mit seinem inneren Ich. Er ist der erste moderne Dichter; will sagen, der erste, der sich seiner Widersprüche bewußt ist, und der erste, der sie zum Kern seiner Dichtung macht. Fast die gesamte europäische Liebesdichtung kann als eine Reihe von Kommentaren, Variationen und Überschreitungen des *Canzoniere* gesehen werden. Viele Dichter übertreffen Petrarca in dieser oder jener Hinsicht, selten jedoch in seiner Ganzheit. Ich denke an Ronsard, Donne, Quevedo, Lope de Vega, kurz, an alle großen Lyriker der Renaissance und des Barock. Am Ende seines Lebens erlebte Petrarca eine geistige Krise und entsagte der Liebe; er hielt sie für eine Verirrung, die sein Seelenheil in Gefahr gebracht hatte, wie er uns in seinen Bekenntnissen berichtet *(De secreto conflictu curarum mearum).* Sein Lehrmeister war Augustinus, ein anderer großer Liebender und sinnenfreudiger als er. Petrarcas Widerruf war auch eine Huldigung: eine Anerkennung der Macht der Liebe.

Das provenzalische Vermächtnis war ein doppeltes: die

dichterischen Formen und die Konzeption der Liebe. Über Dante, Petrarca und ihre Nachfolger, bis hin zu den surrealistischen Dichtern des 20. Jahrhunderts, ist diese Tradition auf uns gekommen. Sie ist lebendig nicht nur in den höchsten Formen der Kunst und Literatur des Okzidents, sondern auch in den Liedern, den Filmen und den Volksmythen. Am Anfang war die Übertragung direkt: Dante sprach das Limousin, und im *Purgatorium*, als der provenzalische Troubadour Arnaut Daniel erscheint, läßt er ihn in Versen und in der *langue d'oc* sprechen. Auch Cavalcanti, der den Süden Frankreichs bereiste, kannte das Provenzalische. Gleiches gilt für alle Dichter dieser Generation. Obgleich heute nur noch ein kleiner Personenkreis die *langue d'oc* spricht, ist die Tradition, welche die provenzalische Dichtung begründete, nicht erloschen. Die Geschichte der »höfischen Liebe«, ihre Wandlungen und Metamorphosen, ist nicht nur die unserer Kunst und unserer Literatur, sie ist auch die Geschichte unserer Sensibilität und die Geschichte der Mythen, die seit dem 12. Jahrhundert bis in unsere Tage die Phantasie entflammt haben. Sie ist die Geschichte der Zivilisation des Okzidents.

EIN SONNENSYSTEM

Läßt man die westliche Literatur der acht Jahrhunderte, die uns von der »höfischen Liebe« trennen, Revue passieren, stellt man fest, daß das Thema der überwiegenden Mehrheit dieser Gedichte, Theaterstücke und Romane die Liebe ist. Eine der Aufgaben der Literatur ist die Darstellung der Leidenschaften. Die Dominanz des Themas Liebe in unseren literatischen Werken zeigt, daß die Liebe eine zentrale Leidenschaft der Männer und Frauen des Okzidents war. Die andere Passion war die Macht, beginnend mit politischem Ehrgeiz bis hin zur Gier nach materiellen Gütern oder nach Ehren. Kann man sagen, daß sich der Archetypus, den uns die provenzalischen Dichter vererbt haben, im Laufe dieser acht Jahrhunderte gewandelt hat? Diese Frage ist nicht leicht zu beantworten. Es hat so viele Veränderungen gegeben, daß es nahezu unmöglich ist, sie aufzuzählen; nicht weniger schwierig wäre es, jede Art oder Variante der Liebesleidenschaft untersuchen zu wollen. Seit der Dame der Provenzalen bis zu Anna Karenina ist viel Zeit vergangen. Die Veränderungen begannen mit Dante und haben sich bis heute fortgesetzt. Jeder Dichter, jeder Romancier hat seine eigene Vorstellung von der Liebe; einige haben sogar mehrere, die sich in verschiedenen Personen verkörpern. Der an Charakteren reichste ist ohne Zweifel Shakespeare: Julia, Ophelia, Antonius, Rosalinde, Othello ... Jeder von ihnen ist die personifizierte Liebe, und jeder unterscheidet sich von den anderen. Gleiches gilt auch für Balzac und seine Galerie von Liebenden und Geliebten, unter denen man eine Aristokratin wie die Duchesse de Langeais antrifft, als auch eine Plebejerin wie Esther, Alleinerbin des Wucherers Jean-Esther van Gobseck, die aus einem Freudenhaus kam. Die Liebenden Balzacs gehören allen Gesellschaften an und kommen aus allen Himmelsrichtungen. Balzac hat es sogar gewagt, mit einer seit der Epoche der »höfischen Liebe« respektierten Konvention zu brechen; in seinem Werk taucht zum ersten Mal die homosexuelle Liebe auf: die sublimierte und keusche Liebe des ehemaligen Bagnosträflings Vautrin zu Lucien de Rubempré, einem »homme à femme«, und die der Marchesa de San-Real zu Paquita, dem »Mädchen mit den Goldaugen«. Solche Vielfalt zeigt, daß die Geschichte der europäischen und amerikanischen Literaturen die Geschichte der Metamorphosen der Liebe ist.

Doch kaum habe ich dies geschrieben, spüre ich die Notwendigkeit, meine Schlußfolgerung zu berichtigen und zu differenzieren: Keine dieser Wandlungen hat den im 12. Jahrhundert geschaffenen Archetypus in seinem Wesen verändert. Es gibt gewisse distinktive Merkmale oder Wesenszüge der »höfischen Liebe« – nicht mehr als fünf, wie man weiter unten sehen wird –, die sich in allen Liebesgeschichten unserer Literatur finden und auf denen sich die verschiedenen Auffassungen und Vorstellungen gründeten, die wir seit dem Mittelalter von dieser Empfindung hatten. Einige Anschauungen und Konventionen sind verschwunden, wie die, daß die Dame verheiratet sein und dem Adel angehören muß, oder die, daß die Liebenden verschiedenen Geschlechts sein müssen. Alles übrige, dieser Komplex antithetischer Bedingungen und Eigenschaften, welche die Liebe von den anderen Leidenschaften unterscheiden, besteht fort: Anziehung/Erwählung, Freiheit/Unterwerfung, Treue/Treubruch, Seele/Körper. Das wirklich Erstaunliche ist daher die Kontinuität unserer Auffassung von der Liebe, nicht ihre Wandlungen und Variationen. Francesca ist ein Opfer der Liebe, und die Marquise de Merteuil ist gleichsam eine Opferpriesterin, Fabrice del Dongo siegt über die Ränke, die einen Romeo ins Verderben stürzen, doch ist die Leidenschaft, die sie erfüllt und verschlingt, dieselbe. Alle sind sie Helden und Heldinnen der Liebe, dieses seltsamen Gefühls, das schicksalhafte Anziehung und freie Wahl zugleich ist.

Eines der Kennzeichen der modernen Literatur ist die Kritik; das heißt, im Unterschied zu den Literaturen der Vergangenheit besingt die moderne Literatur die Helden nicht nur und berichtet von ihrem Aufstieg und Sturz, sondern sie analysiert sie auch. Don Quijote ist nicht Achilles, und auf seinem Sterbebett unterzieht er sich einer bitteren Gewissensprüfung; Rastignac ist nicht der fromme Aeneas, im Gegenteil: er weiß, daß er unbarmherzig ist, er bereut es nicht und bekennt sich zynisch dazu. Ein Gedicht Baudelaires von großer Intensität hat zum Titel *L'Examen de minuit.* Die Liebesleidenschaft ist der bevorzugte Gegenstand all dieser Prüfungen und Analysen. Die moderne Dichtung, der Roman und das Theaterstück zeichnen sich aus durch die Anzahl, die Tiefgründigkeit und die Subtilität ihrer Studien über die Liebe und ihr Gefolge von Obsessionen, Emotionen und Empfindungen. Viele dieser Analysen – zum Beispiel die von Stendhal – waren wahre Sektionen; erstaunlich jedoch, daß diese mentalen operativen Eingriffe in jedem

Fall zur Wiederbelebung führen. Auf den letzten Seiten von *L'Education sentimentale*, vielleicht Flauberts vollkommenstem Werk, ziehen der Held und einer seiner Jugendfreunde das Resümee ihres Lebens: »Der eine hatte von der Liebe geträumt, der andere von der Macht, und beide waren gescheitert. Warum?« Auf diese Frage antwortet der Protagonist, Frédéric Moreau: »Vielleicht lag der Fehler in der Geradlinigkeit.« Mit anderen Worten: Die Leidenschaft ist unnachgiebig und kennt keine Kompromisse. Eine aufschlußreiche Antwort, vor allem wenn man bedenkt, daß derjenige, der so spricht, ein Alter ego Flauberts ist. Aber Frédéric-Flaubert ist von der Liebe nicht enttäuscht; trotz seines Scheiterns findet er, daß sie das Beste von allem war, was er erlebt hatte, und das einzige, was die Nichtigkeit seines Lebens rechtfertigte. Frédéric war von sich selber enttäuscht; das heißt von der Welt, in der zu leben ihm beschieden war. Flaubert setzt die Liebe nicht herab; er beschreibt illusionslos die bürgerliche Gesellschaft, dieses abscheuliche Gewebe von Kompromissen, Schwächen, Niederträchtigkeiten, kleinen und großen Verrätereien und schäbigem Egoismus. Es war kein bloßes Aperçu, sondern wahr, wenn er sagte: *Madame Bovary, c'est moi.* Emma Bovary war, wie er selbst, kein Opfer der Liebe, sondern das Opfer ihrer Gesellschaft und ihrer Klasse. Was wäre aus ihr geworden, hätte sie nicht in der elenden französischen Provinz gelebt? Dante verurteilt die Welt vom Himmel aus, die moderne Literatur verurteilt sie aus beleidigtem Selbstbewußtsein.

Die Kontinuität unserer Auffassung von der Liebe wartet noch auf ihre Geschichte; und die Mannigfaltigkeit, in der sie sich äußert, ist einer Enzyklopädie würdig. Doch gibt es eine andere Methode, die der Geographie näher ist als der Geschichte und dem Katalog, nämlich die Grenzen zu ziehen zwischen der Liebe und den anderen Leidenschaften, so wie der Karthograph eine Insel in einer Inselgruppe umreißt. Ebendies habe ich mir bei diesen Reflexionen vorgenommen. Dem Historiker überlasse ich die ungeheure Aufgabe, die mich überfordern würde, die Geschichte der Liebe und ihrer Metamorphosen zu schreiben; und dem Gelehrten die nicht minder mühevolle Arbeit, die physischen und psychologischen Varianten dieser Leidenschaft zu klassifizieren. Mein Vorhaben ist wesentlich bescheidener.

Am Anfang habe ich versucht, die Bereiche der Sexualität, der Erotik und der Liebe voneinander abzugrenzen. Alle drei sind Modi, Manifestationen des Lebens. Die Biologen streiten noch darüber, was Leben ist oder sein kann. Für einige ist es ein nichtssagendes Wort; was wir Leben nennen, sei nichts anderes als ein chemisches Phänomen, das Resultat der Verbindung irgendwelcher Säuren. Ich gestehe, daß mich solche Simplifikationen nie überzeugt haben. Selbst wenn das Leben auf unserem Planeten mit der Verbindung zweier oder mehrerer Säuren begann (aber wie entstanden diese Säuren und wie gelangten sie auf die Erde?), kann man die Evolution der lebenden Materie, von den Infusorien bis zu den Säugetieren, unmöglich auf eine rein chemische Reaktion zurückführen. Sicher ist, daß der Übergang von der Sexualität zur Liebe weniger durch zunehmende Komplexität gekennzeichnet ist als vielmehr durch ein Agens, das den Namen eines außerordentlich schönen griechischen Mädchens trägt: Psyche. Die Sexualität ist animalisch; die Erotik ist menschlich. Sie ist ein Phänomen, das innerhalb einer Gesellschaft auftritt und im wesentlichen darin besteht, den Fortpflanzungstrieb in andere Bahnen zu lenken und ihn in Darstellung zu verwandeln. Auch die Liebe ist Zeremonie und Darstellung, doch sie ist noch mehr: eine Läuterung, wie die Provenzalen sagten, die das Subjekt und das Objekt der erotischen Begegnung in einzigartige Personen verwandelt. Die Liebe ist die finale Metapher der Sexualität. Ihr Grundstein ist die Freiheit: das Mysterium einer jeden Person.

Es gibt keine Liebe ohne Erotik, so wie es keine Erotik ohne Sexualität gibt. Liebe ohne Erotik ist keine Liebe, und Erotik ohne Sexualität ist undenkbar und unmöglich. Allerdings ist es manchmal schwierig, zwischen Liebe und Erotik zu unterscheiden. Zum Beispiel in der überaus sinnlichen Leidenschaft, die Paolo und Francesca verband. Indes zeigt die Tatsache, daß sie – ohne sich trennen zu können und vor allem zu wollen – gemeinsam ihre Strafe erlitten, daß es wirklich Liebe war, was sie verband. Obgleich ihr Ehebruch besonders schwer wog – Paolo war der Bruder von Francescas Gatten Gianciotto Malatesta –, hatte die Liebe ihre Sinnenlust sublimiert; die Leidenschaft, die sie im Inferno weiterhin vereint, erlöst sie nicht, aber adelt sie.

Es ist leichter, zwischen der Liebe und den anderen, von Sexualität weniger geprägten Gefühlen zu unterscheiden. Man sagt, man liebe sein Vaterland, seine Religion, seine Partei, gewisse Prinzipien und Ideen. Es ist klar, daß es sich in keinem dieser Fälle um das handelt, was wir Liebe nennen; es fehlt das erotische Element, das Hingezogensein zu einem Körper. Man liebt eine Person, keine Abstraktion. Das Wort Liebe wird auch gebraucht, um die Zuneigung zu unseren Blutsverwandten zu bezeichnen: Eltern, Kinder, Geschwister und andere Verwandte. In solch einer Beziehung gibt es keines der Elemente der Liebesleidenschaft: die Entdeckung der geliebten Person, im allgemeinen eine unbekannte; die physische und geistige Anziehung; das Hindernis, das sich den Liebenden in den Weg legt; das Verlangen nach erwiderter Liebe; und schließlich der freie Akt der Wahl einer Person unter all jenen, die uns umgeben. Wir lieben unsere Eltern und unsere Kinder, weil die Religion oder die Sitte, das Moralgesetz oder das Gesetz des Blutes uns das gebieten. Man wird einwenden: Und der Ödipus- und Elektrakomplex? Ist die starke Zuneigung zu unseren Eltern nicht erotisch? Die Frage verdient eine gesonderte Antwort.

Der berühmte Komplex, gleich ob er dem biologischen oder psychologischen Bereich angehört, ist der reinen Sexualität näher als der Erotik. Die Tiere kennen das Tabu des Inzestes nicht. Nach Freud besteht der ganze unbewußte Prozeß der Sexualität, unter dem Diktat des Über-Ich, eben darin, dieses primäre sexuelle Verlangen in andere Bahnen zu lenken und es, in erotische Neigung verwandelt, auf ein anderes Objekt zu richten, das an die Stelle des Bildes vom Vater oder von der Mutter tritt. Verwandelt sich die ödipale Tendenz nicht, kommt es zur Neurose und bisweilen zum Inzest. Und wird der Inzest ohne Einwilligung eines der Beteiligten vollzogen, handelt es sich eindeutig um Schändung, Vergewaltigung, Täuschung oder was auch immer, nur nicht um Liebe. Etwas anderes ist es, wenn die Anziehung gegenseitig ist und sie frei akzeptiert wird; dann aber können wir nicht mehr von familiärer Zuneigung sprechen: es handelt sich nicht mehr um Eltern und Kinder, sondern um Lie-

Krishna und Radha, Buchmalerei um 1700

Illustration aus dem »Roman vom Prinzen Genji« von Murasaki Shikibu, 12. Jahrhundert

bende. Ich füge an, daß der Inzest zwischen Eltern und Kindern selten ist. Der Grund dafür ist wahrscheinlich der Altersunterschied; in der Pubertätszeit der Kinder sind der Vater und die Mutter schon gealtert und nicht mehr begehrenswert. Bei den Tieren gibt es das Verbot des Inzestes nicht, doch ist bei ihnen der Übergang von der Kindheit zur Geschlechtsreife sehr kurz. Bei den Menschen ist der Inzest fast nie freiwillig. Die beiden Töchter Lots machten ihren Vater zwei Nächte hintereinander betrunken, um sich nacheinander seinen Zustand zunutze zu machen; was den Inzest seitens der Eltern betrifft, so lesen wir in der Zeitung täglich von Vätern und Müttern, die ihre eigenen Kinder sexuell mißbrauchen. Das hat nichts mit dem zu tun, was wir Liebe nennen.

Für Freud sind die Leidenschaften Reflexspiele; wir glauben X zu lieben, seinen/ihren Körper und seine/ihre Seele, in Wirklichkeit aber lieben wir in X das Bild von Y. Eine phantasmagorische Sexualität, die alles, was sie berührt, in Reflex und Bild verwandelt. In der Literatur taucht der Inzest zwischen Eltern und Kindern als freiwillig akzeptierte Leidenschaft nicht auf: Ödipus *weiß nicht*, daß er Jokastes Sohn ist. Ausnahmen finden sich bei de Sade und einigen wenigen verwandten Autoren; ihr Thema ist nicht die Liebe, sondern die Erotik und deren Perversionen. Dagegen verdanken wir der inzestuösen Liebe zwischen Geschwistern ein herrliches Werk von John Ford (*'Tis Pity She's a Whore*) und denkwürdige Seiten von Musil in seinem Roman *Der Mann ohne Eigenschaften*. In diesen Beispielen – es gibt derer noch andere – wird die blinde Anziehung, ist sie erkannt, akzeptiert und frei gewählt. Das ist genau das Gegenteil familiärer Zuneigung, wo es das Element der Freiwilligkeit, die Wahl, nicht gibt. Niemand sucht sich seine Eltern, seine Kinder und seine Geschwister aus, aber wir alle wählen unsere Geliebte oder unseren Geliebten.

Die Kindesliebe, die Bruder-, Vater- und Mutterliebe ist nicht Liebe: sie ist *Pietät*, in der ältesten und religiösen Bedeutung des Wortes. Pietät kommt von *pietas*. Es ist der Name einer Tugend, die, wie der *Diccionario de Autoridades* sagt, uns »anhält, Gott, unsere Eltern und das Vaterland zu achten, ihnen zu dienen und sie in Ehren zu halten«. *Pietas* ist die Ehrfurcht, die man in Rom den Göttern bezeigte. Pietät bedeutet auch Barmherzigkeit, und für die Christen ist sie ein Aspekt der Nächstenliebe. Der Franzose und der Engländer unterscheiden zwischen ihren zwei Bedeutungen, sie haben zwei Wörter für sie: *piété* und *piety* für die erste Bedeutung, und für die zweite *pitié* und *pity*. Pietät oder Liebe zu Gott entsteht den Theologen zufolge aus dem Gefühl der Verwaisung: das Geschöpf, ein Kind Gottes, fühlt sich in die Welt geworfen und sucht seinen Schöpfer. Dies ist eine Grunderfahrung im wörtlichen Sinne, denn sie gründet in unserer Geburt. Es ist viel darüber geschrieben worden; hier möchte ich nur daran erinnern, daß diese Erfahrung aus dem Gefühl und dem Bewußtsein resultiert, aus dem vorgeburtlichen Ganzen ausgestoßen und in eine fremde Welt geworfen zu sein: in dieses Leben. So gesehen hat die Liebe zu Gott, das heißt zum Vater und Schöpfer, große Ähnlichkeit mit der Kindesliebe. Ich habe schon darauf hingewiesen, daß die Zuneigung, die wir zu unseren Eltern empfinden, unfreiwillig ist. Wie im Falle der Kindesliebe, und laut der guten Definition unseres *Diccionario de Autoridades*, ist auch die Liebe zum Schöpfer nicht Liebe, sondern Pietät. Ebenso ist die Liebe zu unseren Nächsten nicht Liebe, sondern Barmherzigkeit. Eine schöne Comtesse in Balzacs *Le lys dans la vallée* (»Die Lilie im Tal«) resümierte all dies mit herrlicher und konziser Impertinenz in einem Brief an einen Verehrer: *Je puis faire, je vous l'avoue, une infinité de choses par charité, tout, excepté l'amour.*

Die mystische Erfahrung geht über die Pietät hinaus. Die mystischen Dichter haben ihre Leiden und ihre Wonnen mit denen der Liebe verglichen. Sie haben es mit großer, erschütternder Aufrichtigkeit getan und mit überaus sinnlichen Bildern. Ihrerseits haben sich die erotischen Dichter auch religiöser Begriffe bedient, um ihren Emotionen Ausdruck zu verleihen. Unsere mystische Dichtung ist von Erotik geprägt und unsere Liebesdichtung von Religiosität. Darin entfernen wir uns von der griechisch-römischen Tradition und ähneln den Mohammedanern und Hindu. Man hat immer wieder versucht, diese rätselhafte Affinität zwischen Mystik und Erotik zu erklären, doch hat man es meines Erachtens nicht vermocht, sie ganz zu erhellen. Ich gestatte mir eine Bemerkung, die zur Klärung des Phänomens vielleicht beitragen könnte. Der Akt, in dem die erotische Erfahrung gipfelt, der Orgasmus, läßt sich nicht beschreiben. Es ist ein Gefühl, das von höchster Spannung in vollkommene Aufgabe umschlägt, von äußerster Konzentration in Selbstvergessenheit; Vereinigung der Gegensätze innerhalb einer Sekunde: Selbstbehauptung des Ichs und dessen Auflösung, Aufstieg und Absturz, das Dort und das Hier, Zeit und Nicht-Zeit. Die mystische Erfahrung ist ebenso unsagbar: augenblickliche Verschmelzung der Gegensätze, Spannung und Erschlaffung, Bejahung und Verneinung, seiner selbst entäußert und wieder mit sich selbst vereint im Schoß einer versöhnten Natur.

Es ist nur natürlich, daß die mystischen und die erotischen Dichter die gleiche Sprache gebrauchen; es gibt nicht viele Möglichkeiten, das Unsagbare zu sagen. Gleichwohl springt der Unterschied ins Auge: In der Liebe ist das Objekt ein sterbliches Geschöpf und in der Mystik ein zeitloses Sein, das sich augenblickshaft in dieser oder jener Gestalt verkörpert. Romeo weint angesichts des Leichnams von Julia; der Mystiker sieht in den Wunden Christi die Zeichen der Auferstehung. Kehrseite und Vorderseite: Der Liebende sieht und berührt etwas Gegenwärtiges; der Mystiker kontempliert eine Erscheinung. In der mystischen Schau hält der Mensch Zwiesprache mit seinem Schöpfer oder, wenn er Buddhist ist, mit der Leere; in beiden Fällen kommt es zum Zwiegespräch – falls man von einem Gespräch sprechen kann – zwischen der diskontinuierlichen Zeit des Menschen und der kontinuierlichen Zeit der Ewigkeit, einer Gegenwart, die sich nie verändert, die immer sich selber gleicht. Die menschliche Liebe ist die Vereinigung zweier Wesen, die der Zeit und ihren Wechselfällen unterworfen sind: dem Wandel, den Leidenschaften, der Krankheit, dem Tod. Obgleich die Liebe uns nicht von der Zeit erlöst, durchbricht sie diese, so daß sich blitzartig deren widersprüchliche Natur zeigt, diese Lebendigkeit, die sich unablässig annulliert und wiederersteht und die immer und zur gleichen Zeit jetzt und nie ist. Deshalb ist die Liebe, selbst die glücklichste, tragisch.

Oft hat man die Freundschaft mit der Liebe verglichen, zuweilen als sich ergänzende, doch zumeist als einander entgegengesetzte Gefühle. Wenn man das sinnliche physische Element außer acht läßt, sind die Ähnlichkeiten zwischen Liebe und Freundschaft evident. Beide sind frei gewählte Affektionen, weder vom Gesetz noch von der Sitte aufgenötigt, und beide sind zwischenmenschliche Beziehungen. Wir sind Freund einer Person, nicht einer Menge; niemanden kann man ohne Spott einen »Freund der Menschheit« nennen. Die freie Wahl und die Ausschließlichkeit sind Bedingungen, welche die Freundschaft mit der Liebe teilt. Hingegen können wir in eine Person verliebt sein, die uns nicht liebt, aber Freundschaft ohne Gegenseitigkeit ist unmöglich. Ein weiterer Unterschied: Freundschaft erwächst nicht, wie die Liebe, aus dem Anblick, sondern aus einem komplexeren Gefühl, nämlich der Affinität in den Anschauungen, Empfindungen und Neigungen. Am Anfang der Liebe gibt es Überraschung, das Entdecken einer *anderen* Person, mit der uns nichts verbindet außer einer undefinierbaren physischen und geistigen Anziehung; diese Person kann sogar eine fremde sein und aus einer anderen Welt kommen. Freundschaft entsteht aus der Gemeinsamkeit und der Übereinstimmung in den Anschauungen, Empfindungen oder Interessen. Das Resultat dieser Affinität ist Sympathie; der Umgang veredelt die Sympathie und verwandelt sie in Freundschaft. Liebe entsteht auf den ersten Blick; Freundschaft entsteht aus frequentem und längerem Austausch. Liebe entsteht jäh; Freundschaft braucht Zeit.

Die Alten stuften die Freundschaft höher ein als die Liebe. Nach Aristoteles ist die Freundschaft »eine Tugend oder von Tugend begleitet; außerdem ist sie im Leben unerläßlich«.* Plutarch, Cicero und andere schlos-

---

* Nikomachische Ethik, VIII.

sen sich ihm in seinem Lob der Freundschaft an. In anderen Zivilisationen war ihr Ansehen nicht geringer. Zu den kostbarsten Geschenken Chinas an die Welt gehört seine Dichtung, und ihr vorherrschendes Thema ist neben dem Naturgefühl und der Einsamkeit des Weisen die Freundschaft. Begegnungen, Abschiede und Erinnerungen an den fernen Freund sind zahlreich in der chinesischen Dichtung, wie in diesem Gedicht von Wang Wei, wo er sich an den Grenzen des Reichs von einem Freund verabschiedet:

ABSCHIED VON YÜAN, DER NACH ANS-HSI GESANDT WURDE

In Wei. Ein leichter Regen befeuchtet den
leichten Staub.
Die grünen Weidenbäume des Gasthauses sind noch
grüner.
»Komm, mein Freund, laß uns noch ein Glas trinken,
Hinter dem Yang-Paß gibt es kein ›komm,
mein Freund‹«.*

Aristoteles spricht von drei Arten der Freundschaft: die aus Eigennutz oder Zweckmäßigkeit, die aus Vergnügen und die »vollkommene Freundschaft, nämlich die der redlichen Männer, die in der Tugend einander gleichen, denn diese wünschen sich ebenfalls das Gute«. Dem anderen Gutes wünschen heißt, es sich selbst wünschen, wenn der Freund ein redlicher Mann ist. Die beiden ersten Arten der Freundschaft sind akzidentell und währen

* Der Yang-Paß hinter der Stadt Wei war der letzte Militärposten an der Grenze zu den Barbaren (Hsieng-nu).

nicht lange; die dritte ist von Dauer, und sie ist eines der höchsten Güter, nach denen ein Mann trachten kann. Ich sage ein Mann und nicht ein Mensch: Aristoteles bezieht sich nicht auf die Frauen. Seine Klassifikation ist sittlicher Art und entspricht vielleicht nicht ganz der Wirklichkeit. Kann nicht auch ein schlechter Mann Freund eines guten Mannes sein? Pylades, ein Muster an Freundschaft, zögert als Freund Orests nicht, beim Mord an dessen Mutter Klytaemnestra und ihrem Liebhaber Aegisthos auch sein Komplize zu werden.

Sich nach dem Grund der Freundschaft fragend, die ihn mit dem Dichter Étienne de La Boétie verband, antwortet Montaigne sich selbst: »Weil er es war, weil ich es war.« Und er fügt hinzu, daß es »über das hinaus, was ich im einzelnen zu der Frage zu sagen vermag, eine unerklärliche und schicksalhafte Kraft gibt, die unsere Gemeinschaft zustandegebracht hat.« Ein Verliebter hätte nicht anders geantwortet. Jedoch ist es unmöglich, die Liebe mit der Freundschaft zu verwechseln, und in demselben Essay unternimmt Montaigne den Versuch, sie zu unterscheiden: »Die Zuneigung zur Frau läßt sich, obwohl sie unserer freien Wahl entspringt, weder mit der Freundschaft vergleichen, noch kann man sie darin unterbringen. Ich gebe zu, daß jenes Feuer (...) anstachelnder, brennender und heftiger ist. Aber es ist ein zufällig aufflackerndes und flüchtiges, ein unstetes und wechselhaftes Feuer, es gleicht dem Fieber und kann wie dieses steigen und fallen; außerdem packt es uns nur an einer Stelle. In der Freundschaft hingegen gibt es nur eine allgemeine und umfassende Wärme, die darüber hinaus noch gemäßigt und gleichbleibend ist, eine beständige und verläßliche Wärme, die nur Innigkeit und Zartheit

ist, die nichts Heftiges und Schmerzhaftes an sich hat.«*
Die Freundschaft ist eine eminent gesellschaftliche Tugend und dauerhafter als die Liebe. Für die jungen Leute, sagt Aristoteles, ist es leicht, Freunde zu haben, doch ebenso leicht trennen sie sich von ihnen. Die Freundschaft ist eine Affektion, die eher dem reiferen Alter eignet. Ich bin dessen nicht so sicher, aber ich glaube, daß die Freundschaft den unerwarteten Wechselfällen des Lebens weniger unterworfen ist als die Liebe. Die Liebe bedeutet fast immer einen Bruch oder eine Verletzung der Gesellschaftsordnung; für die Sitten und die Institutionen der Gemeinschaft stellt sie eine Herausforderung dar. Sie ist eine Leidenschaft, die dadurch, daß sie die Liebenden vereint, diese aus der Gesellschaft ausschließt. Eine Republik von Liebenden wäre unregierbar; das politische Ideal einer zivilisierten Gesellschaft – nie verwirklicht – wäre eine Republik von Freunden.

Ist der Gegensatz zwischen Liebe und Freundschaft unüberwindbar? Können wir nicht Freund unserer Geliebten sein? Die Meinung Montaignes – und darin folgt er den Alten – ist eher negativ. Die Ehe hält er für Freundschaft ungeeignet; abgesehen davon, daß die Ehe eine obligatorische Verbindung und für das ganze Leben ist – wiewohl frei gewählt –, sei sie der Schauplatz so vieler und verschiedener Interessen und Leidenschaften, daß Freundschaft in ihr keinen Platz habe. Ich bin anderer Meinung. Einerseits ist die moderne Ehe nicht mehr unauflöslich und hat nur noch wenig gemein mit der Ehe, die Montaigne zu seiner Zeit kannte; andererseits ist die

* Zitiert nach Montaigne, *Essays* (»Von der Freundschaft«). Übersetzt von Lieselotte Loos. Fischer Bücherei, Frankfurt am Main 1963.

Freundschaft zwischen Eheleuten – wie wir täglich feststellen können – eines der Elemente, das sich auf die eheliche Verbindung befreiend auswirkt. Die negative Meinung Montaignes bezieht sich übrigens auch auf die Liebe selbst. Er gibt zu, daß es sehr wünschenswert wäre, wenn die Seelen und selbst die Körper der Liebenden aus einer freundschaftlichen Verbindung Nutzen zögen, doch hält er die Seele der Frau für nicht »fest genug, um den Druck eines so engen und dauerhaften Bandes aushalten zu können.« Damit stimmt er mit den Alten überein: Das weibliche Geschlecht ist der Freundschaft unfähig. Auch wenn uns diese Meinung empört, müssen wir sie, um sie zu widerlegen, einer kurzen Prüfung unterziehen.

Es stimmt, daß es weder in der Geschichte noch in der Literatur viele Beispiele für Freundschaft zwischen Frauen gibt. Das ist nicht verwunderlich: Jahrhundertelang – wahrscheinlich sogar seit dem Neolithikum, wie manche Anthropologen meinen – haben die Frauen ein Schattendasein geführt. Was wissen wir schon davon, was die Ehefrauen in Athen, die Mädchen in Jerusalem, die Bäuerinnen des 12. oder die Bürgerinnen des 15. Jahrhunderts wirklich fühlten und dachten? In dem Augenblick, da wir eine historische Periode etwas besser kennen, begegnen uns einzelne bemerkenswerte Frauen, die Freundinnen von Philosophen, Dichtern und Künstlern waren: die heilige Paula, Vittoria Colonna, Madame de Sévigné, George Sand, Virginia Woolf, Hannah Arendt und andere. Sind sie Ausnahmen? Gewiß, aber wahre Freundschaft ist, wie die Liebe, immer exzeptionell. Allerdings handelt es sich in allen Fällen, die ich angeführt habe, um Freundschaften zwischen Männern und

Frauen. Bis heute ist die Freundschaft zwischen Frauen viel seltener als die zwischen Männern. In den Beziehungen zwischen Frauen gibt es häufig Zank, Neid, Klatsch, Eifersucht und Falschheit. All das ist sicherlich nicht einer angeborenen Unfähigkeit der Frauen zuzuschreiben, sondern ihrer gesellschaftlichen Stellung. Vielleicht wird ihre fortschreitende Emanzipation solches Verhalten ändern. Möge es dahin kommen. Freundschaft erfordert Wertschätzung, und die ist mit der Aufwertung der Frau verbunden ... Ich komme auf Montaigne zurück: Ich glaube, daß er nicht ganz fehlging, wenn er Liebe und Freundschaft für unvereinbar hielt. Es sind verschiedene Affektionen oder, wie er sagt, verschiedene Feuer. Aber er hat sich getäuscht, wenn er sagte, daß die Frau zur Freundschaft nicht fähig ist. Auch ist der Gegensatz zwischen Liebe und Freundschaft nicht absolut; sie haben nicht nur vieles gemeinsam, sondern die Liebe kann sich auch in Freundschaft verwandeln. Sie ist, möchte ich sagen, eine ihrer möglichen Entwicklungen, wie wir bei manchen Ehen sehen. Und zuletzt: Wahre Liebe und echte Freundschaft sind selten, sehr selten. Wir dürfen sie nicht verwechseln mit Liebschaften noch mit dem, was man leichthin »Freundschaft« oder eine Beziehung nennt. Ich sage, daß die Liebe tragisch ist; ich füge hinzu, daß Freundschaft eine Antwort auf die Tragik ist.

Nun die Grenzen – mögen sie manchmal auch fließend sein – zwischen der Liebe und den anderen Affektionen abgesteckt sind, kann man einen Schritt weitergehen und ihre konstitutiven Elemente bestimmen. Ich wage es, sie konstitutiv zu nennen, da sie seit Anbeginn dieselben sind, haben sie doch acht Jahrhunderte der Geschichte überlebt. Indes ändern sich die Beziehungen zwischen diesen Elementen ständig und ergeben, Elementarteilchen vergleichbar, neue Kombinationen. Diese ständige Wechselbeziehung führt in der Liebesleidenschaft zu einer Vielzahl von Formen. Sie sind, möchte ich sagen, ein Beziehungsgeflecht ähnlich dem, das Roman Jakobson auf der fundamentalen, der phonologischen Sprachebene, zwischen Laut und Sinn imaginiert hat, deren Kombinationen und Permutationen die Signifikate erzeugen. Es nimmt daher nicht wunder, daß viele versucht waren, eine Kombinatorik der erotischen Leidenschaften zu entwerfen. Ein Vorhaben, das niemand mit Erfolg hat ausführen können. Ich persönlich denke, daß es unmöglich ist. Man darf nie vergessen, daß die Liebe, wie Dante sagte, ein Akzidens einer Person ist und daß diese Person in ihrem Verhalten nicht voraussehbar ist. Es ist sinnvoller, den Komplex von Elementen oder Eigentümlichkeiten dieser Affektion, die wir Liebe nennen, zu isolieren und zu determinieren. Ich möchte betonen, daß es sich dabei weder um eine Definition noch um einen Katalog handelt, sondern um ein Erkennen: eine sorgfältige Untersuchung einer Person oder eines Gegenstandes, um seine Natur und Identität kennenzulernen. Ich werde mich auf einige Indizien stützen, die im Verlauf dieser Reflexionen aufgetaucht sind, diese jedoch mit anderen Beobachtungen und Vermutungen verbinden: Rekapitulation, Kritik und Hypothese.

Beim Versuch, in meine Gedanken etwas Ordnung zu bringen, machte ich folgende Feststellung: Obgleich manche Erscheinungsformen der Liebe verschwunden sind und andere sich verändert haben, konnten einige der Erosion der Jahrhunderte und den historischen Mutationen widerstehen. Sie lassen sich auf fünf reduzieren, und sie bilden ebendas, was ich die konstitutiven Elemente unseres Bildes von der Liebe zu nennen gewagt habe. Das erste Charakteristikum der Liebe ist ihre Ausschließlichkeit. Ich habe mich auf diesen Seiten wiederholt auf sie bezogen und zu zeigen versucht, daß sie die Grenzlinie zwischen der Liebe und dem größeren Bereich der Erotik ist. Diese letztere ist gesellschaftlicher Natur, sie taucht an allen Orten und in allen Zeiten auf. Es gibt keine Gesellschaft ohne erotische Riten und Praktiken, von den harmlosesten bis zu den blutigsten. Die Erotik ist die menschliche Dimension der Sexualität, nämlich ebendas, was die Imagination der Natur hinzufügt. Ein Beispiel: Die Paarung von Angesicht zu Angesicht, bei der die Partner sich in die Augen sehen, ist eine menschliche Erfindung und wird von keinem anderen Säugetier vollzogen. Die Liebe ist individuell oder, genauer, interindividuell. Wir lieben eine einzige Person, und wir verlangen von dieser, uns mit derselben ausschließlichen Affektion zu lieben. Ausschließlichkeit verlangt Gegenseitigkeit, das Einverständnis des anderen, seinen freien Willen. Somit grenzt die ausschließliche Liebe an ein anderes konstitutives Element: die Freiheit. Ein neuer Beweis für das, worauf ich weiter oben hingewiesen habe: Keines der grundlegenden Elemente ist autonom; jedes determiniert sie und wird von ihnen determiniert.

Innerhalb dieser Wandelbarkeit bleibt sich jedes Element gleich. Im Falle der ausschließlichen Liebe ist dies eine absolute Bedingung; ohne sie gibt es keine Liebe. Aber es gibt sie nicht nur mit ihr; hinzukommen müssen, in mehr oder weniger hohem Maße, die anderen Elemente. Das Verlangen nach Ausschließlichkeit kann reine Besitzgier sein. Dies war die Leidenschaft, die Marcel Proust subtil und nuanciert untersucht hat. Wahre Liebe aber besteht in der Verwandlung des Besitzstrebens in Hingabe. Deshalb verlangt sie Gegenseitigkeit, und damit zerstört sie das alte Verhältnis zwischen Herrschaft und Knechtschaft. Die ausschließliche Liebe ist die Grundlage der anderen Komponenten; alle beruhen auf ihr. Zugleich ist sie die Achse, um die alle sich drehen. Die Forderung nach Ausschließlichkeit ist ein großes Mysterium: Warum lieben wir diese Person und nicht eine andere? Niemand hat dieses Rätsel zu lösen vermocht, außer mit anderen Rätseln, wie dem Mythos der Androgynen im *Gastmahl.* Die ausschließliche Liebe ist eine der Facetten eines anderen großen Geheimnisses: das des Menschen.

Zwischen der ausschließlichen Liebe und der Promiskuität gibt es eine Reihe von Graden und Nuancen. Indes ist die Ausschließlichkeit die Idealforderung. Aber ist die Untreue nicht das tägliche Brot der Paare? Dem ist tatsächlich so, was beweist, daß Ibn Hazm, Guinizelli, Shakespeare und auch Stendhal sich nicht getäuscht haben: Die Liebe ist eine Leidenschaft, die alle oder fast alle heilighalten, doch die wenige, sehr wenige wirklich leben. Ich gebe zu, daß es bei ihr, wie bei allem, verschiedene Grade gibt. Die Untreue kann geduldet werden oder nicht, sie kann häufig oder gelegentlich vorkommen. Wird die geduldete Untreue nur von einem der Partner begangen, verursacht sie beim anderen großes Leid und schmerzliche Demütigung: seine Liebe wird nicht erwidert. Der Treulose ist unsensibel oder grausam und in beiden Fällen unfähig, wirklich zu lieben. Wird die Untreue mit gegenseitigem Einverständnis von beiden Partnern begangen – was immer häufiger der Fall ist –, läßt die affektive Spannung nach; das Paar fühlt sich nicht mehr imstande, dem nachzukommen, was die Leidenschaft verlangt, und beschließt, seine Beziehung zu relativieren. Ist das noch Liebe? Eher erotische Komplizenschaft. Einige sagen, daß sich in diesen Fällen die Leidenschaft in amouröse Freundschaft verwandelt. Montaigne hätte sofort protestiert: Freundschaft ist eine Affektion, die so ausschließlich ist wie die Liebe, vielleicht noch rigoroser. Die Duldung der Untreue ist ein Abkommen oder vielmehr Resignation. Die Liebe ist rigoros und wie die Libertinage, wenngleich *à rebours*, eine Askese. De Sade hat sehr klar gesehen, daß der Libertin nach Gefühllosigkeit trachtet. Daher sieht er in dem anderen nur ein Objekt. Der Liebende trachtet nach Verschmelzung. Deshalb verwandelt er das Objekt in ein Subjekt. Die gelegentliche Untreue ist ein Manko, eine Schwäche. Sie kann und sollte verziehen werden, denn wir sind unvollkommene Wesen, und all unser Tun trägt das Stigma unserer ursprünglichen Unvollkommenheit. Und wenn wir zwei Personen gleichzeitig lieben? Es handelt sich hierbei immer um einen vorübergehenden Konflikt, zu dem es oft beim Übergang von einer Liebe zur anderen kommt. Die Wahl, die der Beweis der Liebe ist, kann, wenn auch manchmal auf grausame Weise, einen solchen Konflikt lösen. Mir scheint, alle diese Beispiele zeigen zur Genüge, daß die ausschließliche Liebe, obgleich sie sich selten ganz erfüllt, die Bedingung der Liebe ist.

Das zweite Element ist polemischer Art: das Hindernis und die Überschreitung. Nicht von ungefähr hat man die

Liebe mit dem Krieg verglichen. Zu den berühmten Amouren in der griechischen Mythologie, die reich an erotischen Skandalen ist, zählen die zwischen Aphrodite und Ares. Die Wechselbeziehung zwischen dem Hindernis und dem Verlangen findet sich in jeder Liebe und nimmt stets die Form eines Kampfes an. Seit der verehrten Dame der Troubadoure, dieser Verkörperung einer Distanz – sei sie geographisch, gesellschaftlich oder geistig –, war die Liebe immer zugleich Verbot und Übertretung, Hindernis und Verstoß. Alle Paare, sowohl die der Gedichte und Romane wie auch die des Theaters und des Films, sehen sich diesem oder jenem Verbot gegenüber, und sie alle übertreten es mit unterschiedlichem Erfolg, oft mit tragischen Folgen. In der Vergangenheit war das Hindernis vor allem gesellschaftlicher Art. Die Liebe entstand im Abendland an den Feudalhöfen, in einer betont hierarchischen Gesellschaft. Die subversive Kraft der Liebesleidenschaft zeigt sich in der »höfischen Liebe«, die eine doppelte Verletzung des Feudalkodexes ist: Die Dame muß verheiratet sein und ihr Geliebter, der Troubadour, niederen Ranges. Gegen Ende des 17. Jahrhunderts entsteht in Spanien ebenso wie in den Hauptstädten der Vizekönigreiche von Mexiko und Peru eine merkwürdige erotische Sitte, das symmetrische Pendant zur »höfischen Liebe«, genannt die »galanteos de palacio« (Liebesetikette bei Hofe). Als sich der Königshof in Madrid etablierte, schickten die adligen Familien ihre Töchter an den Hof, damit sie der Königin als Hofdamen dienten. Die Mädchen wohnten im königlichen Palast und nahmen daselbst an den Zeremonien und Festen teil. Dadurch entwickelten sich erotische Beziehungen zwischen diesen jungen Damen und den Höflingen. Letztere waren jedoch meistens verheiratet, so daß die Liebschaften illegitim und temporär waren. Für die jungen Damen war die »Liebesetikette bei Hofe« eine Art Initiation in die Liebe, nicht unähnlich der *cortesia* der mittelalterlichen Liebe.*

Im Laufe der Zeit wurden die Verbote, die sich aus dem gesellschaftlichen Rang und den Rivalitäten der Sippen ergaben, milder, wenngleich sie nicht ganz verschwanden. Es ist zum Beispiel undenkbar, daß die Feindschaft zwischen zwei Familien wie den Capulets und den Montagues in einer modernen Stadt die Liebe zwischen zwei jungen Leuten verhindert. Aber es gibt heute andere, nicht minder strenge und grausame Verbote; zudem haben sich viele der früheren verschärft. Das auf der Rasse beruhende Verbot ist weiterhin in Kraft, wenn nicht als Gesetz, so doch in den Sitten und in der Mentalität des Volkes. Der Mohr Othello fände, in bezug auf sexuelle Beziehungen zwischen Menschen verschiedener Rasse, daß die mehrheitliche Meinung in New York, London oder Paris nicht toleranter, sondern noch intoleranter ist als die im Venedig des 16. Jahrhunderts. Neben der Schranke des Blutes gibt es das soziale und ökonomische Hindernis. Auch wenn heute der Abstand zwischen Reichen und Armen, Bürgern und Proletariern nicht mehr so strikt und trennend ist wie der zwischen dem Ritter und dem Knappen oder dem Höfling und dem Plebejer, sind die sexuellen Beziehungen immer noch von den Hindernissen bestimmt, die auf der Gesellschaftsklasse und auf dem Geld beruhen. Diese Unterschiede figurie-

---

* Siehe mein Buch *Sor Juana Inés de la Cruz oder die Fallstricke des Glaubens* (S. 148ff.). *Op. cit.*

Tristan und Isolde trinken den Liebestrank. Buchmalerei, 12. Jahrhundert

Der Garten der Liebe, Buchmalerei, 15. Jahrhundert

ren nicht in den Gesetzen, sondern sie sind in den Sitten begründet. Das tägliche Leben, nicht zu reden von den Romanen und Filmen, ist reich an Liebesgeschichten, deren Dramatik in einem gesellschaftlichen Verbot aufgrund der Klasse oder der Rasse besteht.

Ein weiteres Verbot, das immer noch nicht ganz aufgehoben ist, betrifft die homosexuelle Liebe, gleich ob zwischen Männern oder Frauen. Diese Art Beziehung wurde von den Kirchen verurteilt, und lange Zeit nannte man sie eine »Sünde wider die Natur«. Heute sind unsere Gesellschaften – ich spreche von den großen Städten – etwas toleranter als vor einigen Jahren; in vielen Milieus jedoch bleibt es bei der Verdammung. Man sollte nicht vergessen, daß die Homosexualität vor kaum einem Jahrhundert Oscar Wilde zum Verderben wurde. Unsere Literatur ist diesem Thema meistens ausgewichen; es war zu gefährlich. Oder sie hat es maskiert. Wir alle wissen, daß Albertine, Gilberte und die anderen »jeunes filles en fleur« in Wirklichkeit Jünglinge waren. Gide bewies mehr Redlichkeit, als er *Corydon* veröffentlichte; der Roman von E.M. Foster, *Maurice*, erschien, dem Willen des Autors entsprechend, erst nach seinem Tode. Einige moderne Dichter waren kühner, unter ihnen sticht ein Spanier hervor: Luis Cernuda. Um seinen Mut zu ermessen, muß man sich den Zeitpunkt, die Gesellschaft und die Sprache, in der Cernuda seine Gedichte veröffentlichte, vergegenwärtigen.

In der Vergangenheit waren die strengsten und gefürchtetsten Verbote jene der Kirchen. Sie sind es nach wie vor, auch wenn sie in den modernen, vorwiegend säkularen Gesellschaften weniger beachtet werden. Die Kirchen haben einen großen Teil ihrer weltlichen Macht verloren. Der Gewinn war relativ: Das 20. Jahrhundert hat den religiösen Eifer perfektioniert, indem er ihn in ideologischen Fanatismus verwandelte. Die totalitären Staaten haben die kirchlichen Inquisitionen nicht nur ersetzt, ihre Tribunale waren noch erbarmungsloser und verbohrter. Einer der Erfolge der demokratischen Moderne war es, das Privatleben, als der geheiligte Bereich des Menschen betrachtet, der Kontrolle des Staates zu entziehen; die totalitären Staaten taten einen Schritt rückwärts und zögerten nicht, Gesetze über die Liebe zu erlassen. Die Nazis verboten den Deutschen sexuelle Beziehungen zu sogenannten nicht-arischen Personen. Außerdem entwarfen sie eugenische Pläne zur Vervollkommnung und Reinerhaltung der »deutschen Rasse«, so als handelte es sich um Pferde oder Hunde. Zum Glück blieb ihnen keine Zeit, um diese Pläne auszuführen.

Die Kommunisten waren nicht weniger intolerant; ihre Obsession war nicht die Reinheit der Rasse, sondern die ideologische Reinheit. Noch immer ist im Gedächtnis der Öffentlichkeit die Erinnerung lebendig an die Demütigungen und Niederträchtigkeiten, welche die Bürger dieser Länder ertragen mußten, wollten sie einen Menschen aus der »freien Welt« heiraten. Einer der großen Liebesromane unserer Zeit – Boris Pasternaks Roman *Doktor Schiwago* – erzählt die Geschichte zweier Liebender, die durch den Haß zwischen den ideologischen Parteien im Bürgerkrieg, der auf die Machtergreifung durch die Bolschewiken folgte, getrennt wurden. Die Politik ist der geschworene Feind der Liebe. Die Liebenden aber finden immer eine Gelegenheit, einen Augenblick, um der Zange der Ideologie zu entgehen. Dieser Augenblick ist winzig und unermeßlich, er währt einen Wimpernschlag und ist so lang wie ein Jahrhundert. Hätten die provenzalischen Dichter und die Romantiker des 19. Jahrhunderts *Doktor Schiwago* lesen können, sie hätten den Seiten, auf denen Pasternak den Wonnerausch der Liebenden beschreibt, die in einer Blockhütte in der Steppe zueinanderfanden, während Männer sich wegen Abstraktionen niedermetzelten, mit einem Lächeln zugestimmt. Der russische Dichter vergleicht diese Liebkosungen und diese hervorgestoßenen Worte mit den Dialogen der antiken Philosophen über die Liebe. Er hat nicht übertrieben: Für die Liebenden denkt der Körper, und die Seele ist fühlbar.

Das Hindernis und die Überschreitung sind eng verbunden mit einem anderen, ebenfalls doppelten Element: dem der Herrschaft und der Unterwerfung. Wie ich schon sagte, war der Archetypus der Liebesbeziehung ursprünglich die Herrschaftsbeziehung. Die Bande zwischen dem Vasallen und seinem Herrn waren das Vorbild der »höfischen Liebe«. Indes war die Verlagerung der realen Herrschaftsbeziehung in das Gebiet der Liebe – der bevorzugte Bereich des Imaginären – mehr als bloße Übertragung oder Nachbildung. Der Vasall war seinem Herrn durch eine Verpflichtung verbunden, die bereits mit der Geburt begann und deren symbolische Manifestation die Huldigung war. Das Verhältnis von Superiorität und Abhängigkeit war wechselseitig und scheinbar naturgegeben; das heißt, es beruhte nicht auf einem ausdrücklichen Übereinkommen, an dem der freie Wille beteiligt gewesen wäre, sondern es war die Folge eines doppelten Schicksals: das der Geburt und das des Gesetzes der Gesellschaft, in die man hineingeboren wurde. Dagegen gründet die Liebesbeziehung auf einer Fiktion: dem Kodex der *cortesia*. Indem der Liebende die Beziehung zwischen dem Herrn und dem Vasallen nachahmt, verwandelt er das Schicksal der Herkunft in freie Wahl. Der Liebende wählt seine Herrin aus freiem Willen, und indem er dies tut, wählt er auch seine Knechtschaft. Der Kodex der »höfischen Liebe« beinhaltet überdies einen weiteren Verstoß gegen die Herrschaftsmoral: Die Dame von hoher Geburt vergißt willentlich ihren Stand und verzichtet auf ihre Superiorität.

Die Liebe war und ist die große Subversion des Okzidents. Wie in der Erotik ist das Agens solchen Wandels die Imagination. Allerdings vollzieht sich der Wandel in der Liebe umgekehrt: der andere wird weder negiert noch auf einen Schatten reduziert, sondern er ist die Negation der eigenen Superiorität. Dieser Selbstverleugnung entspricht die Akzeptierung des anderen. Im Gegensatz zu dem, was in der Libertinage geschieht, verkörpern sich die Vorstellungen. Der andere, die andere, ist kein Schatten, sondern eine körperliche und geistige Wirklichkeit. Ich kann sie berühren, aber ich kann auch mit ihr *sprechen*. Und ich kann ihr zuhören – und mehr noch: ihre Worte *in mich aufnehmen*. Eine erneute Transsubstantiation: Der Körper wird Stimme, Sinn; die Seele ist körperlich. Jede Liebe ist Eucharistie.

Das ständige Verlangen aller Liebenden, und das Thema unserer großen Dichter und Romanciers, war stets dasselbe: das Trachten nach Anerkennung durch die geliebte Person. Anerkennung in der Bedeutung von Eingeständnis der Abhängigkeit, Subordination oder Knechtschaft, in der man sich dem anderen gegenüber befindet. Das Paradoxon besteht darin, daß diese Anerkennung freiwillig ist – sie ist ein freier Akt. Anerkennung auch in der Bedeutung des Eingeständnisses, daß wir es mit einem konkreten, körperlichen Mysterium zu tun haben – mit einer Person. Die Anerkennung trachtet nach Gegenseitigkeit, doch sie ist von ihr unabhängig. Es ist eine Wette, bei der keiner mit Gewißheit sagen kann, daß er sie gewinnen wird, da sie von der Freiheit des anderen abhängt. Der Ursprung des Vasallenverhältnisses ist die herkunftsbedingte gegenseitige Verpflichtung des Herrn und des Lehnsmannes; der Ursprung der Liebe ist das Trachten nach freiwillig gewährter Gegenseitigkeit. Das Paradoxon der ausschließlichen Liebe beruht auf dem Geheimnis der Person, die sich, ohne je genau zu wissen warum, unwiderstehlich zu einer anderen Person hingezogen fühlt, und nur zu dieser einen. Das Paradoxon der Abhängigkeit beruht auf einem weiteren Geheimnis: Durch Verwandlung des erotischen Objekts in eine Person wird es unmittelbar zu einem Subjekt mit freiem Willen. Das Objekt, das ich begehre, wird zum Subjekt, das mich begehrt oder das mich zurückweist. Der Verzicht auf die persönliche Superiorität und die freiwillige Akzeptierung der Abhängigkeit bewirken einen wahren Wesenswandel; vermittels des gegenseitigen Begehrens verwandelt sich das Objekt in sehnendes Subjekt und das Subjekt in ersehntes Objekt. Man stellt die Liebe in Form eines Knotens dar; bleibt hinzuzufügen, daß dieser Knoten aus zwei ineinander verschlungenen Freiheiten besteht.

Herrschaft und Knechtschaft sowie Hindernis und Überschreitung sind mehr als bloße Elemente, sie sind die Varianten eines größeren Widerspruchs, der sie einschließt: Schicksal und Freiheit. Die Liebe ist unwillkürliches Hingezogensein zu einer Person und freiwillige Akzeptierung dieser Anziehung. Man hat viel über die Art des Impulses diskutiert, der uns dazu führt, uns in diese oder jene Person zu verlieben. Für Platon bestand die Anziehung in zweierlei Verlangen, die zu einem verschmelzen: das Verlangen nach Schönheit und das nach Unsterblichkeit. Es verlangt uns nach einem schönen Körper sowie danach, in diesem Körper schöne Kinder zu zeugen. Dieses Verlangen verändert sich, wie wir gesehen haben, allmählich und gipfelt am Ende seiner Läuterung in der Betrachtung der Wesenheiten und der Ideen. Aber weder die Liebe noch die Erotik sind mit dem Verlangen nach Fortpflanzung zwangsläufig verbunden; im Gegenteil, sie klammern den Fortpflanzungstrieb häufig aus. Und was die Schönheit betrifft, so war sie für Platon einzig und ewig, während sie für uns mannigfaltig und wandelbar ist. Es gibt ebenso viele Vorstellungen von körperlicher Schönheit wie Völker, Zivilisationen und Epochen. Die Schönheit von heute ist nicht dieselbe, welche die Phantasie unserer Großeltern entzündete; das Fremdartige, von den Zeitgenossen Platons wenig geschätzt, ist heute ein erotischer Anreiz. In einem Gedicht von Rubén Darío, das seine Leser vor hundert Jahren teils empörte, teils begeisterte, berichtet der Dichter von allen möglichen erotischen Begegnungen mit Spanierinnen und Deutschen, Chinesinnen und Französinnen, Äthiopierinnen und Italienerinnen. Die Liebe, sagt er, ist eine kosmopolitische Leidenschaft.

Abgesehen davon, daß die Schönheit ein subjektiver Begriff ist, spielt sie nur eine sekundäre Rolle bei der erotischen Anziehung; diese ist tiefgründiger und noch nicht ganz erklärt worden. Sie ist ein Mysterium, in dem eine geheime Chemie sich auf die Wärme der Haut und den Glanz der Augen, auf die Festigkeit der Brüste und auf den Geschmack der Lippen auswirkt. *Über Geschmack läßt sich nicht streiten,* sagt das Sprichwort; das gilt auch für die Liebe. Es gibt keine Regeln. Die Anziehung ist eine Mischung subtiler Art und jedesmal anders. Sie besteht aus animalischen Gelüsten und geistigen Archetypen, aus Kindheitserinnerungen und aus Phantomen unserer Träume. Die Liebe ist nicht Verlangen nach Schönheit, sie ist Sehnsucht nach »Ganzheit«. Mit dem Glauben an die Zaubertränke und -sprüche hat man sich von altersher den mysteriösen und unwillkürlichen Charakter der erotischen Anziehung zu erklären versucht. Alle Völker verfügen über Legenden, die diesen Glauben zum Thema haben. Im Abendland ist das bekannteste Beispiel die Geschichte von Tristan und Isolde, ein Archetypus, der von der Kunst und der Dichtung unermüdlich durchgespielt werden sollte. Die Überredungskraft der Kupplerin Celestina im spanischen Theater beruht nicht allein auf ihrer Wortgewandtheit und ihrer perfiden Schöntuerei, sondern auch auf ihren Liebes- und Zaubertränken. Mag die Idee der Liebe als magisches Band, das den Willen der Liebenden buchstäblich fesselt, auch antiquiert sein, so lebt sie doch fort. Die Liebe ist ein Zauber, und die Anziehung, welche die Liebenden vereint, ist Bezauberung. Merkwürdig ist, daß sich dieser Glaube mit dem entgegengesetzten verträgt: Die Liebe entsteht aus freier Entscheidung, sie ist die freiwillige Akzeptierung eines Schicksals.

Ohne ganz auf Tristans und Isoldes Zaubertrank zu

verzichten, entwickelten die Renaissance und das Barock eine Theorie der Leidenschaften und Sympathien. Bevorzugtes Symbol der Dichter dieser Epoche war der Magnet, der eine geheimnisvolle und unwiderstehliche Anziehungskraft besitzt. Maßgebend waren hierbei zwei Vermächtnisse der griechisch-römischen Antike: die Theorie der vier Körpersäfte und die Astrologie. Die Affinitäten zwischen den sanguinischen, phlegmatischen, cholerischen und melancholischen Temperamenten boten eine Grundlage, um die erotische Anziehung zu erklären. Diese Theorie ging zurück auf die medizinische Tradition von Galen und die Philosophie von Aristoteles, dem man einen Traktat über das melancholische Temperament zuschrieb. Der Glaube an den Einfluß der Gestirne hat seinen Ursprung in Babylon, aber die Version, welche die Renaissance aufgreift, ist platonischer und stoischer Herkunft.

Nach dem *Timaios* stehen die Seelen während ihrer Himmelsreise, bevor sie, um sich zu verkörpern, auf die Erde hinabsteigen, unter dem glücklichen oder unheilvollen Einfluß von Venus, Mars, Merkur, Saturn und den anderen Planeten. Diese Einflüsse bestimmten ihre Anlagen und Neigungen. Die Stoiker ihrerseits konzipierten den Kosmos als ein System, das regiert wird von den Affinitäten und Sympathien der universalen Energie (*pneuma*), die in jeder individuellen Seele wiederkehrten. In der einen wie in der anderen Lehre war die individuelle Seele Teil der Weltseele und wurde bewegt von den Kräften der Zuneigung und Abneigung, die den Kosmos beseelen.

Die Romantiker und die Modernen haben den Neuplatonismus der Renaissance ersetzt durch psychologische und physiologische Erklärungen wie Kristallisation, Sublimierung und ähnliche Begriffe. Alle diese Erklärungen, so verschieden sie sind, begreifen die Liebe als schicksalhafte Anziehung. Doch wurde dieses Schicksal, seien seine Opfer Calisto und Melibea oder Hans Castorp und Clawdia Chauchat, in allen Fällen frei auf sich genommen. Ich füge hinzu: und heiß ersehnt. Das Schicksal manifestiert sich nur unter Beihilfe unserer Freiheit. Die Verknüpfung von Freiheit und Schicksal – das große Mysterium der griechischen Tragödie und der spanischen *autos sacramentales* – ist die Achse, um die alle Liebenden der Geschichte kreisen. Indem wir uns verlieben, wählen wir unser Schicksal. Die Liebe ist, handle es sich um die zu Gott oder um die zu Isolde, ein Mysterium, in dem Freiheit und Prädestination sich verbinden. Aber das Paradoxon der Freiheit herrscht auch im psychischen Untergrund: die giftige Vegetation der Untreue, des Verrats, des Verlassens, des Vergessens, der Eifersucht. Das Mysterium der mit der Liebe verbundenen Freiheit und ihrer abwechselnd strahlenden und düsteren Flora war das zentrale Thema unserer Dichter und Künstler. Auch das unseres Lebens, des wirklichen und des imaginären, des gelebten und des geträumten.

Das fünfte Hauptmerkmal unserer Konzeption der Liebe besteht in der unauflöslichen Einheit der Gegensätze von Körper und Seele. Seit Platon hat unsere Tradition die Seele gepriesen und den Körper geringschätzt. Dagegen hat die Liebe von Anfang an den Körper geadelt. Ohne physische Anziehung gibt es keine Liebe. Heute erleben wir eine radikale Verkehrung des Platonismus: Unsere Epoche negiert die Seele und reduziert den menschlichen Geist auf einen Reflex der Körperfunktionen. Damit hat sie den Begriff der Person, doppeltes Erbe des Christentums und der griechischen Philosophie, unterminiert. Der Begriff der Seele ist für die Person konstitutiv, und läßt man die Person außer acht, wird die Liebe wieder bloße Erotik. Weiter unten werde ich auf den Verfall des Begriffs der Person in unseren Gesellschaften zurückkommen; hier beschränke ich mich auf die Feststellung, daß dieser Begriffsverfall an den politischen Desastern des 20. Jahrhunderts und der allgemeinen Verwilderung unserer Zivilisation die Hauptschuld trägt. Es gibt einen engen und ursächlichen, einen notwendigen Zusammenhang zwischen den Begriffen Seele, Person, Menschenrechte und Liebe. Ohne den Glauben an eine unsterbliche Seele, die untrennbar verbunden ist mit dem sterblichen Körper, hätte die ausschließliche Liebe sowie deren Konsequenz, die Verwandlung des ersehnten Objekts in sehnendes Subjekt, nie entstehen können. Kurz gesagt, die Liebe verlangt als Vorbedingung den Begriff der Person, und diese den einer verkörperten Seele.

Das Wort *persona* ist etruskischen Ursprungs und bezeichnete in Rom die Maske des Schauspielers. Was verbirgt sich hinter der Maske? Was ist es, das die Person beseelt? Der menschliche Geist, die Seele oder die Anima. Die Person ist ein Wesen, das aus einer Seele und einem Körper besteht. Hier zeigt sich ein weiterer Widerspruch der Liebe, vielleicht ihr tiefster und zentralster, ihr tragischer Konflikt: Wir lieben zugleich einen sterblichen Körper, der Zeit und ihren Wechselfällen unterworfen, und eine unsterbliche Seele. Der Liebende liebt den Körper und die Seele gleichermaßen. Man kann sogar sagen, daß der Liebende, würde er nicht vom Körper angezogen, die Seele, die diesen beseelt, nicht lieben könnte. Für den Liebenden ist der Körper, den er begehrt, Seele; deshalb spricht er zu ihm in einer Sprache jenseits der Sprache, die jedoch völlig verständlich ist, nicht zwar der Vernunft, aber dem Körper, der Haut. Ihrerseits ist die Seele fühlbar; wir können sie berühren, und ihr Hauch erfrischt unsere Lider oder wärmt unseren Nacken. Alle Liebenden haben diese Verwandlung des Körperlichen ins Geistige, und umgekehrt, gespürt. Alle wissen davon mit einem Wissen wider die Vernunft und die geläufige Sprache. Einige Dichter haben es gesagt:

> ... her pure and eloquent blood
> Spoke in her cheeks, and so distinctly wrought
> That one might almost say, her body thought.

> ... ihr Blut, rein und beredt,
> in ihren Wangen sprach's so angestrengt,
> daß man fast sagen konnt, ihr Leib, er denkt.*

Indem die Liebenden im Körper die Eigenschaften der Seele sehen, begehen sie eine Häresie, die von Christen und Platonikern gleichermaßen verdammt wird. Es ist daher nicht verwunderlich, daß solches als eine Verirrung und sogar als Narretei betrachtet wurde: *l'amour fou* der Dichter des Mittelalters. Die Liebe ist närrisch, weil sie die Liebenden in einen unlösbaren Widerspruch verwikkelt. Für die platonische Tradition ist die Seele im Körper gefangen; für das Christentum kommen wir nur einmal auf diese Welt und nur, um unsere Seele zu retten. Im ei-

---

* John Donne, *Second Anniversary*. Übertragen von Christa Schuenke.

nen wie im anderen Fall gibt es zwischen Seele und Körper einen Gegensatz, auch wenn das Christentum ihn mit dem Dogma der Wiederauferstehung des Fleisches und der Doktrin der ewigen Seligkeit gemildert hat. Doch die Liebe ist eine Überschreitung ebenso der platonischen wie der christlichen Tradition. Sie überträgt die Eigenschaften der Seele auf den Körper, so daß dieser nicht länger ein Gefängnis ist. Der Liebende liebt den Körper, als wäre er Seele, und die Seele, als wäre sie Körper. Die Liebe vermischt die Erde mit dem Himmel. Das ist die große Subversion. Jedesmal, wenn der Liebende sagt, *ich liebe dich für immer*, verleiht er einem ephemeren und unbeständigen Geschöpf zwei göttliche Attribute: Unwandelbarkeit und Unsterblichkeit. Der Widerspruch ist in Wahrheit tragisch; das Fleisch verwest, unsere Tage sind gezählt. Trotzdem lieben wir. Und wir lieben mit dem Körper und mit der Seele, »mit Leib und Seele«.

Die vorangegangene Beschreibung der fünf Elemente, die für unsere Vorstellung von der Liebe konstitutiv sind, scheint mir, so summarisch sie ist, deren widersprüchliches, paradoxes oder geheimnisvolles Wesen zu enthüllen. Diese fünf Hauptmerkmale lassen sich auf drei reduzieren: die Ausschließlichkeit, welche die Liebe zu einer einzigen Person bedeutet; die Anziehung, die frei auf sich genommenes Schicksal ist; die Person, die Seele und Körper ist. Die Liebe besteht aus Gegensätzen, die jedoch nicht separiert werden können und die in fortwährendem Streit mit sich selbst und mit den anderen leben. Diese Antagonismen kreisen, als wären sie die Planeten des wundersamen Sonnensystems der Leidenschaften, um eine einzige Sonne. Diese Sonne ist auch ein Doppelgestirn: das Paar. Ständige Transmutation eines jeden Elements: Die Freiheit wählt die Knechtschaft, das Schicksal verwandelt sich in freie Wahl, die Seele ist Körper, und der Körper ist Seele. Wir lieben ein sterbliches Wesen, als wäre es unsterblich. Lope de Vega hat es besser gesagt: *Das Zeitliche ewig heißen.* Ja, wir sind sterblich, wir sind Kinder der Zeit, und niemand entgeht dem Tod. Wir wissen nicht nur, daß wir sterben werden, sondern auch, daß die Person, die wir lieben, ebenfalls sterben wird. Wir sind das Spielzeug der Zeit und ihrer Akzidentien: Krankheit und Alter, die den Körper entstellen und die Seele irreführen. Doch die Liebe ist eine der Antworten, die der Mensch ersonnen hat, um dem Tod ins Auge zu blicken. Durch die Liebe rauben wir der Zeit, die uns tötet, ein paar Stunden, die wir uns manchmal zum Paradies, manchmal zur Hölle machen. In beiden Fällen dehnt sich die Zeit und hört auf, ein Maß zu sein. Jenseits von Glück und Unglück, auch wenn sie beides umfaßt, ist die Liebe Intensität; sie schenkt uns nicht die Ewigkeit, aber das Leben selbst, diesen Augenblick, in dem die Tore von Zeit und Raum sich etwas öffnen: Hier ist dort und jetzt ist immer. In der Liebe ist alles zwei, und alles trachtet danach, eins zu werden.

DER MORGENSTERN

Seit dem 18. Jahrhundert unterziehen sich die Europäer wieder und wieder einer Prüfung und beurteilen sich ständig. Dieses übermäßige Interesse an sich selber ist nicht reiner Narzismus, es ist Angst vor dem Tod. Auf dem Höhepunkt ihrer Zivilisation erfanden die Griechen die Tragödie; sie erfanden sie, wie Nietzsche sagt, »aus Wohlsein, aus überströmender Gesundheit, aus *Fülle* des Daseins«, nur ein starker und luzider Organismus kann der grausamen Sonne des Schicksals ins Gesicht sehen. Das Geschichtsbewußtsein entstand mit dem Abendland, und wer Geschichte sagt, sagt Bewußtsein des Todes. Als Erbin des Christentums, das die Gewissensprüfung erfand, hat die Moderne die Kritik erfunden. Dies ist ein Merkmal, das uns von anderen Epochen unterscheidet; weder die Antike noch das Mittelalter betrieben so leidenschaftlich Kritik wie die Moderne; Kritik an den anderen und an uns selbst, an unserer Vergangenheit und unserer Gegenwart. Die Gewissensprüfung ist ein Akt einsamer Introspektion, bei der jedoch die Phantome der anderen wie auch das Phantom desjenigen auftauchen, der wir waren – ein pluralisches Phantom, denn wir waren viele. Diesen Abstieg in die Höhle unseres Gewissens unternehmen wir im Licht der Idee des Todes. Wir steigen hinab in die Vergangenheit, weil wir wissen, daß wir eines Tages sterben werden, und vorher möchten wir im Frieden mit uns selbst sein. Ich glaube, ähnliches läßt sich sagen von den philosophischen und historischen Meditationen über die Zivilisation des Abendlandes. Sie sind Gewissensprüfungen, Diagnosen des Gesundheitszustandes unserer Gesellschaften und Diskurse angesichts ihres mehr oder weniger nahen Todes. Von Vico bis Valéry erinnern uns unsere Denker ständig daran, daß die Zivilisationen sterblich sind. In den letzten fünfzig Jahren wurden diese melancholischen Exerzitien immer zahlreicher; fast alle sind Ermahnungen, und einige sind voller Verzweiflung. Nur noch ganz wenige Menschen, gleich welcher Richtung sie angehören, wagen es, von einer »strahlenden Zukunft« zu sprechen. Denken wir in historischen Kategorien, leben wir in der Eisenzeit, deren Schlußakt die Barbarei ist; denken wir in ethischen Kategorien, leben wir im Zeitalter des Morasts.

Die Studien über die geschichtliche und moralische Gesundheit unserer Gesellschaften erstrecken sich auf alle Wissenschaften und Fachgebiete sowie auf die ganze Skala menschlicher Aktivitäten. Doch in keiner dieser Studien – mit Ausnahme einiger weniger, die man an den Fingern abzählen kann – findet sich auch nur der Ansatz einer Reflexion über die Geschichte der Liebe im Abendland und ihre heutige Situation. Ich beziehe mich auf Bücher und Studien über die Liebe im eigentlichen Sinne, nicht auf diese unübersehbare Literatur über die menschliche Sexualität, ihre Geschichte und ihre Anomalien. Die Bibliographie zu diesen Themen ist sehr umfangreich und reicht vom Essay bis zur Abhandlung über Hygiene. Die Liebe aber ist etwas anderes. Daß man über sie nicht reflektiert hat, ist ein Manko, das für den Geist unserer Zeit bezeichnend ist. Wenn das Studium der politischen und religiösen Institutionen, der Wirtschafts- und Gesellschaftsformen, der philosophischen und wissenschaftlichen Ideen unerläßlich ist, um eine Vorstellung von der einstigen und heutigen Beschaffenheit unserer Zivilisation zu bekommen, wie dann nicht auch das Studium unserer Gefühle, und insbesondere jenes, das tausend Jahre lang die Achse unseres imaginären und wirklichen affektiven Lebens gewesen ist? Der Verlust unserer Vorstellung von der Liebe wäre eine größere Katastrophe als der Zusammenbruch unserer ökonomischen und politischen Systeme. Er bedeutete das Ende unserer Zivilisation, das heißt, unserer Art zu fühlen und zu leben.

Ein Fehler, den es zu korrigieren gilt, besteht darin, daß wir diese Phänomene für gewöhnlich auf die Zivilisation des Okzidents beziehen. Auch wenn heute vielerorts das Wiederaufleben nationaler und sogar tribalistischer Partikularismen zu konstatieren ist, ist offensichtlich, daß wir zum ersten Mal in der Menschheitsgeschichte die Anfänge einer Weltgesellschaft erleben. Die westliche Zivilisation hat sich über den ganzen Planeten ausgedehnt. In Amerika hat sie die dort entstandenen Kulturen eingeebnet; wir Amerikaner sind eine ex-zentrische Dimension des Okzidents. Wir sind seine Fortsetzung und seine Replik. Gleiches läßt sich von den Völkern Ozeaniens und Afrikas sagen. Dies impliziert meinerseits nicht Ignoranz oder Geringschätzung der indigenen Gesellschaften und ihrer Schöpfungen. Ich gebe kein Werturteil ab, ich konstatiere eine geschichtliche Tatsache. Die Rückkehr zu den afrikanischen Kulturen oder zu der von Tenochtitlán oder der Inka zu predigen ist eine sentimentale Verirrung – achtbar, aber irrig – oder ein Akt zynischer Demagogie. Der westliche Einfluß war und ist von entscheidender Bedeutung auch im Orient. In bezug auf das

Thema dieser Reflexionen sei nur an die zahlreichen und fundamentalen Analogien zwischen unserer Konzeption der Liebe und jener des Fernen Ostens und Indiens erinnert. Im Falle des Islam ist die Verwandtschaft noch enger; die »höfische Liebe« ist undenkbar ohne die arabische Erotik. Die Zivilisationen sind keine Festungen, sondern Wegkreuzungen, und was wir der arabischen Kultur auf diesem Gebiet verdanken, ist unermeßlich. Kurzum, das Bild oder die Vorstellung von der Liebe ist heute universal, und ihr Schicksal an dieser Jahrhundertwende ist untrennbar verbunden mit dem der Weltzivilisation.

Wenn ich von der Kontinuität der Liebe spreche, muß ich wiederholen, daß ich mich nicht auf das Gefühl beziehe, das es wahrscheinlich zu allen Zeiten und an allen Orten gibt, sondern auf die von einigen Gesellschaften entwickelten Konzeptionen dieser Leidenschaft. Diese Konzeptionen sind keine logischen Konstruktionen, sie sind der Ausdruck tiefer psychischer und sexueller Wünsche. Nicht die Vernunft, sondern vitale Bedürfnisse bedingen sie. Deshalb habe ich sie Bilder genannt. Ich füge hinzu, daß sie, wofern sie keine Philosophie sind, eine Sicht der Welt sind und damit auch eine Ethik und eine Ästhetik: eine *cortesia.* Zuguterletzt bedeutet die bemerkenswerte Kontinuität des Bildes von der Liebe, seit dem 12. Jahrhundert bis in unsere Zeit, nicht Immobilität. Im Gegenteil, ihre Geschichte ist reich an Wandlungen und Innovationen. Die Liebe ist immer ein schöpferisches und subversives Gefühl gewesen.

Von allen Zivilisationen war die des Abendlandes, zu ihrem Vorteil wie zu ihrem Nachteil, die dynamischste und wandlungsfähigste. Ihre Wandlungen haben sich in unserem Bild von der Liebe widergespiegelt; dieses Bild ist seinerseits ein starkes und fast immer vorteilhaftes Agens dieser Wandlungen gewesen. Man denke zum Beispiel an die Institution der Ehe: vom religiösen Sakrament zum zwischenmenschlichen Vertrag, von der Absprache zwischen zwei Familien ohne Beteiligung der künftigen Ehegatten zur Übereinkunft zwischen diesen, von der obligatorischen Mitgift zur Gütertrennung, vom unauflöslichen Bund fürs Leben zur modernen Scheidung. Ein weiterer Wandel: der Ehebruch. Es liegt uns heute fern, zu Dolchen zu greifen wie im 17. Jahrhundert die Ehemänner, die ihre Frauen umbrachten, um ihre verletzte Ehre zu rächen. Die Liste dieser Veränderungen ließe sich leicht verlängern. Das ist nicht nötig. Die große Neuheit am Ausgang dieses Jahrhunderts ist die Freizügigkeit der liberalen Gesellschaften des Okzidents. Das Zusammenwirken dreier Faktoren mag dieses Phänomen erklären: der erste, ein gesellschaftlicher, war die fortschreitende Unabhängigkeit der Frau; der zweite, technischer Art, die Entwicklung antikonzeptioneller Methoden, die wirksamer und weniger gefährlich sind als die alten; der dritte, dem Bereich der Glaubensanschauungen und Wertvorstellungen angehörend, ist der höhere Rang des Körpers, der nicht länger als die inferiore, rein animalische und vergängliche Hälfte des Menschen betrachtet wird. Die Revolution des Körpers war und ist ein entscheidendes Faktum in der Geschichte der Liebe und der Erotik; sie hat uns befreit, aber sie kann uns auch erniedrigen und entwürdigen. Ich werde noch darauf zurückkommen.

Die Literatur beschreibt die Veränderungen der Gesellschaft. Sie bereitet diese auch vor und sagt sie voraus.

Die allmähliche Kristallisation unseres Bildes von der Liebe war das Werk des Wandels sowohl der Sitten als auch der Wandlungen, welche die Dichtung, das Theater und der Roman durchmachten. Die Geschichte der Liebe ist nicht nur die Geschichte einer Leidenschaft, sondern auch die einer literarischen Gattung. Besser gesagt: die Geschichte der verschiedenen Bilder von der Liebe, welche uns die Dichter und die Romanciers gegeben haben. Diese Bilder waren Abbilder und Verkörperungen, Kopien der Wirklichkeit und Visionen anderer Wirklichkeiten. Zugleich haben sich alle diese Werke von der Philosophie und dem Denken ihrer Epoche genährt: Dante von der Scholastik, die Dichter der Renaissance vom Neuplatonismus, Choderlos de Laclos und Stendhal von den Enzyklopädisten, Proust von Bergson und die modernen Dichter und Romanciers von Freud. In spanischer Sprache ist das größte Beispiel in diesem Jahrhundert das Antonio Machados, unseres Dichter-Philosophen, dessen Werk in Vers und Prosa um die Zeitlichkeit des Menschen kreist und folglich um unsere wesentliche »Unvollständigkeit«. Seine Dichtung war, wie er selbst einmal gesagt hat, ein »Gesang an der Grenze« – jenseits ist der Tod –, und sein Nachdenken über die Liebe eine Reflexion über die Abwesende und, absoluter, über die Abwesenheit selbst.

Man kann wohl ohne zu übertreiben sagen, daß alle großen Wandlungen der Liebe – nicht daß es sich da um ein historisches Gesetz handelte, aber doch um etwas mehr als nur bloße Koinzidenz – literarischen Bewegungen entsprechen, die sie zugleich vorbereiten und spiegeln, sie verklären und zu Idealen eines höheren Lebens machen. Die provenzalische Dichtung bot der Feudalgesellschaft des 12. Jahrhunderts das Bild der »höfischen Liebe« als eine Lebensweise, die nachahmenswert ist. Die Gestalt der Beatrice, Mittlerin zwischen dieser und der anderen Welt, reproduzierte sich in sukzessiven Gestalten wie dem Gretchen von Goethe und der Aurelia von Nerval; zugleich, dank poetischer Ansteckung, erhellte sie die Nächte vieler Einsamer. Es war Stendhal, der die Liebesleidenschaft zum ersten Mal mit vorgeblicher wissenschaftlicher Strenge beschrieb. Ich sage »vorgeblich«, weil seine Beschreibung eher ein Bekenntnis denn eine Theorie ist, obgleich unterkühlt durch das Denken des 18. Jahrhunderts. Die Romantiker haben uns zu leben, zu sterben, zu träumen und, vor allem, zu lieben gelehrt. Die Dichtung hat die Liebe verherrlicht und hat sie analysiert, sie hat sie neu geschaffen und hat sie zur allgemeinen Nachahmung empfohlen.

Das Ende des ersten Weltkriegs hatte Auswirkungen auf alle Lebensbereiche. Die Freiheit der Sitten, vor allem der erotischen, nahm ungewohnte Formen an. Um die Freude der Jugend angesichts der Kühnheiten dieser Jahre zu ermessen, muß man an den Rigorismus und die Prüderie erinnern, welche die bürgerliche Moral das ganze 19. Jahrhundert hindurch der Gesellschaft aufgezwungen hatte. Die Frauen schnitten sich das Haar kurz, kürzten ihre Röcke, bewegten sich frei auf der Straße, zeigten ihre körperlichen Reize und streckten Bischöfen, Richtern und Professoren die Zunge heraus. Die erotische Freiheit ging einher mit der künstlerischen Revolution. In Europa und Amerika tauchten große Dichter der modernen Liebe auf, einer Liebe, die den Körper mit dem Geist, die Rebellion der Sinne mit der des Denkens, die Freiheit mit der Sinnlichkeit verquickte. Aber auch im spanischsprachigen Amerika traten in diesen Jahren zwei oder drei große Dichter der Liebe auf den Plan. Man erlebte die Eruption der verschütteten Sprache der Leidenschaft. Gleiches geschah in Rußland, bevor in diesem Land das bleierne Zeitalter Stalins anbrach. Jedoch hat uns keiner dieser Dichter eine Theorie der Liebe vergleichbar jenen hinterlassen, die uns die Neuplatoniker der Renaissance und die Romantiker vermacht haben. Eliot und Pound waren Männer von Geist, doch nicht die Liebe interessierte sie, sondern die Politik und die Religion. Die Ausnahme bildete, wie im 12. Jahrhundert, Frankreich. Dort wurde aus der ästhetischen Avantgarde, dem Surrealismus, schon bald eine philosophische, moralische und politische Rebellion. Eine der Achsen der surrealistischen Subversion war die Erotik. Das Beste an der surrealistischen Dichtung ist die Liebesdichtung; ich denke vor allem, wiewohl nicht allein, an Paul Eluard. Einige Surrealisten schrieben auch Essays; Benjamin Péret prägte in einem schönen Text den Ausdruck »sublime Liebe«, um dieses Gefühl von der Liebesleidenschaft Stendhals zu unterscheiden.* Die von Dante und Petrarca begonnene Tradition wurde schließlich von André Breton, der zentralen Gestalt des Surrealismus, fortgesetzt.

Im Leben und Werk Bretons verschmelzen die Reflexion und der Kampf. Stellte ihn sein philosophisches Temperament in die Linie von Nerval, so führte ihn seine Unerschrockenheit dazu, wie Tibull und Properz, in der

* »Le Noyau de la comète«, Vorwort zur *Anthologie de l'amour sublime.* Paris 1956.

militia amoris zu kämpfen. Nicht als einfacher Soldat, sondern als Feldherr. Von Anfang an stellte sich der Surrealismus als eine revolutionäre Bewegung dar. Breton wollte das Private und das Gesellschaftliche, die Rebellion der Sinne und des Herzens – verkörpert in seiner Idee des *amour unique* – mit der sozialpolitischen Revolution des Kommunismus vereinen. Er ist gescheitert, und ein Widerhall dieses Scheiterns findet sich auf den Seiten von *L'Amour fou*, eines der wenigen modernen Bücher, die das Prädikat elektrisierend verdienen. Seine Haltung gegenüber der bürgerlichen Moral war nicht weniger unnachgiebig. Die Romantiker hatten sich gegen die Verbote der Gesellschaft ihrer Zeit aufgelehnt und als erste die Freiheit der Liebe proklamiert. Obgleich im Europa von 1920 und 1930 noch viele Verbote fortbestanden, waren doch auch die Gebote und Lehren der freien Liebe populär geworden. In manchen Milieus und Gruppen herrschte die Promiskuität, als Freiheit maskiert. So entfaltete sich Bretons Kampf für die Liebe an drei Fronten: gegen die Kommunisten, die das Privatleben und die Leidenschaften des einzelnen strikt ignorierten; gegen die alten Verbote der Kirche und der Bourgeoisie; und schließlich gegen die »Emanzipierten«. Gegen die beiden ersteren zu kämpfen war nicht schwer, vom intellektuellen Standpunkt aus; gegen die dritte Gruppe zu kämpfen war mühselig, denn es implizierte die Kritik seines eigenen sozialen Milieus. Nichts ist schwerer, als die Freiheit gegen die Anarchisten zu verteidigen.

Es war eins der großen Verdienste Bretons, daß er die subversive Funktion der Liebe erkannt hat und nicht allein, wie die meisten seiner Zeitgenossen, die der bloßen Erotik. Auch sah Breton, wiewohl nicht sehr deutlich, die

Unterschiede zwischen Liebe und Erotik, aber er konnte oder wollte diesen Unterschieden nicht auf den Grund gehen und beraubte sich so einer solideren Grundlage für seine Konzeption der Liebe. Bei seinem Versuch, diese seine Konzeption in die revolutionäre und philosophische Bewegung seiner Zeit zu integrieren, folgte er lediglich den Dichtern der Vergangenheit, insbesondere – war es ihm bewußt? – Dante, einem Begründer dieser Idee, der den Gegensatz zwischen der »höfischen Liebe« und der christlichen Philosophie aufheben wollte. In Bretons Haltung zeigt sich erneut die Dualität des Surrealismus: einerseits war er eine Subversion, ein Bruch; andererseits verkörperte er die zentrale Tradition des Abendlandes, diese Strömung, die immer wieder danach trachtete, die Poesie mit dem Denken, die Kritik mit der Inspiration, die Theorie mit der Tat zu vereinen. Es war beispielhaft, daß zur Zeit der großen moralischen und politischen Desintegration vor dem zweiten Weltkrieg Breton dem *amour unique* den zentralen Platz in unserem Leben zugewiesen hat. Keine andere dichterische Bewegung unseres Jahrhunderts hat dies getan, und darauf beruht die Überlegenheit des Surrealismus; eine Überlegenheit nicht im Ästhetischen, sondern im Geistigen.

Bretons Einstellung war subversiv und traditionell. Er widersetzte sich der in unseren Gesellschaften vorherrschenden Moral, der bürgerlichen ebenso wie der pseudo-revolutionären; zugleich, und mit derselben Entschiedenheit, setzte er die von den Romantikern ererbte, von den provenzalischen Dichtern begonnene Tradition fort. In der Zeit der großen erotischen Befreiung, die auf den ersten Weltkrieg folgte, die Idee des *amour unique* zu verfechten hieß sich dem Spott vieler aussetzen; Breton wagte es, der »fortschrittlichen« Meinung geschickt und mutig entgegenzutreten. Er war kein Feind der neuen erotischen Freiheit, doch er weigerte sich, sie mit der Liebe zu vermengen. Er zeigte die Hindernisse auf, die der Liebeswahl entgegenstehen: die moralischen und gesellschaftlichen Vorurteile, die Klassenunterschiede und die Entfremdung. Letztere hielt er für das größte Hindernis. Wie können wir frei wählen, wenn wir nicht einmal Herr unserer selbst sind? Breton schrieb die Entfremdung, darin Marx folgend, dem kapitalistischen System zu; erst wenn dieses verschwände, gäbe es auch keine Entfremdung mehr. Bretons anderer Lehrer, Hegel, der den Begriff Entfremdung als erster verwandte, hatte eine weniger optimistische Anschauung. Die Entfremdung bestehe in dem Gefühl, nicht in uns selbst zu sein; andere Mächte (andere Phantome?) vertreiben uns aus uns selbst, usurpieren unser wahres Sein und lassen uns ein Leben in fremdem Namen leben. Nicht das zu sein, was man ist, außerhalb seiner selbst zu sein, ein anderer zu sein, ohne Gesicht, anonym, eine Absenz: das ist die Entfremdung. Für Hegel entsteht die Entfremdung mit der *Entzweiung*.

Was verstand Hegel unter Entzweiung? Kostas Papaioannou erklärt es in konziser Art: »Die jüdisch-christliche Konzeption wertete die Natur ab und machte sie zum Objekt (...) Gleichzeitig zerriß sie das organische Band zwischen dem Menschen und der Stadt (*polis*). Und schließlich verallgemeinerte die moderne Vernunft die Entzweiung: Nachdem sie dem Geist die Materie, der Seele den Körper, dem Glauben den Verstand, der Freiheit die Notwendigkeit (...) entgegengesetzt hatte, faßte die Entzweiung schließlich alle Gegensätze in einem größeren zusammen: die *absolute Subjektivität* und die *absolute Objektivität*.* Doch es gibt einen äußersten Punkt dieser Trennung von der Welt und von sich selbst; dann versucht der Mensch, wieder zu sich selbst zu kommen, und es besteht die Möglichkeit der Rettung. Wie seine ganze Generation glaubte anfangs auch Hegel an die Französische Revolution und meinte, daß es ihre Aufgabe sei, die Entfremdung abzuschaffen und den Menschen wieder mit der Natur und mit sich selbst zu versöhnen. Der revolutionäre Fehlschlag nötigte ihn, zurückzustecken und eine Philosophie zu konzipieren, die die Ganzheit anders dachte und sie aus den verstreuten Bruchstücken, wozu die unablässige Negativität des Subjekts sie reduziert hatte, wieder erstehen ließ. Anstelle der unvollkommenen Heilung der Spaltung, welche die Französische Revolution gewesen war, bot Hegel eine Philosophie, die sowohl eine Antwort auf das Rätsel der Geschichte als auch eine Diagnose der Trennung einschloß. Keine »Philosophie der Geschichte«, sondern eine »philosophische Geschichte« der Menschen. Da sich die bürgerliche Gesellschaft als »unfähig erwiesen hatte, sich als ein universales Subjekt zu konstituieren, mußte sie sich dem Staat unterwerfen (...) War die *polis* nicht möglich, würde der Staat hinsichtlich der Gesellschaft transzendent sein«. Eine Heilung der Spaltung und der Entfremdung? Ja, aber durch das Verschwinden des Subjekts, geschluckt vom Staat, der für Hegel die höchste Form war, in welcher der objektive Geist sich verkörpern konnte.

Vielleicht bestand der Irrtum Hegels und seiner Schü-

* Kostas Papaioannou, *Hegel*. Paris 1962.

ler darin, daß sie eine geschichtliche, das heißt eine zeitliche Lösung suchten für das Unglück der Geschichte und dessen Folgen: die Entzweiung und die Entfremdung. Der Leidensweg der Geschichte, wie Hegel den historischen Prozeß nannte, wird von einem Christus durchmessen, der ständig sein Gesicht und seinen Namen wechselt, aber stets derselbe bleibt: der Mensch. Er ist derselbe, doch nie ist er in sich selbst. Er ist Zeit, und Zeit ist ständige Trennung von sich. Man kann die Existenz der Zeit bestreiten und sie für eine Illusion halten. Ebendas taten die Buddhisten. Allerdings konnten sie sich den Folgen nicht entziehen: dem Rad der Reinkarnationen und dem Karma, der früheren Schuld, die sie unablässig antreibt zu leben. Wir können die Zeit negieren, doch ihrer Umarmung können wir uns nicht entziehen. Die Zeit ist ständige Trennung, und sie ruht nie, sie pflanzt sich fort und vervielfacht sich, indem sie sich von sich selbst trennt. Die Trennung läßt sich mit Zeit nicht heilen, sondern nur mit jemandem oder etwas, das Nicht-Zeit wäre.

Eine jede Minute ist das Messer der Trennung. Wie unser Leben dem Messer anvertrauen, das uns ersticht? Die Abhilfe besteht darin, einen Balsam zu finden, der diese Wunde, welche die Stunden und die Minuten uns zufügen, für immer heilt. Seit der Mensch auf der Erde erschien – sei es, weil er aus dem Paradies vertrieben wurde, oder weil er einen Moment in der universalen Evolution des Lebens verkörpert –, ist er ein unvollständiges Wesen. Kaum geboren, flieht er vor sich selbst. Wohin? Er ist auf der Suche nach sich selbst und verfolgt sich unablässig. Nie ist er der, der er ist, sondern der, der er sein will, der, der sich sucht; hat er sich eingeholt oder glaubt er, sich eingeholt zu haben, macht er sich erneut von sich los, vertreibt sich aus sich selbst und setzt seine Verfolgung fort. Er ist das Kind der Zeit. Mehr noch, die Zeit ist sein Sein und seine konstitutionelle Krankheit. Seine Heilung kann nur außerhalb der Zeit liegen. Aber wenn es jenseits der Zeit nichts und niemanden gibt? Dann ist der Mensch verdammt und muß lernen, angesichts dieser schrecklichen Wahrheit zu leben. Der Balsam, der die Wunde der Zeit heilt, heißt Religion; das Wissen, das uns dahin bringt, mit unserer Wunde zu leben, heißt Philosophie.

Gibt es keinen Ausweg? Doch, es gibt ihn. In manchen Augenblicken öffnet sich die Zeit einen Spalt breit und läßt uns die *andere Seite* sehen. Diese Augenblicke sind Erfahrungen der Vereinigung des Subjekts mit dem Objekt, des Ich bin mit dem Du bist, des Jetzt mit dem Immer, des Dort mit dem Hier. Sie sind nicht auf Begriffe reduzierbar, wir können uns nur mit Paradoxen und mit den Bildern der Poesie auf sie beziehen. Eine dieser Erfahrungen ist die Liebe, in der die sinnliche Wahrnehmung sich mit dem Gefühl vereint und beide mit dem Geist. Es ist die Erfahrung völliger Fremdheit. Wir sind außerhalb unserer selbst, hingezogen zu der geliebten Person; und es ist die Erfahrung der Rückkehr zum Ursprung, zu diesem Ort, der, wiewohl nicht lokalisierbar, unsere ursprüngliche Heimat ist. Die geliebte Person ist zugleich Terra incognita und Heimat, die Unbekannte und die Wiedererkannte. Diesbezüglich ist es angebracht, anstatt der Dichter oder der Mystiker einen Philosophen wie Hegel, den großen Meister der Gegensätze und Negationen, zu zitieren. In einer seiner Jugendschriften sagt er: »Liebe schließt alle Entgegensetzungen aus (...), sie ist nicht Vernunft (...); in der Entwicklung produzierte die Reflexion immer mehr Entgegengesetztes, das im befriedigten Triebe vereinigt wurde, bis sie das Ganze des Menschen selbst ihm entgegensetzte, bis die Liebe die Reflexion in völliger Objektlosigkeit aufhebt (...) In der Liebe (...) findet sich das Leben selbst, als eine Verdopplung seiner selbst, und Einigkeit desselben.«* Die Liebe hebt das Getrennte auf. Für immer? Das sagt Hegel nicht, aber wahrscheinlich hat er in seiner Jugend daran geglaubt. Man kann sogar sagen, seine ganze Philosophie und insbesondere die Aufgabe, die er der Dialektik – der schimärischen Logik – zuschreibt, ist nichts anderes als eine gigantische Übertragung dieser jugendlichen Sicht der Liebe in die begriffliche Sprache der Vernunft.

Im selben Text erkennt Hegel mit außerordentlichem Scharfsinn das große und tragische Paradoxon, auf dem die Liebe gründet: »Liebende können sich nur insofern unterscheiden, als sie sterblich sind, als sie diese Möglichkeit der Trennung denken.« Tatsächlich ist der Tod die Schwerkraft der Liebe. Der Liebesdrang reißt uns von der Erde und vom Hier weg; das Bewußtsein des Todes läßt uns zurückkehren. Wir sind sterblich, wir sind aus Erde gemacht und müssen zu ihr zurückkehren. Ich wage es, einen Schritt weiter zu gehen. Die Liebe ist volles Leben, eins mit sich selbst: das Gegenteil von Trennung. Die Vereinigung des Paares verwandelt sich in Gefühl, und dieses verwandelt sich seinerseits in Bewußtsein. Die Liebe ist die Entdeckung der Einheit des Lebens. In diesem Augenblick bricht die innige Einheit entzwei, und die Zeit tritt wieder in Kraft. Sie ist eine große Leere, die uns verschluckt. Das doppelte Gesicht der Sexualität taucht in

* G.W.F. Hegel, »Über Moralität, Liebe, Religion«, Fragment 3.

der Liebe wieder auf: Das starke Lebensgefühl ist ununterscheidbar von dem nicht minder starken Gefühl des Erlöschens des Lebenstriebes; der Aufstieg bedeutet Sturz und die äußerste Spannung Erschlaffung. Völlige Verschmelzung impliziert die Akzeptierung des Todes. Ohne den Tod ist das Leben – das unsere, das irdische – nicht Leben. Die Liebe besiegt den Tod nicht, doch sie integriert ihn ins Leben. Der Tod der geliebten Person bestätigt unsere Verurteilung: Wir sind Zeit, nichts ist von Dauer, und Leben ist ein ständiges Sichtrennen. Im Tod jedoch enden die Zeit und die Trennung, wir kehren zurück zur Nicht-Unterschiedenheit des Anfangs, zu diesem Zustand, den wir in der körperlichen Vereinigung erschauen. Die Liebe ist eine Rückkehr zum Tod, dem Ort der Wiedervereinigung. Der Tod ist die Weltmutter. »Ich werde den Staub deiner Gebeine mit dem Staub der meinen vermischen«, sagt Cynthia zu ihrem Geliebten. Ich gebe zu, daß Cynthias Worte die Christen, wie auch all jene, die an ein Leben nach dem Tode glauben, nicht befriedigen können. Was aber hätte Francesca gesagt, wenn jemand sich erboten hätte, sie zu retten, nicht jedoch auch Paolo? Ich glaube, sie hätte geantwortet: Für mich den Himmel wählen und die Hölle für meinen Geliebten, bedeutet die Hölle wählen, doppelt verdammt zu werden.

Breton sah sich auch dem anderen großen Mysterium der Liebe konfrontiert: der Wahl. Die einzige Liebe ist das Resultat einer Wahl, aber ist die Wahl ihrerseits nicht das Resultat eines Komplexes von Umständen und Koinzidenzen? Und sind diese Koinzidenzen reine Zufälle, oder kommt ihnen eine Bedeutung zu und gehorchen sie einer geheimen Logik? Diese Fragen ließen ihm keine Ruhe und waren der Anlaß denkwürdiger Seiten. Die Begegnung geht der Wahl voraus, und in der Begegnung scheint der Zufall ausschlaggebend zu sein. Breton erkannte klar, daß für die Begegnung eine Reihe von Umständen konstitutiv sind, die in der objektiven Wirklichkeit eintreten, ohne anscheinend irgendeine Absicht zu verfolgen, und an deren Entwicklung unser Wille nicht teilhat. Ich gehe ohne festes Ziel durch irgendeine Straße, als mir eine Frau begegnet; ihre Gestalt macht Eindruck auf mich; ich will ihr folgen, sie verschwindet an einer Straßenecke, und einen Monat später, bei einem Freund, am Ausgang eines Theaters oder beim Betreten eines Cafés, taucht die Frau wieder auf; sie lächelt, ich spreche sie an, sie antwortet mir, und so beginnt eine Beziehung, die uns für immer prägen wird. Es gibt tausend Varianten der Begegnung, doch bei allen wirkt eine Kraft, die wir manchmal Zufall nennen, manchmal Schicksal oder auch Prädestination. Ob Zufall oder Schicksal, die Reihe dieser objektiven Umstände, durch eine äußere Kausalität bedingt, kreuzt sich mit unserer Subjektivität, integriert sich in ihr und wird zu einer Dimension des Intimsten und Mächtigsten in jedem von uns: zu Verlangen. Breton erinnerte sich an Engels und nannte den Schnittpunkt der zwei Reihen, der äußeren und der inneren: *objektiver Zufall.* *

---

* Über den Begriff des »objektiven Zufalls« bei Breton siehe die scharfsinnige Anmerkung von Marguerite Bonnet zu *L'Amour fou* im zweiten Band der Œuvres complètes von André Breton, La Pléiade, Gallimard, Paris 1992. Man siehe auch im selben Band die Anmerkung von M. Bonnet und E.A. Hubert zu *Les Vases Communicants.* Übrigens kommt der Ausdruck »objektiver Zufall« bei Engels nicht vor.

Breton formuliert seine Idee des objektiven Zufalls klar und lapidar: »Eine Erscheinungsform der äußeren Notwendigkeit, die sich ins Unbewußte des Menschen einen Weg bahnt.« Die äußere Kausalkette kreuzt sich mit einer inneren Ursache: dem Unbewußten. An beiden ist unser Wille nicht beteiligt, beide determinieren uns, und ihre Verbindung schafft eine Ordnung, ein Beziehungsgeflecht, dessen Zweck und dessen raison d'être wir nicht kennen. Ist diese Verknüpfung von Umständen zufällig, oder hat sie einen Sinn und zielt in eine Richtung? Wie dem auch sei, wir sind Spielbälle fremder Mächte, Werkzeuge eines Schicksals, das die paradoxe und kontradiktorische Form eines notwendigen Zufalls annimmt. Der objektive Zufall hat in der Mythologie Bretons die gleiche Funktion wie der Zaubertrank in der Sage von Tristan und Isolde oder der Magnet in den Metaphern der Renaissancedichtung. Der objektive Zufall schafft einen buchstäblich magnetisierten Raum: Die Liebenden, die wie Somnambule ein zweites Gesicht haben, wandern umher, begegnen sich, trennen sich und treffen sich erneut. Sie suchen sich nicht, sie finden sich. Mit dichterischer Hellsichtigkeit schafft Breton diese Zustände wieder, die alle Liebenden am Anfang ihrer Beziehung erleben: sich im Zentrum eines Geflechts von Koinzidenzen, Anzeichen und Entsprechungen wissen. Er weist uns jedoch immer wieder darauf hin, daß er weder einen romanhaften Bericht noch eine Fiktion schreibt; er liefert uns ein Dokument, berichtet uns von einer erlebten Tatsache. Das Phantastische, das Seltsame ist keine Erfindung des Autors, sondern die Wirklichkeit selbst. Ist es auch ihre Deutung? Ja und nein: Breton erzählt, was er gesehen und erlebt hat, doch entwickelt sich, unter dem Namen des *objektiven Zufalls*, in seinem Bericht eine Theorie der Freiheit und der Notwendigkeit.

Der objektive Zufall, so wie Breton ihn begreift, stellt sich dar als eine *andere* Erklärung des Rätsels der Anziehungskraft der Liebe. Wie der Liebestrank, der Einfluß der Gestirne oder die infantilen Triebe in der Psychoanalyse rührt diese Anziehung nicht an das andere, das fundamentale Geheimnis: die Verbindung zwischen Schicksal und Freiheit. Ob Zufall, Schicksal oder Prädestination – damit die Beziehung zustandekommt, bedarf es der Beteiligung unseres Willens. Die Liebe, jede Liebe, impliziert ein Opfer; trotzdem wählen wir dieses Opfer ganz bewußt und ohne mit der Wimper zu zukken. Dies ist das Geheimnis der Freiheit, so wie es die griechischen Tragödiendichter, die christlichen Theologen und Shakespeare sahen. Auch Dante und Cavalcanti dachten, die Liebe sei ein Zufall, der sich dank unserer Freiheit in Wahl verwandelt. Cavalcanti sagte: Die Liebe ist nicht Tugend, doch aus der Vollkommenheit (der geliebten Person) entstanden, ermöglicht sie sie. Ich muß hinzufügen, daß Tugend, gleich welche Bedeutung wir diesem Wort geben, vor allem und zuvörderst ein *freier Akt* ist. Kurz, um einen resoluten volkstümlichen Ausdruck zu gebrauchen: *Die Liebe ist die Freiheit in Person.* Die Freiheit inkarniert sich in einem Körper und einer Seele ... Mit Breton endet die Periode, die dem zweiten Weltkrieg vorhergeht. Die auf vielen Seiten seines Buches spürbare Anspannung rührt wahrscheinlich daher, daß er sich der drohend hereinbrechenden Nacht bewußt war: 1937 zogen am Horizont die dunklen Wolken des Krieges herauf, die schon den Himmel

Guido delle Collonne, Abbildung aus »Istorietta Troiana«,
14.-15. Jahrhundert

Petrarca und ein Spielmann. Buchmalerei, 14.-15. Jahrhundert

Spaniens verfinstert hatten. Dachte er, trotz seines revolutionären Eifers, daß sein Zeugnis auch ein Testament, ein Vermächtnis wäre? Ich weiß es nicht. Jedenfalls war ihm bewußt, wie prekär und unzulänglich die Ideen sind, mit denen wir das Rätsel der Liebeswahl zu erklären versuchen. Dieses Rätsel ist Teil eines größeren, das des Menschen, der, zwischen Zufall und Notwendigkeit schwankend, seine Prädikamente in Freiheit verwandelt.

Die Alten stellten den Planeten Venus, den Morgenstern, als jungen Fackelträger dar: Luzifer (*lux, lucis:* Licht + *ferre:* tragen). Für die Übersetzung einer Passage des Evangeliums, in der Jesus von Satan als »einem Blitz, der vom Himmel fiel« spricht, benutzte der heilige Hieronymus dafür das Wort, das den Morgenstern bezeichnet: Luzifer. Ein glücklicher Ausrutscher: Dem rebellischen Engel, dem schönsten der himmlischen Heerscharen, den Namen des Herolds zu geben, der den Beginn des Tages verkündet, war ein Akt poetischer und geistiger Imagination. Das Licht ist untrennbar vom Schatten, so wie der Flug vom Sturz. Im Zentrum der völligen Finsternis des Bösen erglomm ein schemenhaftes Licht: das vage Licht der Morgendämmerung. Luzifer: Anfang oder Ende, Licht oder Schatten? Vielleicht beides zugleich. Die Dichter bemerkten diese Ambiguität und machten sie sich, wie wir wissen, zunutze. Luzifer faszinierte Milton, aber auch die Romantiker, die ihn zum Engel der Rebellion und zum Fackelträger der Freiheit erwählten. Die Morgen sind kurz, und noch kürzer sind jene, die das flackrige Licht Luzifers erhellt. Es erschien bei Anbruch des 18. Jahrhunderts, und Mitte des 19. begann sein rötlicher Glanz zu verblassen, auch wenn sein schwacher, perlgrauer Schimmer, das Licht eher des Denkens denn des Herzens, noch die lange Abenddämmerung des Symbolismus illuminierte. Gegen Ende seines Lebens mußte Hegel sich sagen, daß die Philosophie immer zu spät kommt und das Frühlicht auf das Abendlicht folgt: »Die Eule der Minerva beginnt erst mit der einbrechenden Dämmerung ihren Flug.«

Die Moderne hat zwei Morgen gehabt: einen, den Hegel und seine Generation erlebte, der mit der Französischen Revolution begann und fünfzig Jahre später endete; einen weiteren, der vor dem ersten großen Krieg des 20. Jahrhunderts mit dem großen Erwachen der Wissenschaft und der Kunst begann und mit dem Ausbruch des zweiten Weltkriegs zu Ende ging. Emblem dieser zweiten Periode ist wiederum die doppeldeutige Gestalt Luzifers. Als Engel des Bösen überschattet er die zwei Weltkriege, die Konzentrationslager Hitlers und Stalins und die Atombomben von Nagasaki und Hiroshima; als rebellischer Engel des Lichts ist er der zündende Funke bei allen großen Neuerungen unserer Epoche auf dem Gebiet der Wissenschaft, der Moral und der Künste. Die Literatur und die Kunst der ersten Hälfte des 20. Jahrhunderts, von Picasso bis Joyce und von Duchamp bis Kafka waren luziferisch. Dies gilt nicht für die Periode nach dem zweiten Weltkrieg, deren letzte Jahre wir allen Anzeichen nach heute durchleben. Der Kontrast ist erschreckend. Unser Jahrhundert begann auf dem Gebiet der Kunst mit großen revolutionären Strömungen wie dem Kubismus und der abstrakten Malerei, gefolgt von anderen leidenschaftlichen Revolten wie dem Surrealismus, der sich durch seine Vehemenz auszeichnete. Jede literarische Gattung, vom Roman bis zur Poesie, war Schauplatz einer Reihe von Wandlungen bezüglich der Form, der geistigen Orientierung und selbst ihres Sinngehalts. Diese Wandlungen und Erschütterungen erstreckten sich auch auf die Komödie und das Drama. Zudem wurde von allen diesen Experimenten auch das Kino beeinflußt; ihrerseits hatten dessen Technik der Darbietung der Bilder und dessen Rhythmus starken Einfluß auf die Poesie und den Roman. Der Simultaneismus zum Beispiel, der in der Poesie und im Roman dieser Jahre vorherrschte, ist ein direkter Erbe der kinematographischen Montage. Nichts dergleichen geschah in der Zeit nach dem zweiten Weltkrieg. Der rebellische Engel Luzifer hat das Jahrhundert verlassen.

Ich bin weder pessimistisch noch nostalgisch. Die Periode, in der wir heute leben, war nicht unfruchtbar, auch wenn die künstlerische Produktion durch die Plagen des Merkantilismus, des Profits und der Publicity schweren Schaden erlitten hat. Die Malerei und der Roman zum Beispiel wurden zu Produkten, die der Mode unterworfen sind, erstere durch die Fetischisierung des Unikats und letzterer durch den Mechanismus der Massenproduktion. Dennoch sind seit 1950 auf den Gebieten der Poesie, der Musik, des Romans und der bildenden Künste immer wieder bemerkenswerte Werke und Gestalten aufgetaucht. Jedoch ist keine große ästhetische oder dichterische Bewegung entstanden. Die letzte war der Surrealismus. Wir haben teils rein ingeniöse, teils glänzende Renaissancen erlebt. Besser gesagt, wir haben, um das exaktere englische Wort zu gebrauchen, *revivals* gehabt. Aber ein *revival* ist keine Renaissance: es ist ein Flackerfeuer, das bald erlischt. Das 18. Jahrhundert hatte seinen Klassizismus, wir haben einen »Neoexpressionismus«, eine »Transavantgarde« und sogar eine »Neuromantik« gehabt. Und was waren die Popart und die Dichtung der Beatgeneration anderes als Ableitungen, die eine von Dada und die andere vom Surrealismus? Auch der »Abstrakte Expressionismus« New Yorks war keine originäre Richtung; er brachte einige exzellente Künstler hervor, aber er war, wie gesagt, nur ein *revival*, ein Flackerfeuer. Das gilt auch für eine philosophisch-literarische Richtung der Nachkriegszeit, die in Paris entstand und sich über die ganze Welt ausbreitete: den Existentialismus. In seiner Methode war er eine Fortsetzung Husserls, in seiner Thematik eine Fortsetzung Heideggers. Und ein weiteres Beispiel: 1960 begann man, Essays und Bücher über de Sade, Fourier, Roussel und andere zu publizieren. Einige dieser Studien und Interpretationen sind scharfsinnig, geistreich und manchmal tiefgründig. Aber sie bedeuteten keine echten Entdeckungen. Diese Autoren und diese Werke sind vierzig Jahre vorher von Apollinaire und den Surrealisten entdeckt worden. Ein weiteres *revival*. Es ist müßig, die Aufzählung fortzusetzen ... Ich wiederhole: Die zweite Hälfte des 20. Jahrhunderts ist nicht arm an bemerkenswerten Werken; jedoch repräsentieren diese Werke, schon durch ihren Charakter, etwas ganz anderes als jene der ersten Jahrhunderthälfte, bilden zu ihnen sogar einen Gegensatz. Es beleuchtet sie nicht das hell flackernde Licht Luzifers, es sind dämmerhafte Werke. Ist der melancholische Saturn ihr Numen? Vielleicht, obgleich Saturn die Farbnuancen liebt. Die Mythologie stellt ihn dar als den Herrscher eines geistigen Goldenen Zeitalters, geschwächt von der schwarzen

Galle, der Melancholie, dieser Gemütsstimmung, die das Helldunkel liebt. Unsere Zeit dagegen ist oberflächlich, summarisch und brutal. Nachdem es der Idolatrie ideologischer Systeme verfallen ist, erschöpft sich unser Jahrhundert in der Anbetung der Dinge. Welchen Platz hat die Liebe in einer Welt wie der unseren?

DER ÖFFENTLICHE PLATZ UND DAS SCHLAFZIMMER

Der kalte Krieg dauerte mehr als vierzig Jahre. Außer dem Konflikt, der zwischen den beiden großen Blöcken herrschte, die sich nach dem Scheitern der Achse und den anderen Wechselfällen dieser Periode gebildet hatten, entbrannte ein Streit in der intellektuellen Schicht und in weiten Kreisen der Öffentlichkeit. Diese Auseinandersetzung gemahnte manchmal an die theologischen Dispute der Reformation und der Gegenreformation oder an die Kontroversen, welche die Französische Revolution auslöste. Allerdings gab es einen wesentlichen Unterschied: Die Auseinandersetzungen während des kalten Krieges waren mehr politischer und moralischer denn philosophischer und religiöser Art; es ging bei ihnen nicht um den Urgrund allen Seins und die letzten Dinge, sondern ihr Hauptthema war die Frage nach den Tatsachen: nach der wahren Natur des Sowjetregimes, das sich als sozialistisch ausgab. Es war ein notwendiger, aber fruchtloser Streit; er entlarvte die Lüge, brachte vielen Schande und ließ Geist und Herz anderer erstarren, doch er zeitigte keine neuen Ideen. Es war ein Wunder, daß in diesem Klima der Denunzierungen und Prozesse, der Attacken und Gegenattacken Gedichte und Romane geschrieben, musikalische Werke komponiert und Bilder gemalt wurden. Nicht weniger erstaunlich war, daß in Rußland und Polen, in der Tschechoslowakei, in Ungarn, in Rumänien und in anderen Ländern, die durch die doppelte Tyrannei des pseudorevolutionären Dogmatismus und des bürokratischen Geistes steril geworden waren, unabhängige Schriftsteller und Künstler auf den Plan traten. Auch in Lateinamerika tauchten in diesen Jahren, trotz der Militärdiktaturen und der Verblendung der Mehrzahl unserer Intellektuellen, die in simplistische Lösungen verliebt waren, einige bemerkenswerte Dichter und Romanciers auf. Diese Epoche hat heute wahrscheinlich ihr Ende erreicht. Wie ich schon sagte, war es mehr eine Periode einzelner Werke und Persönlichkeiten als literarischer und künstlerischer Bewegungen.

Im Westen hat sich das Phänomen der ersten Nachkriegszeit wiederholt. Eine neue und freiere erotische Moral setzte sich durch und breitete sich aus. Diese Periode weist zwei Charakteristiken auf, welche die vorherige nicht besaß: zum einen die aktive und öffentliche Beteiligung der Frauen und der Homosexuellen; zum anderen die politische Färbung der Forderungen vieler dieser Gruppen. Es war und ist ein Kampf um gleiche Rechte und um die rechtliche und gesellschaftliche Anerkennung; im Falle der Frauen ihrer spezifischen Natur und ihrer gesellschaftlichen Stellung, im Falle der Homosexuellen ihrer Ausnahmeerscheinung. Beide Forderungen, die Gleichheit und die Anerkennung der Andersartigkeit, waren und sind legitim; allerdings hätten sich die Teilnehmer am platonischen *Gastmahl* angesichts dieser Forderungen die Augen gerieben. Der Sexus das Thema einer politischen Debatte? In der Vergangenheit hat es nicht selten eine Verschmelzung von Erotik und Religion gegeben: der Tantrismus, der Taoismus, die Gnostiker. In unserer Zeit wird die Erotik von der Politik absorbiert und verwandelt, sie ist keine Leidenschaft mehr, sondern ein Recht. Gewinn und Verlust: Man erwirbt die Legitimität, büßt dafür aber die andere, die leidenschaftliche und geistige Dimension, ein. Während all dieser Jahre sind, wie ich schon sagte, viele Artikel, Essays und Bücher über Sexologie und verwandte Themen wie die Soziologie und die Politik des Sexus, publiziert worden, die mit dem Thema dieser Reflexionen nichts zu tun haben. Die große Abwesende bei der erotischen Revolte am Ausgang dieses Jahrhunderts ist die Liebe. Diese Situation bildet einen Kontrast zu den Wandlungen, welche der Neuplatonismus der Renaissance, die »libertine« Philosophie des 18. Jahrhunderts oder die große romantische Revolution bewirkt hatten. Im folgenden werde ich versuchen, einige der Gründe für dieses Manko, diesen wahren Bankrott aufzuzeigen, der uns nicht zu körperlichen, doch zu geistigen Krüppeln gemacht hat.

Ortega y Gasset hat wiederholt auf das Vorhandensein von Lebensrhythmen in den Gesellschaften hingewiesen: Perioden des Kults, einmal der Jugend, einmal des Alters, Verherrlichung der Mutterschaft und des häuslichen Herdes oder der freien Liebe, des Kriegs und der Jagd oder des kontemplativen Lebens. Mir scheint, daß die Veränderungen der kollektiven Sensibilität, die wir im 20. Jahrhundert erfahren haben, einem Pendelrhythmus gehorchen, einem Hin und Her zwischen Eros und Thanatos. Wenn diese Wandlungen der Sensibilität und des Empfindens mit anderen im Bereich des Denkens und der Kunst koinzidieren, dann entstehen neue Konzeptionen der Liebe. Es handelt sich um echte historische Konjunktionen, wie man bei der »höfischen Liebe« sieht, um nur ein Beispiel anzuführen. Eine Gelegenheit zu solcher

Konvergenz hätte die edelmütige Jugendrevolte von 1968 sein können. Unglücklicherweise fehlte es den revoltierenden Studenten an eigenen Ideen, auch brachte die Revolte keine originären Werke hervor wie andere Bewegungen der Vergangenheit. Ihr großes Verdienst war es, daß sie mit beispielhaftem Mut gewagt hatten, die libertären Ideen der Dichter und Schriftsteller der ersten Jahrhunderthälfte zu proklamieren, und daß sie versuchten, diese in die Tat umzusetzen. Sartre und andere Intellektuelle nahmen an den Versammlungen und Demonstrationen teil, doch sie waren keine Akteure, sondern Chor: sie applaudierten, sie inspirierten nicht. 1968 bedeutete keine Revolution; es war die Darstellung, die Feier der Revolution. Die Zeremonie war echt; die angerufene Gottheit ein Phantom. Feier der Revolution: Sehnsucht nach der Parusie, Evokation der abwesenden Göttin. Einen Augenblick schien das doppeldeutige rötliche Licht Luzifers aufzuleuchten; es erlosch sehr schnell, verdunkelt vom Rauch der Diskussionen in den Konklaven naiver und dogmatischer Jugendlicher. Danach bildeten einige von ihnen terroristische Gruppen.

In der Sowjetunion und in den Ländern unter ihrer Herrschaft geschah das Gegenteil. Die alten Verbote wurden verschärft, und im Namen eines archaischen »Progressismus« setzte die Bürokratie die konservativsten und konventionellsten Moralvorschriften der Bourgeoisie des 19. Jahrhunderts wieder in Kraft. Der Kunst und der Literatur widerfuhr das gleiche Schicksal. Der Akademismus, von der Avantgarde aus dem künstlerischen Leben des Okzidents verbannt, suchte Zuflucht in der »Heimat des Sozialismus«. Höchst merkwürdig war, daß sich unter den Verfechtern der mediokren offiziellen sowjetischen

Kultur viele ehemalige europäische und lateinamerikanische Avantgardisten befanden. Sie haben sich nie die Mühe gemacht, uns diesen Widerspruch zu erklären. Auch haben sie ohne zu mucksen die reaktionäre Gesetzgebung der kommunistischen Bürokratie auf dem sexuellen und erotischen Gebiet gebilligt. Moralischer und ästhetischer Konformismus, geistige Verkommenheit.

Das kommunistische Imperium war eine auf Treibsand gebaute Festung. Einige von uns haben geglaubt, das Regime sei von Versteinerung bedroht; nein, seine Krankheit war eine Degeneration des Nervensystems: die Paralyse. Erste Symptome zeigten sich beim Sturz Chruschtschows. In weniger als dreißig Jahren brach die Festung in sich zusammen und riß ein älteres Gebäude mit sich: das Zarenreich. Das Dritte Reich wurde von der Maßlosigkeit Hitlers, den Bomben der Alliierten und dem russischen Widerstand vernichtet; die Sowjetunion zerbrach an der Instabilität ihrer Fundamente – dem heterogenen Charakter des Zarenreichs –, an der Irrealität des bolschewistischen sozialen und ökonomischen Programms und an der Grausamkeit der Methoden, es zu realisieren. Hinzu kommt die Starrheit der Doktrin, eine simplistische Version des Marxismus, die für das russische Volk eine wahre Zwangsjacke war. Der schnelle Verfall verwundert uns noch immer. Aber nach wie vor gibt es den großen Unbekannten, der Rußland seit seinem Erscheinen auf der Bühne der Weltgeschichte vor fünf Jahrhunderten für uns war. Was wartet auf dieses Volk? Und Rußland, was hält es für die Welt bereit?

Die Zukunft ist unerforschlich. Das ist die Lehre, die uns die Ideologien erteilt haben, die vorgaben, die Schlüssel zur Geschichte zu besitzen. Es stimmt, daß manchmal Zeichen am Horizont erscheinen. Wer malt sie und wer kann sie entziffern? Alle Deutungssysteme haben versagt. Man muß von vorn beginnen und sich die Frage stellen, die Kant und die anderen Begründer des modernen Denkens sich gestellt haben. Unterdessen scheint es mir nicht voreilig, den Aberglauben der Geschichte zu denunzieren. Die Geschichte war und ist ein großer Speicher von Neuheiten, sowohl wunderbaren als auch schrecklichen; auch war sie ein riesiges Lager, wo sich Wiederholungen und Kakophonien, Kostüme und Masken häuften. Nach den intellektuellen Orgien unseres Jahrhunderts muß man der Geschichte mißtrauen und lernen, nüchtern zu denken. Sich im Entblößen üben, die Verkleidungen ächten, die Masken herunterreißen. Was verbergen sie? Das Gesicht der Gegenwart? Nein, die Gegenwart hat kein Gesicht. Es ist gerade unsere Aufgabe, ihr ein Gesicht zu geben. Die Gegenwart ist eine zugleich formbare und widerspenstige Materie. Sie scheint sich der Hand, die sie formt, zu fügen, doch das Ergebnis ist immer anders, als wir uns vorgestellt hatten. Man muß sich damit abfinden, denn es bleibt uns nichts anderes übrig. Die bloße Tatsache, daß wir leben, nötigt uns, der Gegenwart gegenüberzutreten und aus diesem Gewirr von Linien und Volumen ein Gesicht zu schaffen, die Gegenwart in Gegenwärtigkeit zu verwandeln. Daher ist die Frage nach dem Platz der Liebe in der heutigen Welt so unerläßlich wie entscheidend. Sie zu eskamotieren bedeutete nicht nur Desertion, sondern Selbstverstümmelung.

Viele Jahre hindurch haben einige von uns an einem Kampf teilgenommen, der zeitweise verloren schien: die Verteidigung der formlosen, unvollkommenen, von vielen Greueltaten geschändeten, aber die Keime der Freiheit bergenden Gegenwart gegen das totalitäre System, das sich hinter der Maske der Zukunft verbarg. Die Maske fiel schließlich, und das schreckliche Gesicht begann sich beim Kontakt mit der Luft zu zersetzen, so wie in Poes Erzählung M. Valdemars Leib verfiel, verweste und eine flüssige Masse von widerlicher, abscheulicher Fäulnis wurde. Die Samen und Keime der Freiheit, die wir gegen die Totalitarismen dieses Jahrhunderts verteidigt haben, sind heute in den Plastikbeuteln des demokratischen Kapitalismus zur Unfruchtbarkeit verdammt. Wir müssen sie retten und in alle vier Himmelsrichtungen ausstreuen. Es gibt zwischen Liebe und Freiheit einen engen und ursächlichen Konnex.

Das Erbe, das uns 1968 hinterlassen hat, war die erotische Freiheit. In dieser Hinsicht war die Studentenbewegung mehr als nur das Vorspiel einer Revolution, sie war die Sanktionierung eines Kampfes, der Anfang des 19. Jahrhunderts begann und den die libertinen Philosophen ebenso wie ihre Gegner, die romantischen Dichter, vorbereitet hatten. Aber was haben wir aus dieser Freiheit gemacht? Fünfundzwanzig Jahre nach 1968 wird uns einerseits klar, daß wir zugelassen haben, daß die Macht des Geldes und der Werbung die erotische Freiheit konfiszierte; und andererseits, daß sich das Bild der Liebe in unserer Gesellschaft allmählich verdüsterte. Ein doppeltes Scheitern. Das Geld hat die Freiheit einmal mehr korrumpiert. Man wird mir entgegenhalten, daß es die Pornographie in allen Gesellschaften gab, die primitiven nicht ausgenommen; sie ist die natürliche Kompensation der Restriktionen und Verbote, die Bestandteil unserer gesellschaftlichen Kodexe sind. Und die Prostitution ist so alt wie die ersten Städte; es gab sie anfangs als Tempelprostitution, wie aus dem Gilgamesch-Epos hervorgeht. Der Konnex zwischen Pornographie, Prostitution und Profit ist also nicht neu. Sowohl die Bilder (Pornographie) als auch die Körper (Prostitution) sind immer und überall Gegenstand des Kommerzes gewesen. Worin also besteht die Neuheit der gegenwärtigen Situation? Meine Antwort: in erster Linie in den Proportionen des Phänomens und, wie man noch sehen wird, in seinem Wesenswandel. Des weiteren: Man nahm an, daß mit der sexuellen Freiheit der Handel mit den Körpern wie auch der mit den pornographischen Bildern ein Ende nehmen würde. In Wirklichkeit ist genau das Gegenteil eingetreten. Die demokratische kapitalistische Gesellschaft hat auf das erotische Leben die unpersönlichen Gesetze des Marktes und die Technik der Massenproduktion angewandt. Damit hat sie es entwürdigt; der geschäftliche Erfolg hingegen war immens.

Die Völker haben die Darstellung des menschlichen Körpers stets mit einer Mischung aus Faszination und Schrecken betrachtet. Die Primitiven glaubten, die Bilder und Skulpturen seien die magischen Doppelgänger der wirklichen Personen. An manchen entlegenen Orten gibt es immer noch Menschen, die sich weigern, photographiert zu werden, weil sie glauben, daß jener, der sich des Bildes ihres Körpers bemächtigt, sich auch ihrer Seele bemächtigt. In gewissem Sinne haben sie recht; es gibt ein unauflösliches Band zwischen dem, was wir Seele, und dem, was wir Körper nennen. Sonderbar ist, daß man in einer Zeit, in der so viel von Menschenrechten die Rede ist, den Verleih und Verkauf von Bildern männlicher und weiblicher Körper, nicht ausgenommen die intimsten Teile, als kommerzielle Lockmittel toleriert. Skandalös ist nicht, daß es sich um eine allgemeine und von allen geduldete Praktik handelt, sondern daß niemand Anstoß nimmt. Unsere moralische Reaktionsfähigkeit ist erschlafft. In vielen Völkern wurde die Schönheit als ein Abbild des Göttlichen betrachtet; heute ist sie ein Werbemittel. In allen Religionen und in allen Zivilisationen ist das Bild des Menschen als heilig verehrt worden, und in einigen wurde daher die Darstellung des Körpers verboten. Ein großer Reiz der Pornographie bestand in eben der Verletzung dieser Anschauungen und Verbote. Hier zeigt sich der Wesenswandel, den die Pornographie erfahren hat und auf den ich mich weiter oben bezogen habe.

Die Moderne hat den Körper entsakralisiert, und die Werbung hat ihn als Lockmittel benutzt. Jeden Tag zeigt uns das Fernsehen halbnackte schöne Körper, mit denen für ein Bier, ein Möbelstück, eine neue Automarke oder Frauenstrümpfe geworben wird. Der Kapitalismus hat Eros zu einem Angestellten Mammons gemacht. Die Entwürdigung des Bildes geht einher mit sexueller Knechtschaft. Die Prostitution ist heute ein weitverzweigtes internationales Netz, das mit Menschen aller Rassen und jeden Alters handelt, nicht ausgenommen, wie wir alle wissen, mit Kindern. De Sade hatte von einer Gesellschaft mit schwachen Gesetzen und starken Leidenschaften geträumt, in der das einzige Recht das Recht auf Lust wäre, so grausam und tödlich es auch ist. Nimmer hätte er gedacht, daß der Kommerz die libertine Philosophie verdrängen und die Lust zu einer Triebkraft der Industrie werden könnte. Die Erotik ist eine Abteilung der Werbung und ein Handelszweig geworden. In der Vergangenheit waren Pornographie und Prostitution sozusagen Zweige des Handwerks; heute sind sie ein wesentlicher Bestandteil der Konsumgüterindustrie. Nicht ihr Vorhandensein alarmiert mich, sondern die Ausmaße, die sie angenommen haben, und ihr zugleich mechanischer und institutioneller Charakter. Sie sind keine Überschreitungen mehr.

Zum Verständnis unserer Situation ist nichts geeigneter, als zwei Strategien zu vergleichen, die einander dem Anschein nach entgegengesetzt sind, die jedoch zu ähnlichen Resultaten führen. Eine ist das unsinnige Verbot der Drogen, das, weit davon entfernt, ihren Konsum zu unterbinden, diesen nur noch gesteigert hat, womit der Drogenhandel eines der lukrativsten Geschäfte des 20. Jahrhunderts wurde; es ist ein so gewaltiges Geschäft, daß es jeder Polizei Trotz bietet und die politische Stabilität einiger Länder bedroht. Die andere ist die Tolerierung der sexuellen Ausschweifung, die permissive Moral. Sie hat den Eros entwürdigt, die Imagination des Menschen verdorben, die Sensibilität ausgedörrt und unter der Maske der sexuellen Freiheit die Versklavung der Körper betrieben. Ich verlange keine Rückkehr zur verhaßten Moral der Verbote und der Strafen, ich mache nur darauf aufmerksam, daß die Macht des Geldes und die Profitgier aus der Freiheit zu lieben eine Knechtschaft gemacht haben. Auf diesem Gebiet, wie auf vielen anderen, sehen sich die modernen Gesellschaften Widersprüchen und Gefahren gegenüber, welche die früheren Gesellschaften nicht kannten.

Die Entwürdigung der Erotik hängt zusammen mit anderen Perversionen, die, sportlich gesprochen, Eigentore der Moderne waren und sind. Ein paar Beispiele mögen genügen: Die freie Marktwirtschaft, die den Patrimonialismus und die bislang erhobene Verkaufssteuer abgeschafft hat, ist ständig bestrebt, riesige Monopole zu schaffen, womit sie sich selbst negiert; die politischen Parteien, Organe der Demokratie, sind nivellierende Bürokratien und mächtige Interessenverbände geworden; die Medien manipulieren Nachrichten, kultivieren die Sensationslust, verachten die Ideen, praktizieren eine heimliche Zensur, überschwemmen uns mit Trivialitäten und eskamotieren die echte Information. Was Wunder, daß erotische Freiheit heute Knechtschaft bedeutet. Wie gesagt, ich verlange nicht, daß die Freiheiten abgeschafft werden; ich verlange, und ich bin nicht der einzige, daß die Konfiszierung unserer Freiheiten durch die Profiteure aufhört. Ezra Pound resümierte unsere Situation in drei Zeilen:

> They have brought whores for Eleusis
> Corpses are set to banquet
> at behest of usura.
>
> Sie brachten nach Eleusis Huren hin
> und setzten Leichen zum Gelage
> auf Geheiß von usura.*

Der Tod ist von der Lust nicht zu trennen, Thanatos ist der Schatten von Eros. Die Antwort auf den Tod ist die Sexualität: die Zellen vereinigen sich, bilden eine neue Zelle und pflanzen sich so fort. Auf die Fortpflanzung ver-

* Übertragen von Eva Hesse.

Max Ernst, *Es lebe die Liebe oder Pays charmant*, 1923

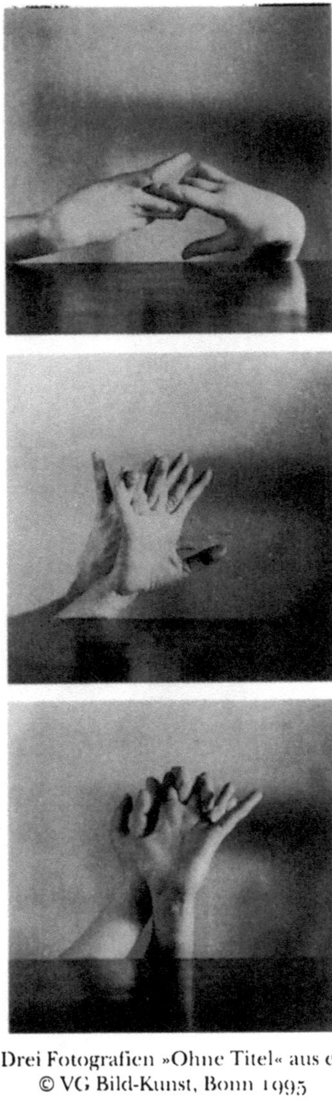

Hans Bellmer, Drei Fotografien »Ohne Titel« aus einer Serie, 1934

zichtend, schafft die Erotik einen gesonderten Bereich, in dem eine janusköpfige Gottheit herrscht: die Lust, die Tod ist. Es ist kein Zufall, daß der Novellenzyklus des *Dekameron*, dieses große Lob der Sinnenlust, eingeleitet wird mit der Beschreibung der Pest, die 1348 Florenz heimsuchte; wie es auch kein Zufall ist, daß ein lateinamerikanischer Romancier, Gabriel García Márquez, als Ort und Zeit der Handlung eines Liebesromans ausgerechnet das ungesunde Cartagena in den Tagen der Cholera gewählt hat.

Vor wenigen Jahren tauchte unvermutet *Aids* bei uns auf, ebenso heimtückisch wie einst die Syphilis.* Heute jedoch sind wir gegen eine solche Krankheit weniger gewappnet als vor fünf Jahrhunderten. Zum einen wegen unseres Glaubens an die moderne Medizin, der an Aberglaube grenzt; zum anderen, weil unsere moralischen und psychischen Abwehrkräfte geschwächt sind. In dem Maße, wie die Technik die Natur beherrscht und uns von ihr trennt, werden wir gegen ihre Angriffe wehrloser. Die Natur war eine Göttin, die, wie alle großen Gottheiten, Leben und Tod schenkte; heute ist sie ein Komplex von Kräften, ein Speicher von Energie, die wir bändigen, kanalisieren und ausbeuten können. Wir haben aufgehört, die Natur zu fürchten, wir glaubten, sie wäre unsere Dienerin. Doch plötzlich, ganz unerwartet, zeigt sie uns ihr anderes Gesicht, das des Todes. Wir müssen wieder ler-

---

* Die meisten Spezialisten verwerfen heute die Theorie des amerikanischen Ursprungs der Syphilis. Aber es ist eine Tatsache, daß die Europäer sich dieser Krankheit, die früher wahrscheinlich mit der Lepra verwechselt wurde, erst nach den Reisen von Kolumbus deutlich bewußt wurden. Die Existenz der Syphilis in Amerika vor Ankunft der Europäer ist heute ebenfalls bewiesene Tatsache.

nen, die Natur zu achten. Das impliziert einen radikalen Wandel unseres Verhaltens.

Ich weiß nicht, ob die Wissenschaft bald einen Impfstoff gegen Aids finden wird. Ich hoffe es. Doch was ich hier herausstellen möchte, ist unsere psychische und moralische Wehrlosigkeit gegenüber dieser Krankheit. Es ist evident, daß Präventivmaßnahmen – die Benutzung von Kondomen und andere Vorkehrungen – unerläßlich sind; evident ist jedoch auch, daß diese Maßnahmen nicht ausreichen. Eine Ansteckung hat nicht zuletzt ihre Ursache im individuellen Verhalten, weshalb es in der Verantwortung eines jeden einzelnen liegt, die Verbreitung dieser Krankheit zu verhindern. Das zu ignorieren wäre hypokritisch und unheilvoll. Ein Experte auf diesem Gebiet schreibt: »Die Geschichte der Menschheit zeigt, daß keine Krankheit allein durch ihre Behandlung ausgemerzt werden konnte. Unsere einzige Hoffnung, Aids einzudämmen, beruht auf der Prävention. Da es wenig wahrscheinlich ist, daß wir in naher Zukunft über einen Impfstoff verfügen werden, welcher der ganzen Bevölkerung verabreicht werden kann, ist der einzige Impfstoff, über den wir zur Zeit verfügen, die Erziehung.«* Unserer Gesellschaft fehlt heute die moralische Autorität, die Enthaltsamkeit oder gar Keuschheit predigt. Der moderne Staat verzichtet, aus guten oder schlechten Gründen, weitgehend darauf, in dieser Sache Gesetze zu erlassen. Die familiäre Moral aber, im allgemeinen gepaart mit traditionellen religiösen Überzeugungen, ist dahin. Und

* Mervyn F. Silverman von der American Foundation for AIDS Research. Zitiert von den Ärzten Samuel Ponce de Léon und Antonio Lazcano Araujo in dem Essay »Quo vadis Sida?«, publiziert in *La Jornada semanal*, México, 11. April 1993.

wie könnten die Medien, die uns mit sexuellen Trivialitäten überschwemmen, sich unterfangen, zur Mäßigung aufzurufen? Was unsere Intellektuellen und Denker angeht: Wo werden wir einen Epikur, geschweige denn einen Seneca finden? Bleiben die Kirchen. In einer säkularen Gesellschaft wie der unseren richten sie nicht viel aus. Außer der religiösen Moral, die für viele nicht akzeptabel ist, bleibt der beste Schutz gegen Aids, das heißt gegen die Promiskuität, die Liebe. Sie ist kein physisches Heilmittel, kein Impfstoff; sie ist ein Paradigma, ein Lebensideal, das auf der Freiheit und der Hingabe gründet. Eines Tages wird man den Impfstoff gegen Aids finden, aber wenn keine neue erotische Ethik auftaucht, werden wir gegenüber der Natur und ihrer Zerstörungskraft weiterhin schutzlos bleiben. Wir glaubten, die Herren der Erde und die Beherrscher der Natur zu sein; heute sind wir wehrlos gegen sie. Um die geistige Stärke wiederzuerlangen, müssen wir wieder demütig werden.

Das Ende des Kommunismus nötigt uns, mit größerer kritischer Strenge die moralische Verfassung unserer Gesellschaften zu betrachten. Deren Leiden sind nicht ausschließlich ökonomischer, sondern, wie immer, auch politischer Art. Sie stehen in Zusammenhang mit der Freiheit, der Gerechtigkeit, der Brüderlichkeit und schließlich mit dem, was wir gemeinhin Werte nennen. Im Mittelpunkt dieser Ideen und Anschauungen steht der Begriff der Person. Er ist die Grundlage unserer politischen Institutionen und unserer Vorstellungen von Gerechtigkeit, Solidarität und gesellschaftlichem Zusammenleben. Der Begriff der Person verschmilzt mit dem der Freiheit. Es ist nicht leicht, letztere zu definieren. Seit den Anfängen der

Philosophie wird das Thema debattiert: Welchen Platz hat die Freiheit in einer von unveränderlichen Gesetzen regierten Welt? Und im Falle der philosophischen Systeme, die die Kontingenz und den Zufall gelten lassen: Welchen Sinn hat das Wort *Freiheit*? Gibt es zwischen dem Zufall und der Notwendigkeit einen Platz für die Freiheit? Solche Fragen sprengen den Rahmen dieses Essays, weshalb ich mich hier darauf beschränke, meine Ansicht darzulegen. Die Freiheit ist kein isolierter Begriff, noch kann sie für sich allein definiert werden; sie steht in ständiger Beziehung zu einem anderen Begriff, ohne den sie nicht existieren würde: dem der Notwendigkeit. Diese ist ihrerseits ohne die Freiheit undenkbar. Die Notwendigkeit bedient sich der Freiheit, um sich zu verwirklichen, und die Freiheit existiert nur angesichts der Notwendigkeit. Dies haben die griechischen Tragiker mit größerer Klarheit erkannt als die Philosophen. Seither haben die Theologen nicht aufgehört, über die Beziehung zwischen Prädestination und freiem Willen zu diskutieren; die modernen Wissenschaftler sind auf das Thema zurückgekommen, und ein angesehener zeitgenössischer Kosmologe, Stephen W. Hawking, hat die »schwarzen Löcher« eine physikalische *Singularität* genannt, das heißt, eine Ausnahme oder einen Zufall. Es gäbe somit Orte der Raum-Zeit, wo die Gesetze, die das Universum regieren, nicht mehr gelten. Unterzieht man diese Idee einer strengen Kritik, erweist sie sich als undenkbar oder inkonsistent. Sie ähnelt den Antinomien Kants, die er selbst für unauflösbar hielt. Trotzdem existieren die »schwarzen Löcher«. Und auf dieselbe Weise existiert die Freiheit. Im Bewußtsein, daß es sich um ein Paradoxon handelt, können wir sagen, daß die Freiheit eine Dimension der Notwendigkeit ist.

Ohne Freiheit gibt es nicht, was wir die *Person* nennen. Gibt es sie ohne Seele? Für die meisten Wissenschaftler und für viele unserer Zeitgenossen ist die Seele, begriffen als eine vom Körper unabhängige Entität, verschwunden. Sie halten sie für einen überflüssigen Begriff. Doch im gleichen Augenblick, da sie das Verschwinden der Seele dekretieren, taucht diese wieder auf, nicht außerhalb des Körpers, sondern in ihm. Die Attribute der einstigen Seele, wie das Denken und seine Fähigkeiten, sind zu Eigenschaften des Körpers geworden. Man braucht nur in einer Abhandlung der modernen Psychologie und der neuen kognitiven Disziplinen zu blättern, um festzustellen, daß das Gehirn und andere Organe heute fast sämtliche Fähigkeiten der Seele besitzen. Der Körper ist, ohne aufzuhören, Körper zu sein, Seele geworden. Ich werde am Ende dieses Essays darauf zurückkommen. An dieser Stelle möchte ich nur darauf hinweisen, daß es, von einem streng wissenschaftlichen Standpunkt aus, noch mehrere Probleme gibt, die ungelöst blieben. Ein Hauptproblem ist es, den Sprung vom Physikochemischen zum Denken zu erklären und zu beschreiben. Die Hegelsche Logik hatte eine Erklärung gefunden, die wahrscheinlich schimärisch ist: den dialektischen Sprung, den Umschlag einer quantitativen in eine qualitative Veränderung. Die Naturwissenschaft ist, mit Recht, keine Befürworterin dieser logischen Patentlösungen, aber auch sie hat für den vermutlich physikochemischen Ursprung des Denkens keine wirklich überzeugende Erklärung gefunden.

Die Folgen dieser Art zu denken waren unheilvoll. Das Verschwinden der Seele hat die Frage, die ontologisch zu nennen ich nicht für übertrieben halte, nach dem aufkommen lassen, was ein Mensch wirklich ist oder sein mag. Ist er nichts anderes als ein vergänglicher Körper, ein Komplex biochemischer Vorgänge? Ist er eine Maschine, wie die Spezialisten der »künstlichen Intelligenz« meinen? Im einen wie im anderen Fall ist er ein Wesen oder vielmehr ein Produkt, das wir, so wir die notwendigen Kenntnisse erlangen, reproduzieren und sogar nach Belieben verbessern könnten. Der Mensch, nicht länger das Abbild Gottes, ist nun auch nicht mehr das Resultat der natürlichen Evolution und gehört in den Bereich der industriellen Produktion: er ist ein Fabrikat. Diese Konzeption zerstört den Begriff der Person und bedroht in ihrem Kern die Werte und Anschauungen, welche die Grundlage unserer Zivilisation und unserer gesellschaftlichen und politischen Institutionen waren. Die Konfiszierung der Erotik und der Liebe durch die Macht des Geldes ist mithin nur ein Aspekt des Schwindens der Liebe; der andere ist die Verflüchtigung ihrer konstitutiven Bedingung, der Person. Beide ergänzen sich und eröffnen eine Perspektive auf die mögliche Zukunft unserer Gesellschaften: die technologische Barbarei.

Seit der griechisch-römischen Antike haben wir trotz zahlreicher Wandlungen auf dem Gebiet der Religion, der Philosophie und der Wissenschaft in einer relativ beständigen Geisteswelt gelebt, da sie auf zwei dem Anschein nach unerschütterliche Mächte gründete: die Materie und den Geist. Es waren zwei zugleich antithetische und komplementäre Begriffe. Mit der Renaissance gerieten sie ins Wanken. Im 18. Jahrhundert begann einer der Pfeiler, der Geist, einzustürzen. Allmählich verließ der Geist erst den Himmel und dann die Erde; er hörte auf, der Urgrund, das Erste Prinzip allen Seins zu sein; fast zur gleichen Zeit zog er sich vom Körper und vom Bewußtsein zurück. Die Seele – das Pneuma, wie die Griechen sagten – ist ein Hauch, und als solcher verflüchtigte sie sich in der Luft. Psyche kehrte in ihre ferne Heimat, die Mythologie, zurück. Quer durch verschiedene Hypothesen und Theorien neigen wir immer mehr zu der Ansicht, daß die Seele abhängig ist vom Körper, oder genauer, daß sie eine seiner Funktionen ist. Der zweite Begriff, die alte Materie, für Plotin die äußerste Grenze des Kosmos, ist ebenfalls langsam verschwunden. Die Materie ist keine Substanz mehr noch etwas, das wir hören, sehen oder berühren können. Sie ist Energie, die ihrerseits Zeit ist, die zum Raum wird, zu einem Raum, der sich in Dauer auflöst. Die Seele ist körperlich geworden; die Materie substanzlos. Ein doppelter Bruch, der uns gleichsam ausgeklammert hat. Nichts von dem, was wir sehen, scheint wirklich zu sein, und was wirklich ist, ist unsichtbar. Die letzte Wirklichkeit ist nichts Gegenwärtiges, sondern eine Gleichung. Der Körper ist nicht länger etwas Festes, Sicht- und Tastbares, er ist weiter nichts als ein Komplex von Funktionen; und die Seele hat sich mit diesen Funktionen identifiziert. Dasselbe Schicksal war den Gegenständen der Physik beschieden, von den Molekülen bis zu den Gestirnen. Wenn die Alten den Nachthimmel betrachteten, sahen sie in den Sternbildern eine lebendige Geometrie, die Ordnung selbst; für uns hat das Universum aufgehört, ein Spiegel oder ein Archetypus zu sein. Alle diese Wandlungen haben das Bild der Liebe in einem Maße verändert, daß es, wie die Seele und wie die Materie, unkenntlich wurde.

Für die Alten war das Universum das sichtbare Bild der

Vollkommenheit. In der Kreisbewegung der Sterne und Planeten sah Platon das Bild des Seins und des Guten. Versöhnung der Bewegung und der Identität: Das Kreisen der Himmelskörper, weit davon entfernt, Veränderung und Zufall zu sein, war der Dialog des Seins mit sich selbst. Also mußte die sublunarische Welt, unsere Erde – Region des Zufalls, der Unvollkommenheit und des Todes – die himmlische Ordnung imitieren. Die Gesellschaft der Menschen sollte ein Abbild jener der Gestirne sein. Diese Idee nährte das politische Denken der Antike und der Renaissance; wir finden sie bei Aristoteles und den Stoikern, bei Giordano Bruno und Campanella. Der letzte, der im Himmel das Modell des Staates der Gerechten sah, war Fourier, der die Newtonsche Anziehungskraft auf soziale Verhältnisse übertrug. In »Harmonie« würde die leidenschaftliche Anziehung und nicht der Nutzen die menschlichen Beziehungen bestimmen. Aber Fourier war eine Ausnahme; keiner der großen politischen Denker des 19. und des 20. Jahrhunderts hat sich von der modernen Physik und Astronomie inspirieren lassen. Die Situation wurde von Einstein sehr klar beschrieben und resümiert: »Die Politik ist für den Augenblick, die Gleichung für die Ewigkeit.« Ich interpretiere seine Worte so: Die Brücke zwischen der Ewigkeit und der Zeit, dem Reich der Gestirne und dem der Menschen, dem Himmel und der Geschichte, ist zerstört. Wir sind allein im Universum. Doch für Einstein besaß das Universum noch eine Form, es war eine Ordnung. Auch diese Anschauung wankt, und die Quantenphysik postuliert ein andersgeartetes Universum innerhalb des Universums. Wenn man der zeitgenössischen Astrophysik Glauben schenken darf, dehnt das Universum sich aus, es ist eine Welt, die auseinanderstiebt. Auch die moderne Gesellschaft ist eine rastlose Gesellschaft. Wir sind unstete Menschen in einer unsteten Welt.

Der Verfinsterung des alten Bildes der Welt entspricht der Verlust der Idee der Seele. In der Sphäre der menschlichen Beziehungen hat das Verschwinden der Seele zu einer allmählichen, aber irreversiblen Entwertung der Person geführt. In unserer Tradition herrschte der Glaube, daß jeder Mann und jede Frau ein einzigartiges, einmaliges Wesen sei; wir modernen Menschen betrachten sie als Organe, Funktionen und Prozesse. Die Folgen waren schrecklich. Der Mensch ist ein raubgieriges Wesen und ein moralisches Wesen. Wie alle Tiere lebt er vom Töten, doch um zu töten, braucht er eine Doktrin, die ihn rechtfertigt. In der Vergangenheit lieferten ihm die Religionen und die Ideologien jede Art von Gründen, um seinesgleichen umzubringen. Die Idee der Seele jedoch bedeutete einen gewissen Schutz gegen die Tötung seitens der Staaten und Inquisitionen. Man wird sagen: ein schwacher, unzureichender und prekärer Schutz. Ich will das nicht leugnen, aber sie war immerhin ein Schutz. Das erste Argument zugunsten der Indianer Amerikas war, daß sie Geschöpfe mit einer Seele seien. Wer könnte heute mit derselben Autorität dieses Argument der spanischen Missionare wiederaufgreifen? Zur Zeit des großen Streits, der im 16. Jahrhundert die Geister entzweite, wagte Bartolomé de las Casas zu sagen: Wir sind hier in Amerika nicht, um die Ureinwohner zu unterjochen, sondern um sie zu bekehren und ihre Seelen zu retten. In einer Epoche, die geprägt war von der Kreuzzugsidee, die die Conquista mit der Zwangsbekehrung der Ungläubigen rechtfertigte, bedeutete der Begriff der Seele Schutz gegen die Habgier und die Grausamkeit der Nutznießer der Sklaverei. Die Seele war die Bedingung der unantastbaren Würde einer jeden Person. Da wir eine Seele haben, haben wir einen freien Willen: die Fähigkeit zu wählen.

Man hat gesagt, daß unsere Epoche sich erlauben kann, die Assyrer, die Mongolen und alle Eroberer in der Geschichte mit Geringschätzung zu betrachten, da die von Hitler und Stalin begangenen Massaker nicht ihresgleichen haben. Kaum jedoch wurde darauf hingewiesen, daß zwischen der Konzeption, die die Person auf einen bloßen Mechanismus reduziert, und den Konzentrationslagern ein direkter Zusammenhang besteht. Oft werden die totalitären Staaten des 20. Jahrhunderts mit der Inquisition verglichen. Tatsächlich aber schneidet diese beim Vergleich gut ab; selbst in den finstersten Zeiten ihrer dogmatischen Raserei vergaßen die Inquisitoren nicht, daß ihre Opfer Personen waren; sie wollten den Körper töten und, wenn möglich, die Seele retten. Wir mögen diese Idee entsetzlich finden, aber was von den Millionen sagen, die in den Lagern des Gulag ihre Seele verloren, noch bevor sie den Körper verloren. Denn zuerst wurden sie auf ideologische Kategorien reduziert, das heißt, um einen modernen Euphemismus zu gebrauchen, sie wurden »aus dem historischen Diskurs ausgestoßen«; danach wurden sie eliminiert. Die »Geschichte« war der Prüfstein, außerhalb der Geschichte stehen hieß, seine menschliche Identität verlieren. Die Entmenschlichung der Opfer entsprach zudem der Entmenschlichung der Henker; diese betrachteten sich selbst weniger als Erzieher der Menschheit denn als Ingenieure. Von seinen Höflingen wurde Stalin »Seeleningenieur« genannt. In Wirklichkeit gehören die Worte *Opfer* und *Henker* nicht dem Vokabular des Totalitarismus an, der nur Begriffe kannte wie Rasse und Klasse, Werkzeuge und Agenzien einer vorgeblichen Mechanik und Physik der Geschichte. Die Schwierigkeit, das Phänomen des Totalitarismus zu definieren, besteht darin, daß sich die alten politischen Kategorien wie Tyrannei, Despotismus, Cäsarismus und ähnliche auf ihn nicht anwenden lassen. Daher griff man in der Ära Stalin zu der Bezeichnung *Ingenieur*. Der Grund liegt auf der Hand: Der totalitäre Staat war die erste buchstäblich *entseelte* Macht in der Menschheitsgeschichte.

Es mag seltsam erscheinen, daß ich beim Thema Liebe auf die moderne politische Geschichte Bezug genommen habe. Es wird einen nicht mehr wundern, wenn man erkennt, daß Liebe und Politik die beiden Extreme der menschlichen Beziehung sind: die öffentliche und die private Beziehung, der öffentliche Platz und das Schlafzimmer, die Gruppe und das Paar. Liebe und Politik sind zwei Pole, die durch einen Bogen, die Person, verbunden sind. Das Schicksal der Person in der politischen Gesellschaft spiegelt sich in der Liebesbeziehung, so wie umgekehrt sich diese und ihr Schicksal in der politischen Gesellschaft spiegeln. Die Geschichte von Romeo und Julia ist unverständlich, wenn man die Querelen zwischen den Herrschaftshäusern in den italienischen Städten zur Zeit der Renaissance außer acht läßt, und gleiches gilt für die Geschichte von Lara und Schiwago, sieht man sie außerhalb des Kontextes der bolschewistischen Revolution und des Bürgerkriegs. Es erübrigt sich, weitere Beispiele anzuführen. Die Beziehung zwischen Liebe und Politik findet sich in der ganzen Geschichte des Okzidents. In der Neuzeit, seit der Aufklärung, hat die Liebe eine entscheidende Rolle gespielt sowohl im Wandel der Gesellschaftsmoral und der Sitten als auch beim Entstehen neuer Praktiken, Ideen und Institutionen. Bei allen diesen Wandlungsprozessen – ich denke vor allem an zwei große Perioden: die Romantik und die Zeit nach dem ersten Weltkrieg – war die Person der Hebel und die Achse. Wenn ich hier von der Person spreche, evoziere ich keine Abstraktion, ich beziehe mich auf eine konkrete Ganzheit. Wiederholt habe ich das Wort Seele erwähnt, doch habe ich mich dabei eines Versäumnisses schuldig gemacht: Die Seele, oder wie man die menschliche Psyche nennen will, ist nicht nur Vernunft und Intellekt, sie ist auch eine *Sensibilität.* Die Seele ist Körper: Empfindung; diese wird Affektion, Gefühl, Leidenschaft. Das affektive Element hat seinen Ursprung im Körper, aber es ist mehr als nur physische Anziehung. Das Gefühl und die Leidenschaft sind das Zentrum, das Herz der verliebten Seele. Als Leidenschaft und nicht nur als Idee ist die Liebe in der Neuzeit revolutionär gewesen. Die Romantik hat uns nicht gelehrt zu denken, sie hat uns zu fühlen gelehrt. Das Verbrechen der modernen Revolutionäre war es, daß sie das affektive Element aus dem revolutionären Geist ausgemerzt haben. Und die große moralische und geistige Misere der freiheitlichen Demokratien ist ihre Gefühllosigkeit. Das Geld hat die Erotik konfisziert, weil Seelen und Herzen schon ausgedörrt waren.

Obgleich die Liebe noch immer das Thema der Dichter und Romanciers des 20. Jahrhunderts ist, ist sie in ihrem Innern verwundet: dem Begriff der Person. Die Krise der Idee der Liebe geht einher mit dem Verschwinden der Seele. Die Idee der Liebe war während eines Jahrtausends der moralische und geistige Impuls unserer Gesellschaften gewesen. Sie entstand in einem Winkel Europas, und wie das Denken und die Wissenschaft des Okzidents hat sie sich weltweit verbreitet. Heute droht sie zu verschwinden; ihre Feinde sind nicht mehr die von einst, die Kirche und die Moral der Enthaltsamkeit, sondern die Promiskuität, die aus der Liebe einen Zeitvertreib macht, und das Geld, das sie in Sklaverei verwandelt. Soll unsere Welt wieder gesunden, muß die Therapie eine doppelte sein: die politische Regeneration schließt das Wiedererstehen der Liebe mit ein. Beide, Liebe und Politik, sind abhängig von der Renaissance des Begriffs, der die Achse unserer Zivilisation gewesen ist: die Person. Ich denke nicht an eine unmögliche Rückkehr zu den alten Konzeptionen der Seele; ich glaube, daß wir, bei Strafe des Erlöschens, notwendig eine Vision vom Mann und von der Frau brauchen, die uns das Bewußtsein der Singularität und der Identität einer jeden Person wiedergibt. Eine zugleich neue und alte Vision, eine Vision, die in zeitgerechten Begriffen jedes menschliche Wesen als ein einzigartiges, einmaliges und kostbares Geschöpf betrachtet. Es ist Sache der schöpferischen Vorstellungskraft unserer Philosophen, Künstler und Wissenschaftler, nicht das uns Fernste wiederzuentdecken, sondern das Vertrauteste und Alltäglichste: das Geheimnis, das jeder von uns ist. Um die Liebe neu zu erfinden, wie der Dichter forderte, müssen wir den Menschen neu erfinden.

UMWEGE ZU EINER SCHLUSSFOLGERUNG

Im alten Griechenland gab es zwischen den Wissenschaften und der Philosophie anfangs keine klaren Grenzen; die ersten Philosophen waren auch, und darin bestand kein Widerspruch, Physiker, Biologen und Kosmologen. Das beste Beispiel ist Pythagoras: Mathematiker und Begründer einer philosophisch-religiösen Bewegung. Die Trennung beginnt etwas später, es ist Sokrates, der sie vollzieht. Die Aufmerksamkeit der Philosophen richtete sich nun auf den inneren Menschen. Der philosophische Gegenstand par excellence, mehr noch als die Natur und ihre Geheimnisse, war die menschliche Seele, waren die Rätsel des Bewußtseins, der Leidenschaften und der Vernunft. Gleichwohl nahm das Interesse an der *phýsis* und an den Geheimnissen des Kosmos nicht ab: Platon beschäftigte sich mit Mathematik und Geometrie; Aristoteles interessierte sich für die Natur und ihre Gesetzmäßigkeiten; Demokrit begründete den Atomismus; und die Stoiker schufen ein kosmologisches System, das in einigem seltsam modern anmutet ... Mit dem Ende der antiken Welt beschleunigte sich der Prozeß der Trennung; im Mittelalter entwickelten sich die Wissenschaften kaum noch; sie waren eher praktisch denn theoretisch, während die Philosophie die Dienerin des höchsten Wissens, der Theologie, wurde. In der Renaissance kommt es erneut zur Vereinigung der exakten Wissenschaften und der philosophischen Spekulation. Dieses Bündnis dauerte jedoch nicht lange: Die Wissenschaften erlangten nach und nach ihre Autonomie, sie spezialisierten sich, und jede konstituierte sich als Einzelwissenschaft; die Philosophie ihrerseits wurde zu einem allgemeinen theoretischen Diskurs ohne empirische Grundlagen, voller Verachtung für die Spezialgebiete und fern den Naturwissenschaften. Der letzte große Dialog zwischen der Wissenschaft und der Philosophie war der Kants. Seine Nachfolger führten einen Dialog mit der Weltgeschichte, wie Hegel, oder mit sich selbst, wie Schopenhauer und Nietzsche. Der philosophische Diskurs reflektierte sich selbst, prüfte seine Grundlagen und befragte sich: Kritik der Vernunft, Kritik des Willens, Kritik der Philosophie und schließlich Kritik der Sprache. Doch die Gebiete, aus denen sich die Philosophie zurückzog, besetzten nach und nach die Wissenschaften; vom Weltraum bis zur Innenwelt, von den Atomen und den Gestirnen bis zu den Zellen, und von diesen bis zu den Leidenschaften, den Willensäußerungen und dem Denken.

In dem Maße, wie die Einzelwissenschaften sich konstituierten und die Gebiete ihrer Kompetenz absteckten, vollzog sich ein doppelter Prozeß; zuerst die fortschreitende Spezialisierung der Kenntnisse; sodann, umgekehrt, das Auftreten von Konvergenzen und Schnittpunkten zwischen den verschiedenen Wissenschaften. Zum Beispiel zwischen der Physik und der Chemie oder zwischen der Chemie und der Biologie. Einerseits die Begrenzung jedes Fachgebiets, das *bis hier* reicht diese oder jene Disziplin; andererseits das *ab hier* beginnt ein neues Gebiet, das, um erforscht zu werden, der Mitarbeit zweier oder mehrerer Einzelwissenschaften bedarf. In der zweiten Hälfte unseres Jahrhunderts hat sich dieser Prozeß der Überschneidung verschiedener Disziplinen beschleunigt. Das Element *Zeit*, das in den Naturwissenschaften nur eine sekundäre Rolle gespielt hatte, vor allem in der Physik und der Astronomie, ist ein entscheidender Faktor geworden. Zuerst hat die Relativitätstheorie Einsteins das Newtonsche Universum, in dem Raum und Zeit unveränderliche Größen waren, gleichsam in Bewegung gesetzt. Danach hat die Hypothese des *Urknalls* die Zeit in die wissenschaftliche Spekulation mit einbezogen. Wenn das Universum einen Anfang hatte, dann wird es unweigerlich auch ein Ende haben. Das besagt: Der Kosmos hat eine Geschichte, und eines der Ziele der Wissenschaft ist es, diese Geschichte kennenzulernen und sie zu erzählen. Die Physik wurde zur Chronik des Kosmos. Neue Fragen tauchten auf, Fragen, welche die Wissenschaft seit Newton außer acht gelassen hatte, wie die nach dem Ursprung des Universums, seinem wahrscheinlichen Ende und der Richtung des Zeitpfeils. Ist er genötigt, der Krümmung des Raums zu folgen und so zu sich selbst zurückzukehren? Diese Fragen, von der Entwicklung der Physik selbst aufgeworfen, sind ohne Zweifel und mit vollem Recht wissenschaftlicher Art; zugleich sind sie philosophische Fragen: »Die zeitgenössische Kosmologie«, sagt ein Fachgelehrter, »ist eine spekulative Kosmologie.«* Schnittpunkt modernster Wissenschaft und ältester Philosophie: Die Fragen, die sich die Wissenschaftler heute stellen, haben sich vor zweitausendfünfhundert Jahren die ionischen Philosophen, die Begründer des abendländischen Denkens, gestellt. Der strengen Kritik der Wissenschaft unterzogen, kehren diese Fragen

---

* Alan Lightman and Roberta Brower, *Origins*. Harvard University Press, 1990.

heute wieder und sind so aktuell wie in der Frühzeit unserer Zivilisation. Aber wenn die Fragen, die sich heute die Kosmologen stellen, dieselben sind wie am Anfang, sind es auch ihre Antworten?

Unter den Büchern über diese Themen, die wir Laien mit größtem Gewinn haben lesen können, findet sich das von Steven Weinberg: *The First Three Minutes* (1977). Wissenschaft und Geschichte: Dieses Buch ist die verständlichste, klarste und intelligenteste Schilderung der ersten drei Minuten nach dem Urknall. Alles, was im Kosmos seit Milliarden von Jahren geschehen ist, ist eine Folge dieses jähen *fiat lux*. Doch was ist geschehen oder was gab es vorher? Wie die Bibel und andere religiöse und mythologische Texte geben uns auch die Wissenschaftler keinen Aufschluß darüber, was vor dem Anfang war oder was dort geschah. Weinberg sagt, daß man darüber nichts weiß und auch nichts sagen kann. Er hat recht. Aber seine Vorsicht stellt uns vor ein logisches und ontologisches Rätsel, das alle philosophischen Gewißheiten ins Wanken gebracht hat: Was ist das Nichts? Eine widersprüchliche Frage, die sich selbst aufhebt. Das Nichts kann schwerlich etwas sein, denn wäre es dieses oder jenes, wäre es nicht mehr nichts. Eine unsinnige Frage, auf welche die einzige Antwort das Schweigen ist – das auch keine Antwort ist.

Eine Behauptung, gegen die sich nichts einwenden läßt: Vom Nichts kann man nichts sagen. Das Nichts jedoch, das Nicht-Sein, als dem Sein vorhergehend postulieren, wie man aus der Hypothese des Urknalls deduzieren kann, heißt etwas ebenso Widersprüchliches behaupten: Das Nichts ist der Ursprung des Seins. Diese Behauptung führt uns direkt zu der Sentenz, die das religiöse, nicht rationale, Fundament des Judenchristentums ist: Am Anfang schuf Gott die Welt aus dem Nichts. Die religiöse Antwort fügt dem Rätsel des Nicht-Seins und dem Rätsel des Seins ein drittes hinzu: Gott. Aber die wissenschaftliche Hypothese ist noch mysteriöser als die Bibel, sie läßt die schöpferische Kraft außer acht. Ich gestehe, daß mir die religiöse Anschauung annehmbarer erscheint, obgleich sie mich ebensowenig befriedigt: Eine schöpferische Kraft, Gott, das höchste Wesen, schöpft das Nichts aus sich selbst. Vom streng logischen Gesichtspunkt aus ist die wissenschaftliche Hypothese weniger haltbar als die religiöse Anschauung: Wie konnte ohne einen allmächtigen Schöpfer das Sein aus dem Nicht-Sein auftauchen? Die heidnischen Philosophen nahmen die jüdische und christliche Idee eines Gottes, der aus dem Nichts eine Welt erschafft, mit einem uns verständlichen ungläubigen Lächeln auf. Wie hätten sie wohl reagiert auf die Hypothese eines Universums, das plötzlich aus dem Nichts entsteht, ohne Ursache, aus sich selbst heraus?

Angesichts der logischen und ontologischen Unmöglichkeit, das Sein aus dem Nichts herzuleiten, imaginierte Platon einen Demiurgen, der, aus den präexistenten Elementen die Welt erschaffen oder, genauer, neu erschaffen hatte. Vorbild des Demiurgen waren die ewigen Ideen und Formen. Die Welt und wir sind Kopien, Nachbildungen, Abbilder der ewigen Wirklichkeit. Aristoteles wiederum konzipierte ein *unbewegt und unbeweglich Bewegendes*, was ein kleiner Widerspruch war – denn wie kann ein Bewegendes unbewegt sein? –, mag er auch weniger flagrant sein als der der Bibel. Vielleicht um diese Klippen zu umschiffen, denken manche moderne Wissenschaftler, unter ihnen Stephen W. Hawking, daß wahrscheinlich das, was das Universum werden sollte, vor dem Urknall eine kosmische »Singularität«, eine Art primordiales »schwarzes Loch« war. Im Falle der »schwarzen Löcher« herrschen nicht die Gesetze der kosmischen Raumzeit, sondern die Prinzipien der Quantenmechanik, das heißt, das Prinzip der Indetermination. Die »Singularität« bei Hawking und anderen gemahnt an das Urchaos der griechischen Mythologie. Diese Idee wurde von den Neuplatonikern wieder aufgegriffen und in sehr subtiler Weise weiterentwickelt; für Plotin war sie das umgekehrte Bild des All-Einen: das Viele. Aber so, wie sich vom All-Einen nichts sagen läßt, nicht einmal, daß es ist, da es sich vor dem Sein und dem Nicht-Sein befindet, läßt sich auch nichts über das Viele sagen; jede Eigenschaft, die es definiert, negiert es zugleich. Das Chaos der Neuplatoniker ist eine schöne Vorahnung der »schwarzen Löcher« der heutigen Physik.

Die Hypothese eines primordialen »schwarzen Lochs« ist eher haltbar als die anderen. Am Anfang war etwas: das Chaos. Diese Idee führt uns zu einer anderen. Wenn der Anfang eine Ausnahme oder eine Singularität (das Chaos) war, und wenn man anerkennt, daß alles, was einen Anfang hat, auch ein Ende hat, ist evident, daß das Universum schließlich in den ursprünglichen Zustand zurückkehren und zu einem »schwarzen Loch« werden wird. Ein »schwarzes Loch« ist unendlich dicht zusammengedrängte Materie, maximale Entropie. In einem bestimmten Stadium ihrer Verdichtung ist sie dazu bestimmt, zu explodieren (der Urknall) und den ganzen Prozeß zu wiederholen. Diese Hypothese erinnert uns an die Stoiker, die eine Aufeinanderfolge von Schöpfungen und Zerstörungen imaginiert hatten: vom Urchaos zum Universum, vom Universum als einem System von Affinitäten und Repulsionen zu einer Kollision, die einen Weltenbrand verursachen würde, welcher zum Neubeginn des Kreislaufs führte ... Dieser kurze Rückblick zeigt, daß die moderne spekulative Kosmologie ständig auf die Antworten zurückkommt, die unsere philosophische und religiöse Tradition auf die Fragen nach dem Anfang der Welt gegeben hat.

Mit unerhörtem Hochmut haben einige Philosophen den Tod der Philosophie proklamiert. Für Hegel hatte die Philosophie sich in seinem System »verwirklicht«; für seinen Nachfolger, Marx, war sie durch den dialektischen Materialismus überholt (Engels affirmierte das Ende des Kantischen »Ding an sich«, das sich kraft der menschlichen Arbeit in gesellschaftliche Produktion verwandelt hatte); Heidegger beschuldigte die Metaphysik, »das Sein zu verbergen«; andere sprachen vom »Elend der Philosophie«. Mit derselben Arroganz könnte man heute vom »Elend der Wissenschaft« sprechen. Daran glaube ich nicht. Ich glaube eher das Gegenteil. Die große philosophische Lehre der zeitgenössischen Wissenschaft besteht ja gerade in ihrem Hinweis darauf, daß die Fragen, welche sich die Philosophie seit zwei Jahrhunderten nicht mehr stellt – die Fragen nach dem Ursprung und dem Ende –, eben jene sind, auf die es ankommt. Dank ihrer wunderbaren Entwicklung mußten die Wissenschaften irgendwann auf diese Themen stoßen; daß dies in unserer Zeit geschah, ist für uns ein Segen. An dieser dämmrigen Jahrhundertwende ist es eines der wenigen Dinge, die uns etwas Hoffnung machen. 1954 schrieb Einstein an einen Kollegen: »Der Physiker ist lediglich ein Philosoph, der sich für gewisse Sonderfälle interessiert; andernfalls wäre er nur ein Techniker.« Man könnte hinzufügen, daß sich diese Sonderfälle im Zeitraum nur einer Generation als die zentralen erwiesen haben. Bei anderer Gelegenheit, als er von sich und seinem Werk sprach, bemerkte Einstein: »Ich bin eigentlich kein Physiker, sondern ein Philosoph und sogar ein Metaphysiker.« Schriebe Einstein diesen Satz heute, würde er ihn vielleicht etwas anders formulieren: »Ich bin ein Physiker, und eben deshalb bin ich ein Philosoph und sogar ein Metaphysiker.« Ein Urteil, das sich sehr wohl auch auf die zeitgenössischen Wissenschaftler der spekulativen Kosmologie anwenden läßt.

Die Frage nach dem Ursprung taucht auf dem Gebiet der Biologie wieder auf. Wann und wie begann das Leben auf der Erde? Um auf diese Frage zu antworten, bedarf es erneut der Zusammenarbeit mehrerer Disziplinen: der Physik und der Astronomie, der Geologie, der Chemie und der Genetik. Die meisten Gelehrten meinen, daß das Auftauchen des Phänomens Leben auf unserer Erde etwas von einem Wunder an sich hat. Womit sie sagen wollen, daß es schwer zu erklären ist, derart zahlreich und komplex sind die physikochemischen und die Umweltfaktoren, die zusammenkommen müssen, damit von selbst, ohne die Intervention einer äußeren Kraft, Leben entstehen kann. Francis Harry Crick, einer der angesehensten zeitgenössischen Genetiker, der zusammen mit James D. Watson und Maurice H.F. Wilkins für seine Entdeckung der Molekularstruktur der DNS 1962 den Nobelpreis erhielt, hat diesem Thema ein Buch gewidmet: *Life itself, its Origins and Na-*

ture (1981).* Crick sagt uns, es sei nachgerade ausgeschlossen, daß das Leben seinen Ursprung auf unserem Planeten hat; man muß ihn woanders suchen. Doch wo? Aus bekannten Gründen nicht im Sonnensystem, sondern in einem anderen System, das dem unseren ähnelt. In unserer Galaxis oder in einer anderen? Crick läßt das offen. Er versucht auch nicht, den Ort des Entstehens von Leben zu lokalisieren – das wäre unmöglich –, noch beschreibt er, wie auf diesem unbekannten Planeten das Leben hat entstehen können. Er nimmt lediglich an, daß dort, wo immer dieses *dort* gewesen sein mag, die Bedingungen günstiger waren als auf der Erde. Wie aber gelangte das Leben auf den Erdball? Wegen der Entfernungen, welche die Sonnen und erst recht die Galaxien voneinander trennen, wäre es unmöglich, daß Lebewesen, selbst mit einer Lebensdauer, welche die unsere um ein Vielfaches übersteigt, auf die Erde hätten gelangen und die ersten Keime des Lebens bilden können. Eine solche Reise hätte Tausende von Millionen Erdenjahre gedauert. Lange vor Crick, 1903, hatte ein anderer Nobelpreisträger, der schwedische Physiker S.A. Arrhenius, der sich ähnlichen Schwierigkeiten gegenübersah, eine ingeniöse Hypothese aufgestellt: Wolken von Sporen, aus dem Weltraum kommend, waren auf die Erde niedergegangen, als unser Globus das war, was die Wissenschaftler mit einem pittoresken Ausdruck »Ursuppe« nennen, welche die Vermehrung von Bakterien und anderen elementaren Organismen begünstigt. Arrhenius nannte seine

* Ich habe das Buch von Crick 1982 in einem kurzen Essay kommentiert: »Außerirdische Intelligenzen und Demiurgen, Bakterien und Dinosaurier«, in *Zwiesprache, Essays zu Kunst und Literatur.* Suhrkamp, Frankfurt am Main 1984.

Hypothese *Panspermie.* Crick griff diese Idee auf, modifizierte sie und machte daraus eine seltsame Mischung von logischer Spekulation und Phantasie.

Die Hypothese von Arrhenius hatte einen Nachteil: Die immensen Entfernungen und die Unbilden des Weltraums würden die zarten Sporen zerstört haben, lange bevor sie sich unserem Planeten hätten nähern können. Von Deduktion zu Deduktion gelangte Crick zu einem logisch einwandfreien Schluß: Die Bakterien mußten auf die Erde gekommen sein in hermetisch verschlossenen Vehikeln, die gegen die Sternschnuppenschwärme und andere Unbilden des Weltraums gefeit waren. Von den Raumschiffen aus dem All zu ihren Konstrukteuren war nur ein Schritt: Eine Zivilisation, auf einer sehr hohen Entwicklungsstufe, hatte beschlossen, das Leben auf den Planeten anderer Systeme zu verbreiten. Crick sagt nicht, wie es diesen klugen und philantrophischen Wesen gelang, die Bedingungen der Erde und anderer von ihnen erwählter Planeten zu ermitteln. Hingegen nimmt er an, daß jene Wesen diesen Entschluß faßten, als ihnen klar wurde, daß ihre Zivilisation und sie selber zum Untergang verurteilt waren. Nicht um sich selbst, sondern um das Leben zu retten, faßten sie in einem Akt kosmischer Philantropie den Plan, die Keime des Lebens auf andere Planeten zu schicken, und zwar in Vehikeln, die gegen die Widrigkeiten einer so riskanten Reise gefeit waren. Warum Bakterien? Weil sie die einzigen Organismen sind, die sich in einem geschützten Lebensraum endlos vermehren und so die lange interstellare Reise überstehen könnten. Auf der Erde angelangt, würden die Bakterien erneut die Phasen der natürlichen Evolution durchlaufen bis hin zur vollen Entwicklung des Menschen und, etwas später, zu dem Augenblick, da Crick sein Buch schreiben würde, in dem er seine Theorie darlegt: *Gesteuerte Panspermie.*

Cricks Buch ist aus verschiedenen Gründen erstaunlich. In erster Linie wegen seiner deduktiven Strenge und seiner edlen Gesinnung. Manches allerdings ist nicht haltbar, wie zum Beispiel die Geschichte der Dinosaurier. Sie waren über sechshundert Millionen Jahre lang die Könige der Erde, und sie wären es heute noch, wären sie nicht plötzlich ausgestorben, wofür es immer noch keine rechte Erklärung gibt. Einige Fachgelehrte bezweifeln, daß die Ursache des Verschwindens dieser Riesenechsen der Einschlag eines Meteoriten war, der die Erde verdunkelte, die Vegetation vernichtete und die Tiere so der Nahrung beraubte. Doch was auch immer die Ursache gewesen sein mag: Was wäre geschehen, wären die Saurier nicht zugrunde gegangen? Welche Wende hätte die Evolution genommen? Die Geschichte der Dinosaurier lehrt, daß der Zufall und der Zwischenfall in die Grundlage der Biowissenschaften, die natürliche Evolution, hineinspielen. Das plötzliche Verschwinden der Dinosaurier war unvorhersehbar. So auch verdankt sich das Auftauchen der menschlichen Intelligenz auf dem Planeten einem Zwischenfall. Die Einführung des Faktors Zeit in die Biologie verwandelt diese in Geschichte. Und bekanntlich ist die Geschichte nicht vorhersehbar. Wir sind Kinder des Zufalls.

Crick stellt sich diese Frage nicht, aber wie im Falle der spekulativen Kosmologie lassen sich unwillkürliche, unvermutete Übereinstimmungen mit den Hypothesen und Lehren der Antike feststellen. Die außerirdische Zivilisation Cricks hat nicht wenig Ähnlichkeit mit dem Demiurgen Platons oder mit den verschiedenen gnostischen Sekten der ersten Jahrhunderte unserer Zeitrechnung. Die Außerirdischen haben das Leben nicht selbst geschaffen; so umschifft Crick die logische Klippe, das Sein aus dem Nichts zu schöpfen; wie der Demiurg des *Timaios* benutzen sie die bereits vorhandenen Elemente, kombinieren sie und schießen sie in den Weltraum; wie die Seelen Platons steigen die Bakterien auf die Erde hinab. Doch gibt es einen wesentlichen Unterschied: Der Demiurg gibt sein Leben nicht für uns hin, wohingegen die außerirdische Zivilisation in ihrer Todesstunde ihre Boten des Lebens in den Weltraum entsendet. Tod, der Leben spendet. Christus am Kreuz ist der Archetypus, das Modell, das unbewußt die Phantasie der von Crick imaginierten sterbenden Zivilisation anregt. Wie viele andere Wissenschaftler verbietet es sich der englische Biologe, eine schöpferische Kraft (Gott) einzuführen, um den Ursprung des Lebens auf der Erde zu erklären. Aber was ist diese außerirdische Zivilisation, die im Sterben liegt, anderes als das Äquivalent des christlichen Gottes und seines Versprechens der Wiederauferstehung? Wir haben es mit der Übertragung eines religiösen Mysteriums in die Termini der Wissenschaft und der Geschichte zu tun.

In seinem Buch *The Society of Mind* (1985) bietet uns Mervin Minsky nicht die Vergöttlichung einer außerirdischen Zivilisation, sondern die eines Elektronikers. Minsky ist eine der Autoritäten in »künstlicher Intelligenz«, und er ist überzeugt, daß die Herstellung von Denkmaschinen nicht nur möglich ist, sondern unmittelbar bevorsteht. Sein Buch geht von einer Analogie aus; was wir Geist nennen, ist ein Komplex winziger Partikel, ähnlich den

Elementarteilchen, die das Atom bilden: Elektronen, Protonen, hypothetische Quarks. Die Kräfte, welche die Partikel, die den Geist bilden, bewegen, sind die gleichen, die die Atompartikel verbinden, trennen und rotieren lassen. Die vollkommenste Analogie zwischen beiden ist das Netzwerk von *challenge and response* eines Computers. Mir kommt eine andere Analogie in den Sinn. Die Teilchen erinnern an die Teile eines Puzzles; einzeln stellen sie nichts vor, aber in Verbindung mit anderen bilden sie eine Hand, das Blatt eines Baums, ein Stück Stoff, bis sie, alle zusammen, ein Bild und einen Sinn ergeben: ein Mädchen, das mit seinem Hund in einem Wäldchen spazierengeht. Die Teilchen, die den Geist ausmachen, sind beweglich, und wie die Teile des Puzzles wissen sie nicht, warum oder wozu sie sich bewegen, noch wer sie bewegt. Sie *denken nicht*, obgleich sie Teile, ganz unentbehrliche Teile des Denkens sind. Doch hier taucht ein Unterschied auf, der die Symmetrie zerstört: Die Teile des Puzzles werden bewegt von einer Hand, die sehr wohl weiß, was sie tut und wozu sie es tut. Eine Absicht leitet Hand und Kopf des Spielers. Im Falle des Geistes gibt es keinen Spieler: das Ich verschwindet. Die Maschine denkt nicht, aber erzeugt das Denken, ohne daß jemand sie steuert.

Ein Punkt, den Minsky außer acht läßt: die Beziehung zwischen dem Geist, als Maschine konzipiert, und der Außenwelt. Damit der menschliche Geist zu funktionieren beginnt – in der Praxis funktioniert er während der vierundzwanzig Stunden des Tages, nicht ausgenommen jene, die dem Schlaf gewidmet sind –, muß er einen äußeren Reiz empfangen. Die Anzahl dieser externen Stimuli ist praktisch unendlich, weshalb die Maschine, um das zu wählen, was sie interessiert, mit einem Selektor denkbarer Dinge und Themen versehen sein muß, der das Äquivalent dessen wäre, was wir Sensibilität, Aufmerksamkeit und Willen nennen. Diese Fähigkeiten sind nicht rein rational, sondern von Affektivität geprägt. Mithin müßte die Maschine nicht nur intelligent, sondern auch empfindungsfähig sein. Im Grunde müßte sie das Duplikat aller unserer Fähigkeiten sein: Wille, Imagination, Verstand, Erinnerung, etc. Damit gehörten wir der widerwärtigen Science-fiction-Welt identischer Wesen an. Andererseits, selbst wenn die Denkmaschine das Duplikat des menschlichen Geistes wäre, gäbe es in jedem Fall einen Unterschied, den ich nicht zögere immens zu nennen: Der menschliche Geist weiß nicht, daß er in Wirklichkeit eine Maschine ist; der Geist glaubt an eine Illusion: sein Ich, sein Bewußtsein. Welche Art von Bewußtsein könnte eine von einem Techniker hergestellte Maschine haben? Auf einen gegebenen Reiz hin löst die Denkmaschine diese Reihe von Operationen aus, die wir Fühlen, Wahrnehmen, Beobachten, Messen, Wählen, Kombinieren, Verwerfen, Prüfen, Beschließen etc. nennen. Diese Vorgänge sind materieller Art und bestehen in einer Abfolge von Verbindungen und Trennungen, Aneinanderreihungen und Gliederungen der Teile, aus welchen die Maschine besteht, bis ein Ergebnis herauskommt: eine Idee, ein Konzept. Platon, Aristoteles, Kant und Hegel haben sich bemüht zu definieren, was eine Idee oder ein Konzept ist, ohne daß es ihnen ganz gelang. Die Maschine löst das Problem: Der Gedanke ist ein Moment in einer Kette materieller Operationen, ausgeführt von winzigen Partikeln und aktiviert von elektrischem Strom.

Wer führt die Operationen aus, die das Denken der

Maschine ausmachen? Niemand. Für die Buddhisten ist das Ich eine geistige Konstruktion ohne wahre Existenz: eine Schimäre. Es eliminieren bedeutet die Quelle des Irrens, des Verlangens und des Unglücks eliminieren, sich von der Last der Vergangenheit (Karma) befreien und das Unbedingte erlangen: die absolute Befreiung (Nirvana). Minskys Denkmaschine kümmert sich weder um Moral noch Religion, sie eliminiert das Ich, weil es unnötig ist. Aber ist es das wirklich? Können wir ohne das Ich leben? Für die Buddhisten impliziert das Erlöschen des Ichs das Erlöschen der Illusion, die wir Leben nennen, und öffnet die Tore zum Nirvana. Für Minsky hat der Wegfall des Ichs keine moralischen, sondern wissenschaftliche und technische Konsequenzen. Zum einen wird uns dadurch klar, wie der Verstand funktioniert; zum anderen werden wir in die Lage versetzt, immer einfachere und perfektere Denkmaschinen herzustellen. Es ist geboten, solches Bestreben näher zu untersuchen.

Seit der Mensch zu denken begann, das heißt, seit er begann, Mensch zu sein, sieht ein schweigender Zeuge ihn denken, genießen, leiden und, mit einem Wort, leben: sein Bewußtsein. Welche Wirklichkeit besitzt das Bewußtsein, diese Fähigkeit, uns dessen bewußt zu werden, was wir tun und denken? Minskys Vorstellung vom Bewußtsein läßt sich vergleichen mit einem Bild in einem Spiegel. Ein zweckmäßiger Vergleich, denn er zeigt uns ziemlich deutlich den Unterschied zwischen einer Maschine und einem Bewußtsein. Betrachten wir uns in einem Spiegel, verweist uns das Bild, das wir sehen, auf unseren Körper; das Bewußtsein, das keine sichtbare Gestalt hat, verweist uns auf kein Ich (von Minsky als illusorisch erachtet), aber auch nicht, wie man erwarten könnte, auf das Objekt, das dieses Bewußtsein entstehen läßt: das Netz von Beziehungen zwischen den winzigen Partikeln. Wenn das Bewußtsein die Projektion eines Mechanismus ist, warum lösen sich dann diese Projektionen und der Mechanismus selbst auf und werden unsichtbar? Oder anders gesagt: Wenn ich mich in einem Spiegel betrachte, sehe ich mein Bild; wenn ich denke, daß ich gerade denke, das heißt, wenn ich mir dessen, was ich tue, bewußt werde, betrachte ich nicht meine Gedanken, noch werde ich sie je betrachten. Wir denken, und während des Denkens wird uns bewußt, daß wir denken; trotzdem sehen wir nicht, was wir denken. Wie verwandeln sich dann aber die elektrischen Entladungen, welche die Bewegungen der verschiedenen Teile des Geistes auslösen, anstatt zu sichtbaren und hörbaren Bildern zu werden, in unsichtbare Gedanken, die keinen Platz im Raum einnehmen? Eliot sagt: »Zwischen Idee und Wirklichkeit, zwischen Regung und Tat fällt der Schatten.« In diesem Fall jedoch verschwindet der Schatten. Das Denken hat einen Körper, aber keinen Schatten, es ist eine Maschine, die das, was sie produziert, unsichtbar macht. Das ist eine Anomalie, eine wahre Singularität, in der Bedeutung, die Hawking diesem Wort gibt. Minskys Denkmaschine stellt sich dar als ein einfacheres, ökonomischeres und effizienteres Modell dessen, was wir Verstand oder Geist nennen. In Wirklichkeit führt sie ein Mysterium ein, das nicht minder unergründlich ist als die Immaterialität der Seele oder die Transsubstantiation von Brot und Wein in der Eucharistie. Minskys Maschine ist wunderbar und dumm: wunderbar, weil sie mit materiellen Mitteln körperlose und unsichtbare Gedanken produziert; dumm, weil sie nicht weiß, daß sie sie denkt.

Descartes war, wie es scheint, der erste, der auf die Idee kam, den Geist mit einer Maschine zu vergleichen. Aber als eine von einer Intelligenz gesteuerte Maschine. Das 18. Jahrhundert begriff das Universum als eine Uhr, die von einem allwissenden Uhrmacher in Gang gesetzt wird: von Gott. Die Idee einer Maschine, die von selbst funktioniert, die niemand in Gang setzt und die den sie aktivierenden Strom verstärken, vermindern und umlenken kann, ist eine Idee des 20. Jahrhunderts. Obgleich diese Idee, wie man gesehen hat, widersprüchlich ist, können wir sie nicht ganz verwerfen. Es ist eine Tatsache, daß wir Maschinen herstellen können, die imstande sind, gewisse mentale Operationen auszuführen: die Computer. Auch wenn wir noch keine Maschinen entwickelt haben, die sich selbst regulieren können, ist es nach Ansicht der Fachleute nicht ausgeschlossen, daß uns dies bald gelingen wird. Es fragt sich nur, wie weit die Intelligenz dieser Maschinen reicht und welche Grenzen ihrer Autonomie gesetzt sind. Zum einen: Kann die menschliche Intelligenz Dinge herstellen, die intelligenter sind als sie selbst? Wenn wir uns an die Logik halten, ist die Antwort negativ. Damit es der menschlichen Intelligenz gelänge, Intelligenzen zu schaffen, die intelligenter sind als sie selbst, müßte sie intelligenter sein, als sie ist. Dies ist eine zugleich logische und ontologische Unmöglichkeit. Zum anderen: Antrieb der Menschen sind ihre Wünsche, ihre Ambitionen und ihre Pläne, doch ihre Schranken sind das reale Vermögen ihrer Intelligenz und der Fähigkeiten, über die diese verfügt. Was für Wünsche und Ambitionen könnten die Denkmaschinen haben? Es könnten nur jene sein, die ihnen bei ihrer Herstellung von ihrem Hersteller, dem Menschen, einprogrammiert worden sind. Die Autonomie der Maschinen ist wesentlich vom Menschen abhängig. Es ist eine bedingte Autonomie, das heißt, es ist keine wirkliche Autonomie.

Ich komme auf den Vergleich zwischen den einzelnen Teilen eines Puzzles und denen einer Denkmaschine zurück. Ich habe schon auf den Unterschied zwischen den beiden hingewiesen: Die Teile des Puzzles werden von einem Spieler bewegt, während die der Denkmaschine einem Programm gehorchen, das von elektrischem Strom aktiviert wird. Was geschieht, wenn jemand die Maschine von ihrer Energiequelle trennt? Die Maschine hört auf zu *denken*. Das Puzzle und die Maschine sind von einem Agens abhängig. Darüber hinaus: Die Lösung des Rätsels, welches das Puzzle ist, besteht darin, ein Bild wiederherzustellen; der Spieler erfindet dieses Bild nicht, sondern rekonstruiert es aus den ihm vorliegenden vielen kleinen Bruchstücken. Im Falle der uns bekannten künstlichen Intelligenzen (Computer) geschieht ähnliches; ihre Operationen gehorchen einem Programm, einem Plan des Operators der Maschine. In beiden Fällen ist das Agens (Ich, Vernunft, Seele, Operator, gleich wie man es nennen will) unentbehrlich; zum einen, weil es die Maschine in Gang setzt, und zum anderen, weil es im voraus den Bereich und die Art ihrer Funktionen und Operationen bestimmt. Aber überschreiten die Denkmaschinen, von denen einige Spezialisten der »künstlichen Intelligenz« träumen, diese Grenzen nicht? Wenn man den Fachleuten glauben darf, werden diese Maschinen nicht nur imstande sein, sich selbst zu regulieren und zu steuern, sondern sie werden auch viel intelligenter sein als die Menschen. Voller Begeisterung sagte kürzlich Arthur C. Clarke, Autor von zu Recht berühmten Werken der

Science-fiction: »Ich denke, daß der Mensch eine transitorische Spezies ist und von einer Lebensform, welche die Computertechnologie einschließt, verdrängt werden wird.« Er bezog sich ohne Zweifel auf die künstlichen Intelligenzen. Wie viele andere ruft Clarke die Manen Darwins an: Die Denkmaschinen sind eine Etappe der natürlichen Evolution wie die Amöben, die Dinosaurier, die Ameisen und die Menschen. Doch es gibt einen großen Unterschied: Darwin klammerte den Begriff eines Schöpfergottes, der den Prozeß der natürlichen Evolution in Gang gebracht hätte, aus; wie Crick und viele andere führt Clarke die schöpferische Kraft, jetzt maskiert als Biologe und Elektroniker, wieder ein.

Ich habe die Worte Clarkes angeführt als Beispiel einer sehr verbreiteten Denkart, vor allem bei Wissenschaftlern und Technikern. Ich muß sagen, daß ich ein eifriger Leser seiner Bücher gewesen bin, einer faszinierenden Verbindung von Wissenschaft und Phantasie; ich erinnere mich mit Vergnügen und Wehmut an einen strahlenden Nachmittag vor mehr als dreißig Jahren, als ich ihn nahe Colombo mit einem Freund auf der Terrasse des Mount Lavinia Hotels sitzen sah. Das Meer brandete gegen die Küste und hüllte die Felsen der kleinen Bucht in Fetzen von Gischt. Ich wagte es nicht, ihn anzusprechen: er kam mir vor wie ein Besucher von einem anderen Stern ... In dem Ausspruch des englischen Romanciers manifestiert sich erneut, im Gewande der Wissenschaftlichkeit, der alte spekulative Geist, der nicht nur die Philosophie beseelte, sondern noch häufiger die Visionen der Propheten, Sektengründer und Religionsstifter. Die Wissenschaft begann damit, Gott aus dem Universum zu verdrängen; danach inthronisierte sie die Geschichte, mal verkörpert in Erlösungsideologien, mal in philantropischen Zivilisationen; heute substituiert sie diese durch den Wissenschaftler und den Techniker, den Hersteller von Maschinen, die intelligenter sind als ihre Erfinder und über eine Freiheit gebieten, die Luzifer und seine rebellische Heerschar nicht kannten. Die religiöse Imagination konzipierte einen Gott, der seinen Geschöpfen überlegen ist; die technische Imagination hat den Ingenieur-Gott konzipiert, der seinen Erfindungen unterlegen ist.

Auch wenn ich bezüglich der modernen biologischen Konzeption des Geistes meine Vorbehalte habe, halte ich sie für ergiebiger als die mechanischen Theorien. Letztere sehen in den Computern ein Modell zum Verständnis des Geistes und den Ausgangspunkt zur Herstellung künstlicher Intelligenzen. Die biologische Konzeption dagegen hat solidere Grundlagen, denn sie basiert auf der Beobachtung des menschlichen Organismus, dieser seltsamen und komplexen Mischung aus Empfindungen, Wahrnehmungen, Willensäußerungen, Gefühlen, Gedanken und Handlungen. Eine solche Theorie ist die von Gerald M. Edelman, der in einem soeben erschienenen Buch in faszinierender Weise seine Funde und Hypothesen darlegt.* Es ist nicht nur eine neurobiologische Abhandlung über den Geist, es umfaßt auch andere Themen wie das Entstehen des Bewußtseins im Laufe der Evolution und die Beziehungen der Biologie zur Physik und zur Kosmologie. Für Edelman ist der Geist ein Pro-

---

* G.M. Edelman, *Bright Air, Bright Fire. On the Matter of the Mind.* Basic Books, 1993.

dukt der Evolution und hat folglich eine Geschichte, welche die der Materie selbst ist, von den Elementarteilchen bis zu den Zellen und von diesen bis zum Denken und seinen Schöpfungen. Es ist dies ein Charakteristikum, das der Mensch mit den Säugetieren, vielen Vögeln und einigen Reptilien gemeinsam hat, auch wenn diese Geist nur in rudimentärsten Formen besitzen.

Die Existenz intelligenter Materie auf der Erde ist, laut Edelman, ein singuläres Phänomen im Universum. (In dem Punkt weicht er von Crick ab.) Der Neurologe Oliver Sacks, eine Autorität auf diesem Gebiet, hat Edelmans Buch wie folgt kommentiert: »Voller Spannung lesen wir die neuesten Theorien über den Verstand – chemische, quantenmechanische oder computertechnische –, und anschließend fragen wir uns: Ist das alles? (...) Wenn wir eine Theorie darüber haben wollen, wie der Verstand bei den Lebewesen wirklich funktioniert, muß sie sich von Grund auf unterscheiden von jener Theorie, die sich am Computer orientiert. Sie muß auf dem Nervensystem basieren, auf dem Innenleben des Lebewesens, auf der Funktionsweise seiner Sinneseindrücke und Intentionen (...) auf seiner Wahrnehmung von Gegenständen, Menschen und Situationen (...) auf der Fähigkeit höherer Wesen, in Abstraktionen zu denken und mittels der Sprache und der Kultur mit dem Geist anderer zu kommunizieren.«* Das heißt: Das Modell kann nur der Mensch selbst sein, dieses Tier, das denkt, spricht, Erfindungen macht und in Gesellschaft lebt (Kultur). Ich möchte hier einige Ideen Edelmans kurz kommentieren. Freilich wer-

* Oliver Sacks, »Making up the Mind«, in *The New York Review of Books*, 8. April 1993.

den meine Reflexionen, wie die vorhergehenden, nicht wissenschaftlicher Art sein.

Ein erster Vorteil der neuen Theorie besteht darin, daß sie die Analogie zu den Computern verwirft und sich der Simplizität der rein physikochemischen Erklärungen verweigert. Ein weiterer Vorteil ist ihr Realismus: Der Verstand muß notwendigerweise in seiner eigenen Sphäre, dem menschlichen Organismus, als ein Moment der natürlichen Evolution studiert werden. Allerdings ist die Theorie noch lückenhaft – weite Gebiete sind noch nicht erforscht –, und viele ihrer Hypothesen ermangeln der empirischen Überprüfung. Diese Einschränkungen schmälern nicht ihre Ergiebigkeit, es ist eine Theorie, die uns zum Denken anregt. Edelman beginnt mit der Empfindung in ihrer einfachsten Form, die er *feelings* nennt: Kälte oder Wärme, Wohlgefühl oder Beklemmung, das Süße oder das Bittere etc. Die Empfindungen implizieren eine Bewertung – dies ist unangenehm, jenes ist behaglich, anderes ist herb und so weiter bis hin zu dem Komplexesten wie dem Leid, das auch Freude ist, oder der Lust, die auch Schmerz ist. Die Empfindungen sind embryonale Wahrnehmungen, denn könnten wir etwas empfinden, wenn es uns nicht bewußt würde? Die Wahrnehmung ihrerseits ist Gestaltung; indem wir die Wirklichkeit wahrnehmen, geben wir unserer Wahrnehmung unmittelbar eine Form, gestalten wir sie: »Jede Wahrnehmung ist ein schöpferischer Akt.«

Die Idee des schöpferischen Charakters der Wahrnehmung, bemerkt Sacks, taucht bereits bei Emerson auf. In Wirklichkeit geht sie auf die griechische Philosophie zurück und findet sich auch in der Psychologie des Mittelalters und der Renaissance. Sie entspricht der bis zum 17.

Jahrhundert geltenden Theorie über die Funktionen der sogenannten »inneren Sinne«: der gesunde Menschenverstand, das Urteilsvermögen, die Vorstellungskraft, die Erinnerung und die Phantasie, deren Aufgabe es ist, die Daten der fünf äußeren Sinne zu sammeln, zu klären und sie als intelligible Formen der vernunftbegabten Seele zu übermitteln. Das Bild oder die Form, welche die Vernunft aufnimmt, ist nicht das grobe Zeugnis der Sinne. Auch in der buddhistischen Tradition gibt es diese Gliederung, wenngleich in einer etwas anderen Reihenfolge: Empfindung, Wahrnehmung, Vorstellungskraft und Begriffsvermögen. Jedes dieser Glieder bezeichnet eine Phase des Prozesses, der die Daten und äußeren Reize in Eindrücke, Gedanken und Konzepte verwandelt; die Empfindung schließt die Wahrnehmung bereits mit ein, welche diese Daten der Imagination übermittelt, die sie als Formen dem Begriffsvermögen übereignet, das sie seinerseits in Erkenntnisse verwandelt. Der schöpferische Prozeß der mentalen Operationen ist also keine neue Idee, auch wenn die Art neu ist, wie die moderne Neurologie den Prozeß beschreibt und erklärt.

In einem jeden Moment dieser komplexen Folge von Operationen – bestehend in millionenfachem *challenge and response* im neuralen Netzwerk – taucht eine *Intention* auf. Was wir empfinden und wahrnehmen, ist nicht nur ein Sinneseindruck oder ein Bild, sondern etwas, das bereits eine Ausrichtung, einen Wert oder eine sich abzeichnende Bedeutung besitzt. Bekanntlich gründet die Phänomenologie Edmund Husserls auf dem Konzept der Intentionalität. Husserl übernahm diese Idee, die er wesentlich modifizierte, von dem in Wien lehrenden Philosophen Franz Brentano. In allen unseren Beziehungen zur objektiven Welt – Empfindungen, Wahrnehmungen, Bilder – taucht ein Element auf, ohne das es weder Bewußtsein von der Welt noch Bewußtsein von uns selbst gibt. Das Objekt besitzt bereits, in ebendem Augenblick, da es im Bewußtsein auftaucht, eine Ausrichtung, eine Intention. Nach Brentano hat das Subjekt stets eine intentionale Beziehung zum Objekt, das es wahrnimmt. Oder klarer: Das Objekt ist in der Wahrnehmung des Subjekts als Intentionalität enthalten. Das Objekt, was immer es sein mag, zeigt sich stets als etwas Wünschenswertes oder Furchtbares, Rätselhaftes oder Nützliches oder als schon Bekanntes etc. Das gilt auch für die Empfindungen und Wahrnehmungen bei Edelman. Sie sind keine bloßen Empfindungen oder Bilder; sie sind bereits, wie er sagt, Wertungen. Aus all dem läßt sich leicht ein Schluß ziehen: Die Idee der Intentionalität verweist uns auf ein Subjekt, sei dieses das Bewußtsein bei Husserl oder das neurale Netzwerk bei Edelman. Allerdings lehnt Edelman es ab, die Existenz eines Subjekts in Erwägung zu ziehen, dem man die Intentionalität, die das Objekt besitzt, beimessen könnte. Trotz seiner Negation des Subjekts beeindruckt Edelman »die Einheit, als welche die Welt dem Wahrnehmenden erscheint, ungeachtet der Vielzahl von Wahrnehmungsmöglichkeiten, deren sich das Nervensystem bedient«.* Nicht weniger beeindruckt ihn, daß »die heutigen Theorien des Geistes die Existenz eines Elements, das alle diese Wahrnehmungen integriert oder vereint, nicht zu erklären vermögen«. Eine mißliche Situation: einerseits Negation des Subjekts; andererseits

* Oliver Sacks, *Art. a.a.O.*

Notwendigkeit eines Subjekts. Wie löst Edelman das Problem?

Um seine Konzeption verständlicher zu machen, bedient sich Edelman einer Metapher: Der Verstand ist ein Orchester, das ein Werk ohne einen Dirigenten aufführt. Die Musiker – die einzelnen Neuronen und die Neuronengruppen – stehen in engem Kontakt zueinander, und jeder Ausführende antwortet einem anderen oder ersucht ihn, mit einzustimmen; so schaffen sie gemeinsam ein Musikstück. Im Unterschied zu den Orchestern im wirklichen Leben spielt das neurologische Orchester keine bereits vorhandene Partitur, es improvisiert ständig. In diesen Improvisationen tauchen wiederholt Phrasen (Erfahrungen) aus anderen Phasen dieses Konzerts auf, das in unserer Kindheit begonnen hat und mit unserem Tod enden wird. Ich mache zwei Beobachtungen. Die erste: Bei Edelmans Hypothese geht die Initiative des Orchesterdirigenten auf die Ausführenden über. Beim wirklichen Orchester sind die Ausführenden Subjekte, die ein Bewußtsein und die Absicht haben, gemeinsam ein Stück zu interpretieren. Haben auch die Neuronen dieses Bewußtsein und diesen Willen? Falls dem so ist, haben sie sich vorher abgestimmt? Oder gibt es vielleicht eine im voraus festgelegte Ordnung, welche dieses *challenge and response* der Neuronen regelt? Im einen wie im anderen Fall verschwindet der Orchesterdirigent nicht, er teilt sich auf. Das Problem wird verlagert, aber nicht gelöst. Die zweite Beobachtung: Die Improvisation erfordert immer einen Plan. Naheliegende Beispiele sind der Jazz und die indischen *ragas*: Die Musiker improvisieren mit gewisser Freiheit, aber nach einem Muster und einer Grundstruktur. Gleiches gilt für Improvisationen anderer Art. Handle es sich um eine Schlacht oder eine geschäftliche Unterredung, um einen Waldspaziergang oder eine öffentliche Diskussion – wir folgen einem Plan. Gleichviel ob dieser Plan eine Minute vorher entworfen wurde und sehr vage und schematisch ist, es ist ein Plan. Und alle Pläne erfordern einen Planer. Wer entwirft die neurologische Partitur?

Wie man gesehen hat, unterschätzt Edelman die Schwierigkeit nicht, die Funktionsweise der Neuronen ohne die Existenz eines Orchesterdirigenten, ohne ein Subjekt zu erklären. Öfters beruft er sich auf das Identitätsgefühl, auf ein Sein und ein Bewußtsein. Diese Worte bezeichnen für ihn *Konstruktionen* der Neuronen. Das neurologische Netz, mit unserem ganzen Körper verbunden und aus Millionen von Neuronen bestehend (einige sind Nomadenstämme, was mich verwundert und ratlos macht), errichtet nicht nur unsere Welt mit den Bausteinen der Empfindungen, Wahrnehmungen und Erkenntnisse, es konstruiert auch das Subjekt selbst: unser Sein und unser Bewußtsein. Konstruktionen, die solide und vergänglich zugleich sind; nie verschwinden sie, doch wechseln sie ständig ihre Form. Eine ständige Verwandlung unseres Bildes von der Welt und von uns selbst. Diese Vision – denn es handelt sich um eine echte Vision – gemahnt an die buddhistischen Konzeptionen von der schimärischen Natur der Wirklichkeit und des menschlichen Subjekts. Auch für die Buddhisten hat das Ich keine eigene und unabhängige Existenz; es ist eine Konstruktion, ein Konglomerat von mentalen und sensorischen Elementen. Diese Elemente, oder vielmehr diese Trauben von Elementen, sind insgesamt fünf (*skhandas* in Sanskrit oder *khandas* in Pali). Sie bilden das Subjekt und sein Bewußtsein; sie sind die Frucht unseres Karmas, die Summe der guten und bösen Taten in früheren Leben und im gegenwärtigen Leben. Durch Meditation und auf anderem Wege können wir das Unwissen und das Verlangen vernichten, uns vom Ich befreien und das Unbedingte erlangen, ein undefinierbarer Zustand, der weder Leben noch Tod ist und von dem sich absolut nichts sagen läßt (Nirvana).

Die Ähnlichkeit zwischen diesen Konzeptionen und denen der Neurologie ist außergewöhnlich. Auch die Unterschiede sind bemerkenswert. Für den Buddhisten ist der Konstrukteur des Ichs das Karma; für Edelman das Nervensystem. Der Buddhist muß das Ich vernichten, wenn er dem Unglück, wiedergeboren zu werden, entgehen und das Band, das ihn an das Rad der Reinkarnationen fesselt, zerreißen will. Für Edelman sind das Ich und das Bewußtsein Konstruktionen, die unzerstörbar sind, außer durch eine Störung des neurologischen Netzes (Krankheit oder Tod). Das Ich ist eine Konstruktion und von der Wechselwirkung der Neuronen abhängig. Es ist eine unentbehrliche Maschine; ohne sie könnten wir nicht leben. Hier taucht die große Frage auf: Wird der Mensch, wenn er eines Tages entdeckt, daß sein Bewußtsein und sein Sein selbst nichts als Konstruktionen, Maschinen sind, weiter so leben können wie bisher? Das scheint unmöglich. Sollte sich das Bewußtsein darüber klarwerden, daß es nichts anderes als eine Konstruktion des Nervensystems ist und daß seine Arbeitsweise von den Neuronen abhängt, würde es seine Leistungsfähigkeit einbüßen und aufhören, Bewußtsein zu sein. Die Konzeption des Bewußtseins als einer Konstruktion der Neuronen tangiert nicht nur den individuellen Organismus eines jeden Menschen, sondern die ganze menschliche Gemeinschaft. Unsere Institutionen, Gesetze, Ideen, Künste, letztlich unsere ganze Zivilisation, gründen auf der Idee einer Person, der Freiheit eigen ist. Ist es möglich, eine Zivilisation auf eine neurologische Konstruktion zu gründen?

Für den Buddhisten beginnt die Befreiung in dem Augenblick, da das Individuum die Kruste des Unwissens aufbricht und sich seiner Situation bewußt wird. Dieses *sich bewußt werden* ist die Folge eines freien Aktes: Das Ich, das Bewußtsein, beschließt sein Erlöschen, um dem Kreislauf Leben-Tod-Leben zu entgehen ... Die Freiheit verlangt, wie das neurologische Orchester, ein Subjekt, ein Ich. Ohne Ich gibt es keine Freiheit der Entscheidung; ohne Freiheit – innerhalb der erwähnten Grenzen – gibt es keine Person. Die Position Edelmans angesichts dieser Frage ist sehr differenziert. Der Geist ist für ihn lediglich »a special kind of process depending on special arrangements of matter«. Das heißt: Die Materie, aus welcher der Geist besteht, unterscheidet sich nicht von der übrigen Materie; einzigartig ist lediglich ihre Organisation. Aus dieser Besonderheit resultiert eine andere: Jeder Geist ist andersartig und einzig. Jeder menschliche Organismus ist eine Sammlung von subjektiven Erfahrungen, Empfindungen und Gefühlseindrücken (*qualia*); dieser Komplex von Erfahrungen, obgleich bis zu einem gewissen Punkt durch die Sprache und auf andere Weise mitteilbar, stellt für einen anderen Geist einen virtuell unzugänglichen Bereich dar.

Die Mannigfaltigkeit des menschlichen Geistes, sagt Edelman, macht eine gänzlich wissenschaftliche Theorie unmöglich; immer wird es Ausnahmen, Varianten und unbekannte Bereiche geben. Jede wissenschaftliche Beschreibung des Geistes ist zur Einseitigkeit verurteilt; unsere Kenntnis wird immer approximativ sein. Das gilt auch für unser Innenleben; sich selbst kennenzulernen ist eine unumgängliche Notwendigkeit und zugleich ein unerreichbares Ideal. Mithin »besteht das Problem nicht darin, die Existenz individueller *Seelen* anzuerkennen, da evident ist, daß jedes Individuum einzigartig und keine Maschine ist«. Das Problem besteht darin, »zu akzeptieren, daß der individuelle Geist sterblich ist. Läßt sich auf diese Prämisse eine Moral gründen?« Ich persönlich halte das nicht für unmöglich, und auch Edelman scheint das zu glauben, obgleich er sich fragt: »Was resultierte aus der Annahme, daß jeder individuelle *Geist* in Wirklichkeit körperlich ist und daß er, eben deshalb, sterblich ist, *kostbar* und unvorhersehbar in seiner Kreativität?« In einer anderen Passage seines Buches suggeriert Edelman, daß »die neue wissenschaftliche Vision des Geistes der Philosophie neues Leben verleihen kann, einer Philosophie, die sich von der Husserlschen Phänomenologie endlich befreit hätte und sich um die Reduktionen der mechanischen Theorien nicht kümmerte«.

Man kann Edelman in diesen Punkten nur zustimmen. Auch ich glaube, daß »die Philosophie einer neuen Orientierung bedarf«. Doch diese Aussagen Edelmans kontrastieren merkwürdig mit vielen seiner Grundgedanken. Ja, sie widersprechen ihnen sogar. Sacks weist darauf hin, daß wir die Gruppen von Neuronen noch nicht *sehen* und auch nicht den Plan ihrer Wechselbeziehung zeichnen können; ebensowenig können wir das Orchester, das in unserem Gehirn unablässig seine Improvisationen spielt, *hören*. Daher haben Edelman und seine Kollegen »synthetische Tiere« konzipiert, »Artefakte, die mittels Computern agieren, doch deren Verhalten (wenn man dieses Wort gebrauchen darf) weder programmiert noch roboterhaft ist, sondern *noetisch*«. (Nebenbei: ein Terminus Husserls.) Edelman zweifelt nicht daran, daß es in nicht allzu ferner Zukunft möglich sein wird, »Artefakte mit Bewußtsein« herzustellen. Und Sacks kommentiert: »*Glücklicherweise* wird das erst im späten nächsten Jahrhundert geschehen.« Glücklicherweise? Wir können unsere Hände nicht in den Schoß legen. Es ist unmöglich, die Diskussion eines Themas von dieser Tragweite bis ins nächste Jahrhundert zu vertagen. Ich gestehe, daß mich solche Einstellung befremdet und enttäuscht.

Dieser Exkurs eines Laien über aktuelle wissenschaftliche Themen war keine bloße Abschweifung; ich verfolgte damit einen doppelten Zweck. Zum einen wollte ich darauf hinweisen, daß sich die heutigen Wissenschaften, nicht ihrer Unzulänglichkeit, sondern im Gegenteil gerade ihrer Fortentwicklung wegen, gewisse philosophische und metaphysische Fragen haben stellen müssen, welche die Wissenschaftler seit Jahrhunderten zu ignorieren beschlossen hatten, sei es weil sie meinten, daß sie nicht in ihre Kompetenz fielen, oder weil sie sie als überflüssig erachteten. Die Tatsache, daß viele und hochgeachtete Wissenschaftler heute diese Fragen formulieren, hat Signalcharakter; damit wird die Diskussion über das alte Thema der Beziehungen zwischen der Seele und dem Körper wieder eröffnet. Ich brauche nicht zu sagen, daß ich eine Rückkehr zu den alten Auffassungen weder befürworte noch für wünschenswert halte. Der Körper besitzt heute Attribute, die einst die der Seele waren, und das ist an sich als positiv zu werten. Doch das alte Gleichgewicht – oder genauer: das alte leichte und fruchtbare Ungleichgewicht zwischen der Seele und dem Körper – ist zerstört. Alle Zivilisationen haben den Dialog – bestehend aus Verbindungen und Trennungen – zwischen dem Körper und dem Nicht-Körper (Seele, Psyche, *atman* und andere Namen) gekannt. Unsere heutige Kultur ist die erste, die diesen Dialog durch die Eliminierung eines der Gesprächspartner, der Seele, hat beenden wollen. Wie ich in einer anderen Schrift zu zeigen versucht habe, ist der Körper mehr und mehr zu einem Mechanismus geworden, und dasselbe geschah mit der Seele*. Wandlungen in der Genealogie des Menschen: anfangs Geschöpf Gottes; dann Resultat der Evolution der Urzellen; und heute Mechanismus. Der besorgniserregende Aufstieg der Maschine als Archetypus des Menschen wirft die Frage nach der Zukunft unserer Gattung auf.

Aus all diesen Gründen hielt ich es nicht für unsinnig, von einem den Wissenschaften nicht gemäßen, wiewohl ihnen nicht konträren Gesichtspunkt aus einige der Themen zu kommentieren, welche die Wissenschaftler heute beschäftigen. Mir scheint, daß die Zeit reif ist, eine auf den Erfahrungen der heutigen Wissenschaften basierende philosophische Reflexion anzustellen, die uns die alten und ständigen Fragen erhellt, die den menschlichen Geist beschäftigt haben: der Ursprung des Universums und des Lebens, der Platz des Menschen im Kosmos, die Beziehungen zwischen unserem Denken und unserem Fühlen, der Dialog zwischen Körper und Seele.

---

* Siehe *Verbindungen – Trennungen.* Suhrkamp, Frankfurt am Main 1984.

Alle diese Themen stehen in direkter Beziehung zum Gegenstand dieses Buches: die Liebe und ihr Ort am Horizont der Zeitgeschichte.

Zum anderen wollte dieser Exkurs zeigen, daß der sozialen und geistigen Malaise der freiheitlichen Demokratien, die im vorangehenden Kapitel beschrieben wurde, ein nicht weniger tiefes Unbehagen im Bereich der Kultur entspricht. Auf dem Gebiet der Literatur und der Künste manifestiert sich das Übel in einem doppelten Phänomen, das ich in anderen Schriften untersucht habe: die Kommerzialisierung der Künste, insbesondere der Malerei und des Romans, wie auch die explosionsartige Vermehrung ephemerer literarischer und künstlerischer Moden. Diese Moden verbreiten sich mit der Schnelligkeit der Epidemien im Mittelalter und fordern ebenso viele Opfer wie diese.* Im Falle der Wissenschaften habe ich schon auf das größte Übel hingewiesen: die Mechanisierung, die Reduktion komplexer geistiger Phänomene auf mechanische Modelle. Die Idee der Fabrikation »künstlicher Gehirne« führt von selbst zur Anwendung der industriellen Technik der Serienfertigung: die Herstellung von Klonen, Replikationen dieses oder jenes individuellen Verstandestyps. Je nach den Erfordernissen der Ökonomie oder der Politik könnten die Regierungen oder die großen Konzerne die Herstellung einer bestimmten Anzahl von Ärzten, Journalisten, Professoren, Arbeitern oder Musikern anordnen. Abgesehen von der fraglichen Durchführbarkeit dieser Projekte ist evident, daß solch eine Philosophie den Begriff der Person als eines einzigartigen und einmaligen Wesens zutiefst ver-

* Siehe *Die andere Stimme. Dichtung an der Jahrhundertwende. Op. cit.*

letzt. Dies ist das Besorgniserregende an den neuen Konzeptionen, und es ist eben das, was wir heute diskutieren müssen, »glücklicherweise« oder nicht. Wenn die Kreatur Mensch zu einem Objekt wird, das verdoppelt und gegen ein anderes ausgetauscht werden kann, wird das Menschengeschlecht »*expendable*«: etwas, das leicht ersetzbar ist, wie die anderen Industrieerzeugnisse. Der Fehler dieser Konzeption ist ein philosophischer und ein moralischer. Dabei wiegt der moralische Fehler schwerer als der philosophische. Die Gleichsetzung des Geistes mit der Maschine ist lediglich eine Analogie, die vom wissenschaftlichen Standpunkt aus nützlich sein mag, die man jedoch nicht wörtlich nehmen kann, andernfalls es zu schrecklichem Mißbrauch kommt. In Wirklichkeit handelt es sich um eine Variante der fortgesetzten Versuche der Enthumanisierung, denen die Menschen seit Anbeginn der Geschichte ausgesetzt waren.

Im 16. Jahrhundert entschieden die Europäer, daß die Indianer keine völlig vernunftbegabten Wesen seien. Dasselbe sagte man gelegentlich von den Schwarzen, den Chinesen, den Hindu und anderen. Enthumanisierung durch die Verschiedenheit: Wenn sie nicht sind wie wir, sind sie keine vollwertigen Menschen. Im 19. Jahrhundert studierten Hegel und Marx eine weitere Abart, die sich nicht auf die Verschiedenheit gründete, sondern auf die Entfremdung. Für Hegel ist die Entfremdung so alt wie das Menschengeschlecht; sie begann am Anfang der Geschichte mit der Versklavung des Menschen. Marx entdeckte eine weitere Variante, die des Lohnarbeiters: die Inklusion eines konkreten Menschen in eine abstrakte Kategorie, die ihn seiner Individualität beraubt. In beiden Fällen raubt man – buchstäblich – einer Person einen Teil ihres Wesens, reduziert den Menschen auf ein Ding und ein Werkzeug. Es waren die Nazis und die Kommunisten, die diese seelischen Verstümmelungen zur Perfektion brachten. Diese beiden totalitären Systeme setzten sich die Abschaffung der Singularität und Verschiedenartigkeit der Personen zum Ziel: die Nazis im Namen eines biologischen Absoluten, der Rasse; die Kommunisten im Namen eines historischen Absoluten, der Klasse, repräsentiert von einer ideologischen Orthodoxie, die sich im Zentralkomitee verkörperte. Heute denkt man, im Namen der Wissenschaft, nicht an die Auslöschung dieser oder jener Gruppe von Individuen, sondern an die Massenfabrikation von Androiden. Von den Zukunftsromanen ist heute am aktuellsten nicht der von Orwell, sondern der von Huxley: *Brave New World.* Die technologische Versklavung ist vorhersehbar. Die Person hat zwei totalitäre Systeme überlebt – wird sie auch die Technisierung der Welt überleben?

Dieser lange Umweg endet hier. Die Schlußfolgerung ist kurz: Die Krankheiten, an denen die modernen Gesellschaften leiden, sind politische und ökonomische, aber auch moralische und geistige. Die einen wie die anderen untergraben das Fundament unser Gesellschaften: die Idee der Person. Diese Idee war die Quelle der politischen und intellektuellen Freiheiten; und ihr verdanken wir eine der großen menschlichen Erfindungen: die Liebe. Die politische und soziale Reform der kapitalistischen freiheitlichen Demokratien muß einhergehen mit einer nicht weniger dringenden Reform des zeitgenössischen Denkens. Kant unterzog die reine Vernunft und die praktische Vernunft der Kritik; wir brauchen heute einen neuen Kant, der die wissenschaftliche Vernunft der

Kritik unterzieht. Der Augenblick ist günstig, denn in den meisten Wissenschaften, soweit wir Laien das feststellen können, ist eine Tendenz zur Selbstreflexion und Selbstkritik zu erkennen, wie das in bewundernswerter Weise die modernen Kosmologen beweisen. Das Gespräch zwischen der Wissenschaft, der Philosophie und der Dichtung könnte zur Wiederherstellung der Einheit der Kultur führen; wie auch zur Wiederbelebung der Person, die der Grundstein und die Quelle unserer Zivilisation gewesen ist.

DIE DOPPELTE FLAMME

Jeden Tag hören wir: Unser Jahrhundert ist das Jahrhundert der Kommunikation. Es ist dies ein Gemeinplatz, der, wie alle, zweifelhaft ist. Die modernen Kommunikationsmittel sind in der Tat imposant; weit weniger ist es die Art und Weise, wie wir diese Medien benutzen, und der Wert der Informationen, die sie vermitteln. Jede Kommunikation, auch die unmittelbare, ist zweideutig. Der Dialog, die höchste Form der Kommunikation, die wir kennen, ist immer ein Zusammenstoß unbeugsamer Andersheiten. Sein widersprüchlicher Charakter besteht im Austausch von Informationen, die konkret und singulär sind für den, der sie gibt, und abstrakt und allgemein für den, der sie erhält. Ich sage *grün* und beziehe mich dabei auf eine besondere, einmalige Empfindung, die unlösbar verbunden ist mit einem bestimmten Augenblick, einem bestimmten Ort und einem bestimmten psychischen und physischen Zustand: das Licht, das an diesem etwas kühlen Frühlingsnachmittag auf den Efeu fällt. Mein Gesprächspartner hört eine Reihe von Lauten, stellt sich eine Situation vor und mutmaßt die Bedeutung des *Grün*. Gibt es Möglichkeiten konkreter Kommunikation? Ja, obgleich die Zweideutigkeit nie ganz verschwindet. Wir sind Menschen, keine vollkommenen Wesen. Die Sinne verbinden uns mit der Welt und schließen uns zugleich in uns selbst ein. Die Empfindungen sind subjektiv und unaussprechlich. Das Denken und die Sprache sind Brücken, aber eben deshalb heben sie die Distanz zwischen uns und der äußeren Wirklichkeit nicht auf. Sieht man davon ab, kann man sagen, daß die Poesie, das Fest und die Liebe Formen konkreter Kommunikation, das heißt Kommunion sind. Eine neuerliche Schwierigkeit: Die Kommunion ist unaussprechlich, und bis zu einem gewissen Grade schließt sie die Kommunikation aus; sie ist kein Austausch von Neuigkeiten, sondern Verschmelzung. Im Falle der Poesie beginnt die Kommunion in einer Zone des Schweigens, eben dann, wenn das Gedicht endet. Man kann das Gedicht apostrophieren als einen verbalen Organismus, der Schweigen erzeugt. Beim Fest – ich denke vor allem an Riten und religiöse Zeremonien – erfolgt die Verschmelzung in umgekehrter Weise. Sie ist keine Rückkehr ins Schweigen, dieses Refugium der Subjektivität, sondern Eintritt in das große kollektive Ganze – das Ich wird zum Wir. In der Liebe ist der Widerspruch zwischen Kommunikation und Kommunion noch offensichtlicher.

Die erotische Begegnung beginnt mit der Betrachtung des begehrten Körpers. Bekleidet oder nackt ist der Körper eine Gegenwart: eine Gestalt, die für einen Augenblick der Inbegriff aller Formen der Welt ist. Sowie wir diese Gestalt umarmen, hören wir auf, sie als Gegenwart zu sehen, und umfangen sie als etwas Konkretes und Greifbares, das gleichwohl grenzenlos ist. Indem wir diese Gegenwart umarmen, hören wir auf, sie zu sehen, und sie selbst hört auf, etwas Gegenwärtiges zu sein. Auflösung des begehrten Körpers: Wir sehen nur noch Augen, die uns anblicken, einen Hals, vom Lampenlicht beschienen und sogleich wieder ins Dunkel getaucht, einen weiß schimmernden Schenkel, den Schatten, der vom Nabel zum Geschlecht hinabsteigt. Jedes dieser Teile existiert für sich allein, aber weist hin auf den ganzen Körper. Auf diesen Körper, der plötzlich endlos geworden ist. Der Körper meines Partners hört auf, eine Gestalt zu sein, und verwandelt sich in eine formlose und unendliche Substanz, in der ich mich verliere und zugleich wiederfinde. Wir verlieren uns als Personen und finden uns wieder als Empfindungen. Je stärker die Empfindung, desto grenzenloser der Körper, den wir umarmen. Ein Gefühl des Unendlichen: Wir verlieren unseren Körper in diesem Körper. Die körperliche Liebe ist die Vollkraft des Körpers und der Verlust des Körpers. Auch ist sie die Erfahrung des Identitätsverlustes: Auflösung der Formen in tausend Empfindungen und Visionen, Versinken in einer ozeanischen Substanz, Verflüchtigung aller Wesenheit. Es gibt weder Form noch Gegenwart; es gibt die Woge, die uns wiegt, den Ritt durch die Weite der Nacht. Eine zirkuläre Erfahrung: sie beginnt mit dem Schwinden des Körpers des Partners, verwandelt in endlose Substanz, die pulsiert, sich ausdehnt, sich zusammenzieht und uns in die Urwasser taucht; einen Augenblick später verflüchtigt sich die Substanz, der Körper wird wieder Körper, und die Gegenwart taucht wieder auf. Wir können die geliebte Frau nur sehen als eine Gestalt, die eine unbeugsame Andersheit in sich birgt, oder als Substanz, die sich selbst aufhebt und uns aufhebt.

Die Verurteilung der körperlichen Liebe als einer Sünde wider den Geist ist nicht christlich, sondern platonisch. Für Platon ist die Form die Idee, die Essentia. Der Körper ist eine Gegenwart in der eigentlichen Bedeutung des Wortes: die sinnlich wahrnehmbare Manifestation der Wesenheit. Er ist das Abbild, die Kopie eines göttlichen Archetypus: der ewigen Idee. Deshalb besteht im *Phaidros* und im *Gastmahl* die erhabenste Liebe in der Kontemplation des schönen Körpers: eine ekstatische Kontemplation der Gestalt, die Wesenheit ist. Die geschlechtliche Vereinigung impliziert eine Degradierung der Gestalt zur Substanz und der Idee zur Empfindung. Deshalb auch ist Eros unsichtbar. Er ist keine Gegenwart, er ist die pulsierende Dunkelheit, die Psyche umgibt und sie in einem Sturz ohne Ende mißreißt. Der Verliebte sieht die Gegenwart umflossen vom Licht der Idee; er will sie umfangen, doch er versinkt in das Dunkel eines Körpers, der in Teile zerfällt. Die Gegenwart verleugnet ihre Gestalt, wird wieder Ursubstanz und hebt sich schließlich auf. Aufhebung der Gegenwart, Auflösung der Gestalt; Sünde wider die Wesenheit. Jede Sünde zieht eine Strafe auf sich: nach der Ekstase sehen wir uns abermals einem Körper und einer Seele gegenüber, die uns erneut fremd sind. Dann taucht die rituelle Frage auf: woran denkst du? Und die Antwort: an nichts. Worte, die in endlosen Gängen widerhallen.

Es ist nicht verwunderlich, daß Platon die körperliche Liebe verurteilte. Dagegen hat er die Zeugung nicht verurteilt. Im *Gastmahl* nennt er den Wunsch, sich fortzupflanzen, göttlich: es ist das Verlangen nach Unsterblichkeit. Sicher sind die Kinder der Seele, die Ideen, den Kindern des Fleisches vorzuziehen; gleichwohl befürwortet er in *Nomoi* die körperliche Fortpflanzung. Der Grund: es ist eine politische Pflicht, Nachkommen zu zeugen, um die Kontinuität des Lebens in der Polis zu sichern. Abgesehen von diesen ethnischen und politischen Erwägungen sah Platon ganz deutlich den panischen Aspekt der Liebe, ihre Verbindung zur Welt der animalischen Sexualität, und wollte diese ein für allemal abbrechen. Er war konsequent mit sich selbst und in seiner Sicht der Welt der ewigen Ideen. Indes gibt es einen unüberwindlichen Widerspruch in der platonischen Konzeption der Erotik: Ohne den Körper und das Verlangen, das er beim Liebenden weckt, gibt es keinen Aufstieg zu den Archetypen. Der Weg, die ewigen Formen zu schauen und an der Wesenheit teilzuhaben, führt durch den Körper. Es gibt keinen anderen Weg. Darin ist der Platonismus der christlichen Anschauung entgegengesetzt: Der platonische Eros trachtet nach Entkörperlichung, wohingegen die christliche Mystik vor allem Verlangen nach Verkörperung ist, dem Beispiel Christi folgend, der, um uns zu erlösen, Fleisch geworden ist. Trotz dieses Unterschieds stimmen beide in dem Willen überein, mit dieser Welt zu brechen und in die andere, höhere zu gelangen. Der Platoniker auf der Stufenleiter der Kontemplation, der Christ durch die Liebe zu einer Gottheit, die, ein unergründliches Mysterium, Mensch geworden ist.

Übereinstimmend in ihrer Negation dieser Welt, weichen der Platonismus und das Christentum in einem anderen wesentlichen Punkt wieder voneinander ab. In der platonischen Kontemplation gibt es Teilhabe, nicht Wechselseitigkeit: Die ewigen Formen lieben den Menschen nicht; der christliche Gott dagegen leidet für die Menschen, der Schöpfer ist voller Liebe zu seinen Geschöpfen. Indem wir Gott lieben, sagen die Theologen und die Mystiker, erwidern wir, in ärmlicher Weise, seine unendliche Liebe zu uns. Die menschliche Liebe, so wie wir sie im Okzident seit der Epoche der »höfischen Liebe« kennen und leben, entstand aus der Verbindung von Platonismus und Christentum, wie auch durch deren

Gegensätze. Die menschliche Liebe, das heißt, die wahre Liebe, negiert weder den Körper noch die Welt. Sie sehnt sich auch nicht nach einer anderen Welt, noch betrachtet sie sich als Übergang zu einer Ewigkeit jenseits des Wandels und der Zeit. Die menschliche Liebe ist Liebe nicht *zu* dieser Welt, sondern *von* dieser Welt; sie ist erdgebunden durch die Schwerkraft des Körpers, der Lust und Tod ist. Ohne Seele – oder wie man diesen *Hauch* nennen will, der aus jedem Mann und jeder Frau eine Person macht – gibt es keine Liebe, aber es gibt sie auch nicht ohne den Körper. Dank des Körpers ist die Liebe Erotik und steht somit in Verbindung mit den gewaltigsten und geheimnisvollsten Kräften des Lebens. Beide, die Liebe und die Erotik – eine doppelte Flamme – nähren sich vom Urfeuer: der Sexualität. Liebe und Erotik kehren immer zum letzten Ursprung zurück, zu Pan und seinem Schrei, bei dem der ganze Wald erzittert.

Die Kehrseite des platonischen Eros ist der Tantrismus in seinen beiden Hauptzweigen, dem hinduistischen und dem buddhistischen. Für den Adepten des Tantra manifestiert der Körper das Wesen nicht; er ist ein Weg der Initiation. Nur darin findet sich das Wesen, das für Platon Gegenstand der Kontemplation und der Teilhabe ist; am Ende der erotischen Erfahrung erlangt der Adept, wenn er Buddhist ist, die Leere, einen Zustand, in dem das Nichts und das Sein identisch sind; wenn er Hindu ist, erreicht er einen ähnlichen Zustand, in dem das bestimmende Element jedoch nicht das Nichts ist, sondern das Sein – ein Sein jenseits allen Wandels, immer mit sich selbst identisch. Ein doppeltes Paradoxon: Für den Buddhisten ist das Nichts Fülle; für den Hindu ist das Sein Leere. Der zentrale Ritus des Tantrismus ist die geschlechtliche Vereinigung. In und mit einem anderen Körper alle Phasen der erotischen Umarmung durchleben – nicht ausgenommen Ausschweifungen und Abnormitäten – heißt den kosmischen Prozeß der Schöpfung, die Zerstörung und die Wiedererschaffung der Welten, rituell wiederholen. Auch ist es ein Weg, diesen Prozeß zu unterbrechen und das Rad der Zeit und der Reinkarnationen anzuhalten. Der Yogi muß die Ejakulation vermeiden, und diese Praktik gehorcht zwei Imperativen: die Fortpflanzungsfunktion der Sexualität negieren und den Samen in Geist der Erleuchtung verwandeln. Erotische Alchemie: Die Verschmelzung von Ich und Welt, von Denken und Wirklichkeit, erzeugt einen Blitz, die Erleuchtung, ein jäh auflodерndes Feuer, das das Subjekt und das Objekt buchstäblich verzehrt. Es bleibt nichts, der Yogi ist eingegangen ins Unbedingte. Aufhebung der Formen. Im Tantrismus gibt es eine metaphysische Violenz, die dem Platonismus fremd ist: Unterbrechung des kosmischen Kreislaufs, um ins Unbedingte einzudringen. Der rituelle Geschlechtsakt ist einerseits ein Versinken ins Chaos, eine Rückkehr zum Urquell des Lebens, andererseits ist er eine asketische Praktik, eine Läuterung der Sinne und des Geistes, eine fortschreitende Entblößung bis zur Auslöschung der Welt und des Ichs. Der Yogi darf vor keiner Liebkosung zurückscheuen, doch seine sich mehr und mehr steigernde Lust muß sich in höchsten Gleichmut verwandeln. Eine merkwürdige Parallele zu de Sade, der in der Libertinage einen Weg zur Ataraxie, der Gefühllosigkeit vulkanischen Gesteins sah.

Die Unterschiede zwischen dem Tantrismus und dem Platonismus sind lehrreich. Der platonische Liebende kontempliert die Gestalt, den Körper, ohne den Geschlechtsakt zu vollziehen; der Yogi erlangt die Befreiung durch den Geschlechtsakt. Im einen Fall ist die Kontemplation der Gestalt ein Weg zur Vision der Wesenheit und zur Teilhabe an ihr; im anderen verlangt der rituelle Akt, durch das erotische Dunkel hindurchzugehen und die Zerstörung der Formen zu erreichen. Obgleich die tantrische Erotik ein betont körperlicher Ritus ist, ist sie eine Erfahrung der Entkörperlichung. Der Platonismus impliziert eine Repression und eine Sublimierung. Die geliebte Gestalt ist unberührbar und entzieht sich so sadistischer Aggression. Der Yogi trachtet nach Aufhebung des Verlangens, daher die Widersprüchlichkeit seines Versuchs. Es ist eine asketische Erotik, eine Lust, die sich selbst negiert. Die Erfahrung des Yogi ist nicht von einem physischen, sondern von einem geistigen Sadismus geprägt – man muß die Formen zerstören. Im Platonismus ist der geliebte Körper unberührbar; im Tantrismus ist der Geist des Yogi unantastbar. Deshalb muß er während der rituellen geschlechtlichen Vereinigung alle Liebkosungen, die ihm die Handbücher der Erotologie vorschreiben, praktizieren, dabei aber den Samenerguß vermeiden; gelingt ihm das, erlangt er die Indifferenz des Diamanten: hart, hell und transparent.

Obgleich die Unterschiede zwischen dem Platonismus und dem Tantrismus beträchtlich sind – sie entsprechen zwei radikal entgegengesetzten Vorstellungen von der Welt und dem Menschen –, gibt es zwischen ihnen einen Berührungspunkt: der *andere* verschwindet. Sowohl der Körper, den der platonische Liebende betrachtet, als auch die Frau, die der Yogi liebkost, sind Objekte, Stufen des Aufstiegs zum reinen Himmel der Wesenheit oder in diese nicht lokalisierbare Region, die das Unbedingte ist.

Das Ziel, das beide verfolgen, befindet sich jenseits des Objekts. Im wesentlichen ist es eben das, was sie von der Liebe trennt, wie sie auf diesen Seiten beschrieben wurde. Noch einmal sei gesagt: Die Liebe ist nicht Suche nach der Idee oder der Wesenheit; auch ist sie kein Weg zu einem Zustand jenseits der Idee und der Nicht-Idee, des Guten und des Bösen, des Seins und des Nicht-Seins. Die Liebe sucht nichts, das außerhalb ihrer selbst liegt, kein Gut, keinen Lohn; ebensowenig verfolgt sie einen Zweck, der sie transzendiert. Sie ist jeder Transzendenz gegenüber indifferent; sie beginnt und endet in sich selbst. Sie ist Hingezogensein zu einer Seele und einem Körper: zu einer Person. Diese Person ist einzigartig und frei in ihrem Willen; um sie für sich zu gewinnen, muß der Liebende ihre Bereitwilligkeit erlangen. Besitznahme und Hingabe sind Akte der Gegenseitigkeit.

Wie alle großen menschlichen Schöpfungen ist auch die Liebe zwiespältig, sie ist das höchste Glück und das größte Unglück. Abaelard nannte die Geschichte seines Lebens *Geschichte meiner Mißgeschicke.* Sein größtes Mißgeschick war auch sein größtes Glück: Héloïse begegnet zu sein und von ihr geliebt zu werden. Durch sie wurde er zum Mann – er lernte die Liebe kennen; und durch sie hörte er auf, ein Mann zu sein – er wurde kastriert. Es gibt solche Kontraste in jeder Liebe, wenn auch in den meisten Fällen weniger schroff. Die Liebenden schwanken ständig zwischen Überschwenglichkeit und Niedergeschlagenheit, Traurigkeit und Freude, Zorn und Zärtlichkeit, Verzweiflung und Sinnlichkeit. Im Gegensatz zum Libertin, der zugleich nach höchster Lust und vollkommenster Gefühllosigkeit trachtet, ist der Liebende ständig seinen widersprüchlichen Emotionen ausgeliefert. Die Populärsprache ist in allen Ländern und zu allen Zeiten reich an Ausdrücken, die die Verwundbarkeit des Verliebten beschreiben: Die Liebe ist eine schwärende Wunde. Doch wie San Juan de la Cruz sagt, ist sie eine »geschenkte Wunde«, ein »sanftes Brenneisen«, eine »wonnige Verletzung«. Ja, die Liebe ist eine blutende Blume. Auch ist sie ein Talisman. Die Verletzlichkeit der Liebenden schützt sie. Ihr Schild ist ihre Wehrlosigkeit, sie sind gewappnet mit ihrer Nacktheit. Ein grausames Paradoxon: Die extreme Empfindsamkeit der Liebenden ist die andere Seite ihrer nicht minder extremen Gleichgültigkeit gegenüber allem außer ihrer Liebe. Die große Gefahr, die auf die Liebenden lauert, die tödliche Falle, in die viele tappen, ist der Egoismus. Die Strafe läßt nicht auf sich warten; die Liebenden sehen nichts und niemanden außer sich selbst, bis sie versteinern ... oder sich langweilen. Der Egoismus ist ein Schacht. Um da herauszukommen, müssen wir um uns blicken: dort ist die Welt, die uns erwartet.

Die Liebe bewahrt uns nicht vor den Gefahren und Schicksalsschlägen des Lebens. Keine Liebe, auch nicht die friedfertigste und glücklichste, entgeht den Verheerungen der Zeit. Die Liebe, gleich welche, besteht aus Zeit, und kein Liebender kann das große Unglück abwenden: die geliebte Person erleidet die Schmach des Alterns, der Krankheit und des Todes. Als Mittel gegen die Zeit und die Verführungskraft der Liebe ersannen die Buddhisten eine Meditationsübung, die darin bestand, sich den Körper der Frau als einen Sack voller Unrat vorzustellen. Auch die christlichen Mönche praktizierten solche Exerzitien der Schmähung des Lebens.

Die Methode war unnütz und provozierte die Rache des Körpers und der überreizten Imagination: die zugleich schrecklichen und lasziven Versuchungen der Anachoreten. Ihre Visionen, obgleich Luftgespinste, Phantome, die im Licht dahinschwinden, sind keine Schimären; es sind Wirklichkeiten, die im psychischen Untergrund leben, genährt und gestärkt von der Enthaltsamkeit. Von der Imagination in Monster verwandelt, werden diese von der Begierde entfesselt. Ein jedes der Geschöpfe, welche die Hölle des heiligen Antonius bevölkern, ist das Sinnbild einer unterdrückten Leidenschaft. Die Negation des Lebens führt zu Gewalt. Die Enthaltsamkeit befreit uns nicht von der Zeit, sie verwandelt diese in psychische Aggression gegen die anderen und gegen uns selbst.

Es gibt kein Mittel gegen die Zeit. Zumindest kennen wir keines. Man muß sich dem Zeitstrom anvertrauen, man muß leben. Der Körper altert, weil er Zeit ist, wie alles auf dieser Erde. Allerdings ist es uns gelungen, das Leben und die Jugend zu verlängern. Für Balzac begann das kritische Alter der Frau mit dreißig Jahren; heute beginnt es mit fünfzig. Viele Wissenschaftler schätzen, daß es in nicht ferner Zukunft möglich sein wird, uns vor den Beschwerden des Alters zu bewahren. Diese optimistischen Vorhersagen stehen im Gegensatz zu dem, was wir jeden Tag erleben und sehen. In Gebieten, die mehr als die Hälfte der Erde ausmachen, nimmt das Elend zu, es gibt Hungersnöte, und in der ehemaligen Sowjetunion ist die Rate der Kindersterblichkeit während der letzten Jahre sogar noch gestiegen. Aber auch wenn die Vorhersagen der Optimisten sich bestätigen sollten, bleiben wir der Zeit unterworfen. Wir sind Teil der Zeit, und wir können uns ihrer Herrschaft nicht entziehen. Wir können sie verwandeln, sie gestalten, nicht sie negieren oder zerstören. Ersteres haben die großen Künstler, die Dichter, die Philosophen, die Wissenschaftler und einige Männer der Tat getan. Auch die Liebe ist eine Antwort: Weil sie zeitlich ist und aus Zeit besteht, ist die Liebe zugleich Bewußtsein des Todes und der Versuch, den Augenblick zur Ewigkeit zu machen. Jede Liebe ist unglücklich, weil sie aus Zeit besteht, jede ist die prekäre Verbindung zweier zeitlicher Geschöpfe, die wissen, daß sie sterben werden; aber in jeder Liebe, selbst in der tragischsten, gibt es auch einen Augenblick des Glücks, das, ohne zu übertreiben, übermenschlich genannt werden kann. Es ist ein Sieg über die Zeit, eine Ahnung des Jenseitigen, dieses Dort, das ein Hier ist, wo nichts sich ändert und alles, was ist, wirklich *ist.*

Die Jugend ist die Zeit der Liebe. Indes gibt es greise Jugendliche, die der Liebe nicht fähig sind, nicht wegen sexueller Impotenz, sondern wegen ihrer Gefühlsarmut; ebenso gibt es verliebte jugendliche Greise: manche sind lächerlich, andere rührend und wieder andere von großer Empfindsamkeit. Aber können wir einen gealterten oder von Krankheit entstellten Körper lieben? Das ist schwer, doch nicht ganz unmöglich. Erinnern wir uns, daß die Erotik singulär ist und keine Anomalie verachtet. Gibt es nicht auch schöne Monster? Zudem ist evident, daß wir eine Person auch noch trotz des Verschleißes durch den Alltag und die Gewohnheit oder ungeachtet der Verheerungen des Alters und der Krankheit lieben können. In diesen Fällen verliert die körperliche Anziehung an Bedeutung, und die Liebe verändert sich. Meistens wird sie nicht zu Bemitleidung, sondern zu Mitleid (*compassio*), in der Bedeutung, das Leiden des anderen zu teilen, an ihm Anteil zu nehmen. Der alte Unamuno sagte: Ich empfinde nichts, wenn ich mit der Hand über die Beine meiner Frau streiche, aber die meinen tun mir weh, wenn ihr die ihren weh tun. Das Wort *Passion* bedeutet Leiden, und im weiteren Sinne bezeichnet es auch das Gefühl der Liebe. Die Liebe ist Leiden, Schmerz, denn sie ist Entbehrung und Verlangen nach dem, was wir begehren und nicht haben; aber sie ist auch Glück, weil sie Besitznahme ist, mag diese auch kurz und prekär sein. Der *Diccionario de Autoridades* verzeichnet ein weiteres Wort, das heute veraltet ist, aber von Petrarca gebraucht wurde: *compathia.* Wir sollten es wieder einführen, da es eben dieses Liebesgefühl ausdrückt, das sich durch das Alter oder die Krankheit des geliebten Menschen verändert hat.

Der Überlieferung nach ist die Liebe eine undefinierbare Verbindung von Seele und Körper; zwischen beiden entfalten sich, einem Fächer gleich, Empfindungen und Emotionen, die von bloßer Sexualität bis zur Verehrung, von Zärtlichkeit bis zur Erotik reichen. Viele dieser Empfindungen sind negativ; in der Liebe gibt es Rivalität, Groll, Angst, Eifersucht und sogar Haß. Catull hat es bereits gesagt: Haß ist von Liebe nicht zu trennen. Diese Gemütsbewegungen und Ressentiments, Sympathien und Antipathien vermischen sich in allen Liebesbeziehungen und ergeben ein Gebräu, das in jedem einzelnen Fall ein anderes ist und dessen Farbe, Duft und Geschmack sich ändern, je nach der Zeit, den Umständen und der Stimmung. Es ist ein stärkerer Trank als der Zaubertrank Tristans und Isoldes. Er kann Leben schenken und Tod bringen. Er kann Leidenschaft, Abscheu, Zärtlichkeit und Besessenheit bewirken. In einem gewissen Alter kann er zu *compathia* führen. Wie dieses Gefühl definieren? Es ist kein Affekt des Kopfes noch des Geschlechts, sondern des Herzens. Es ist die letzte Frucht der Liebe, wenn man die Gewohnheiten, den Ennui und diese hinterlistige Versuchung, all das zu verabscheuen, was man einst liebte, besiegt hat.

Liebe ist Intensität, und eben deshalb ist sie Dehnung der Zeit; sie dehnt die Minuten zu Jahrhunderten aus. Die Zeit, ein festes Maß, wird diskontinuierlich und unermeßlich. Doch nach jedem dieser Augenblicke ohne Maß kehren wir zur Zeit und ihrem Maß zurück. Wir können dem Zeitablauf nicht entgehen. Die Liebe beginnt mit dem Anblick: wir betrachten die Person, die wir begehren, und sie betrachtet uns. Nach kurzer Zeit wenden wir den Blick ab. Andernfalls, ich sagte es schon, würden wir versteinern. Auf diese Situation bezieht sich John Donne in einem seiner komplexesten Gedichte. Verzückt, sehen sich die Liebenden endlos an:

> Wee, like sepulchrall statues lay;
> All day, the same our postures were,
> And wee said nothing, all the day.
>
> Wir, wie auf einem Sarkophag,
> Den ganzen Tag lang reglos harrten
> Und sprachen nichts den ganzen Tag.

Dauerte diese reglose Glückseligkeit an, würden wir sterben. Wir müssen in unsere Körper zurückkehren, das Leben ruft uns:

Love mysteries in soules doe grow,
But yet the body is his booke.

Der Liebe Rätsel birgt die Seele,
Jedoch der Körper ist ihr Buch.*

Wir müssen zusammen die Welt betrachten, die uns umgibt. Wir müssen noch weiter gehen, bis zur Begegnung mit dem Unbekannten.

Wenn die Liebe Zeit ist, kann sie nicht ewig währen. Sie ist dazu verurteilt, zu erlöschen oder sich in ein anderes Gefühl zu verwandeln. Die Geschichte von Philemon und Baucis, die Ovid im Buch VIII der *Metamorphosen* erzählt, ist ein bezauberndes Beispiel. Auf ihrer Wanderung durch Phrygien suchen Jupiter und Merkur nach einer Herberge, doch überall, wo sie anklopfen, bleiben ihnen die Türen verschlossen, bis sie zur Hütte des armen und frommen Philemon und seiner Frau Baucis kommen. Das alte Paar nimmt sie gastlich auf, bietet ihnen ein rustikales Lager aus Algen und ein frugales Mahl samt einem jungen Wein, den sie aus hölzernen Bechern trinken. Nach und nach entdecken die Alten die Göttlichkeit ihrer Gäste und fallen vor ihnen auf die Knie. Jupiter und Merkur geben sich zu erkennen und heißen das Paar, mit ihnen auf einen Hügel zu steigen. Auf ein Zeichen der Götter hin überschwemmen die Wasser des Himmels das Land und die Häuser der gottlosen Phrygier, und alles verwandelt sich in einen Sumpf. Von der Kuppe des Hügels aus sehen Baucis und Philemon voller Angst und Kummer die Zerstörung ihrer Nachbarschaft; aber dann

* Übertragen von Maik Hamburger.

gewahren sie zu ihrer Verwunderung, wie sich ihre Hütte in einen Tempel aus Marmor mit einem Dach aus reinem Gold verwandelt. Da fordert Jupiter die beiden Alten auf, einen Wunsch zu äußern. Philemon wechselt ein paar Worte mit Baucis und erbittet sodann für sich und seine Frau von den Göttern, bis zum Ende ihrer Tage die Wächter und Priester des Heiligtums sein zu dürfen. Und er fügt hinzu: Da wir seit unserer Jugend zusammen gelebt haben, möchten wir vereint und zur selben Stunde sterben, »damit ich nicht mitansehen muß, wie Baucis verbrannt wird, noch sie mich zu Grabe tragen muß«. Und so geschah's: Viele Jahre lang bewachten sie den Tempel, bis, von der Zeit verbraucht, Baucis sah, wie Philemon sich mit Laub bedeckte, und Philemon sah, wie das Laub Baucis bedeckte. Sie sagten einander ade, und die Borke versiegelte ihre Münder. Philemon und Baucis verwandelten sich in Bäume, er in eine Eiche und sie in eine Linde. Sie besiegten die Zeit nicht, sie überließen sich ihrem Lauf, und so verwandelten sie die Zeit und verwandelten sich selbst. Philemon und Baucis wünschten sich nicht Unsterblichkeit, noch wollten sie die menschliche Natur überwinden; sie akzeptierten sie, sie unterwarfen sich der Zeit. Die wunderbare Metamorphose, mit der die Götter – die Zeit – sie belohnten, bedeutete eine Rückkehr; sie kehrten zur Natur zurück, um mit ihr und in ihr an den allmählichen Verwandlungen alles Lebendigen teilzuhaben. So ist uns ihre Geschichte am Ausgang dieses Jahrhunderts eine weitere Lehre. Der Glaube an die Verwandlung gründete in der Antike auf der ständigen Kommunikation zwischen den drei Welten: der übernatürlichen, der menschlichen und der der Natur. Flüsse, Bäume, Hügel, Wälder, Meere, alles war beseelt, alles kommunizierte miteinander und verwandelte sich dabei. Das Christentum entsakralisierte die Natur und zog eine unüberschreitbare Trennungslinie zwischen der natürlichen und der menschlichen Welt. Die Nymphen, die Najaden, die Satyrn und die Tritonen flohen oder verwandelten sich in Engel und Dämonen. Die Neuzeit verschärfte die Trennung: hier die Natur, dort die Kultur. Heute, am Ende der Moderne, entdecken wir wieder, daß wir Teil der Natur sind. Die Welt ist ein System von Beziehungen oder, wie die Stoiker sagten, eine »Konspiration von Elementen«, alle beseelt von der kosmischen Sympathie. Wir sind Teile, lebendige Bestandteile dieses Systems. Die Idee der Verwandtschaft der Menschen mit dem Kosmos taucht zusammen mit der Konzeption der Liebe auf. Es ist ein Glaube, der mit den ersten Dichtern aufkam, der auch die romantische Dichtung beseelte und sich bis in unsere Zeit erhalten hat. Die Ähnlichkeit, die Verwandtschaft zwischen der Hügellandschaft und der Frau oder zwischen dem Baum und dem Mann sind Triebkräfte des Liebesgefühls. Die Liebe kann heute, wie in der Vergangenheit, ein Weg zur Wiederversöhnung mit der Natur sein. Wir können uns nicht in Quellen oder Eichen, in Vögel oder Stiere verwandeln, aber wir können uns in ihnen *wiedererkennen.*

Zu sehen, wie die Person, die wir lieben, altert und stirbt, ist nicht weniger traurig als zu entdecken, daß sie uns betrügt oder uns nicht mehr liebt. Der Zeit, dem Wandel und dem Tod unterworfen, ist die Liebe auch ein Opfer der Routine und der Ermüdung. Fehlt es den Liebenden an Imagination, kann das tägliche Zusammenleben die größte Liebe töten. Wir vermögen wenig gegen das Unglück, das die Zeit jedem Mann und jeder Frau zufügt. Das Leben ist ein ständiges Risiko; leben heißt sich exponieren. Die Entsagung des Eremiten führt zu einsamem Delirium, die Flucht der Liebenden endet mit grausamem Tod. Andere Leidenschaften können uns packen und mitreißen. Die höheren, wie die Liebe zu Gott, zur Weisheit oder zur Erkenntnis; die niedrigen, wie die Liebe zum Geld oder zur Macht. In keinem dieser Fälle verschwindet das dem Leben innewohnende Risiko. Der Mystiker mag sich bewußt werden, daß er eine Schimäre verfolgt; das Wissen schützt den Gelehrten nicht vor der Enttäuschung, die allem Wissen inhärent ist; die Macht bewahrt den Politiker nicht vor dem Verrat des Freundes. Der Ruhm ist allzu oft trügerisch, und das Vergessen ist stärker als alles Ansehen. Die Mißgeschicke der Liebe sind die Mißgeschicke des Lebens.

Allem Übel und allem Unglück zum Trotz wollen wir immer lieben und geliebt werden. Die Liebe ist das, was auf dieser Erde der Glückseligkeit der Seligen am nächsten kommt. Die Bilder vom Goldenen Zeitalter und vom irdischen Paradies unterscheiden sich nicht von denen der erwiderten Liebe: das Paar im Schoß einer versöhnten Natur. Die Imagination hat im Laufe zweier Jahrtausende, im Okzident wie im Orient, ideale Liebespaare geschaffen, die der Inbegriff unserer Wünsche, Träume, Ängste und Obsessionen sind. Fast immer sind es junge Paare: Daphnis und Chloe, Calisto und Melibea, Pao-yü und Tai-yü. Eine Ausnahme sind Philemon und Baucis. Als Sinnbilder der Liebe erleben die Paare ein übermenschliches Glück, aber oft auch ein tragisches Ende. Die Antike betrachtete die Liebe als eine Geistesverwirrung, und sogar Ovid, der große Sänger der tändelhaften Liebschaften, hat ein ganzes Buch, *Heroides*, dem Liebesleid gewidmet: Trennungen, Verlassenheit, Hintergehung. Es handelt sich um fünfzehn fiktive Briefe berühmter Frauen an ihre fernen Geliebten und Gatten, allesamt legendäre Helden. Gleichwohl war für die Antike der Archetypus jugendlich und glücklich: Daphnis und Chloe, Amor und Psyche. Dagegen hat das Mittelalter eine Vorliebe für das tragische Paar. Die Tristan-Dichtung beginnt wie folgt: »Meine Herren, würde es Euch gefallen, eine schöne Erzählung von Liebe und Tod zu hören? Es handelt sich um die Geschichte von Tristan und Isolde, der Königin. Vernehmt, wie sie unter großen Freuden und Leiden einander liebten und am selben Tag starben, er um sie und sie um ihn ...« Seit der Renaissance ist auch unser Archetypus tragisch: Calisto und Melibea, aber vor allem und ganz besonders Romeo und Julia. Diese letztere Geschichte ist die traurigste von allen, denn die beiden Liebenden sterben unschuldig, nicht als Opfer des Schicksals, sondern des Zufalls. Mit Shakespeare entthront das Akzidentelle das Schicksal der Antike und die christliche Vorsehung.

Es gibt ein Paar, das alle Paare in sich vereint, von den alten wie Philemon und Baucis bis zu den jugendlichen wie Romeo und Julia; ihr Bild und ihr Los sind die der conditio humana zu allen Zeiten und an allen Orten: Adam und Eva. Sie sind das Urpaar. Obgleich es sich um einen alttestamentarischen Mythos handelt, gibt es Entsprechungen und Parallelen in den Schöpfungsgeschichten anderer Religionen. Adam und Eva sind der Inbegriff eines jeden Paars. Sie leben im Paradies, an einem Ort, der sich nicht jenseits der Zeit befindet, sondern an deren Anfang. Das Paradies ist das, was *vorher* da ist; Geschichte ist die Degradierung der ursprünglichen Zeit, der Sturz des *ewigen Jetzt* in zeitliche Abfolge, in Zeitlichkeit. Vor der Geschichte, im Paradies, war die Natur unschuldig, und jedes Geschöpf lebte in Harmonie mit sich selbst, mit den anderen und mit dem großen Ganzen. Adams und Evas Sünde stürzt sie in die Zeitlichkeit: Veränderung, Zufall, Arbeit und Tod. Die Natur, gegen die verstoßen wurde, spaltet sich, und es beginnt die Feindschaft zwischen den Geschöpfen, das allgemeine Gemetzel: jeder gegen jeden. Adam und Eva durchwandern diese grausame und feindliche Welt, kolonisieren sie mit ihren Taten und ihren Träumen, tränken sie mit ihren Tränen und mit dem Schweiß ihrer Körper. Sie lernen die Freude des Schaffens und der Fortpflanzung kennen, die Arbeit, die den Körper ermattet, die Jahre, die den Blick und den Geist trüben, das Entsetzen über den Tod des Kindes und den Sohn, der tötet, sie essen das Brot des Leids und trinken das Wasser des Glücks. Die Zeit bewohnt sie und die Zeit verläßt sie. Jedes Liebespaar durchlebt die Geschichte des Urpaars noch einmal, jedes Paar quält die Sehnsucht nach dem Paradies, jedes Paar ist sich des Todes bewußt und lebt ständig in einem *corps à corps* mit der körperlosen Zeit ... Die Liebe wiederfinden heißt das Urpaar wiederfinden, die aus dem Paradies Verbannten, Schöpfer dieser Welt und der Geschichte.

Die Liebe besiegt den Tod nicht, aber sie bietet der Zeit und ihren Wechselfällen Trotz. Durch die Liebe werden wir in diesem Leben des anderen Lebens teilhaftig. Nicht des ewigen Lebens, sondern, wie ich es in einigen Gedichten zu sagen versucht habe, der reinen Lebendigkeit. In einer berühmten Passage, in der er von der religiösen Erfahrung spricht, bezieht sich Freud auf das »ozeanische Gefühl«, diese Empfindung, von der Totalität des Daseins umhüllt zu sein, von ihr getragen zu werden. Es ist dies die Erfahrung des Panischen bei den Alten, der heilige *furor*, die Begeisterung: Wiedererlangung der Ganzheit und Entdeckung des Ichs als eine Ganzheit innerhalb des Großen Ganzen. Mit unserer Geburt wurden wir der Ganzheit entrissen; in der Liebe haben wir alle gespürt, daß wir zur ursprünglichen Ganzheit zurückkehren. Deshalb verwandeln die dichterischen Bilder die geliebte Person in Natur – Hügel, Wasser, Wolke, Stern, Wald, Meer, Woge –, und ihrerseits spricht die Natur wie eine Frau. Versöhnung mit der Allheit, welche die Welt ist. Auch mit den drei Zeiten. Die Liebe ist nicht die Ewigkeit; auch ist sie nicht die Zeit der Kalender und der Uhren, die vergehende Zeit. Die Zeit der Liebe ist weder lang noch kurz, sie ist die jähe Wahrnehmung aller Zeiten in einer einzigen Zeit, aller Leben in einem Augenblick. Sie befreit uns nicht vom Tod, aber sie läßt uns ihm ins Gesicht sehen. Dieser Augenblick ist die Kehrseite und das Komplement des »ozeanischen Gefühls«. Er bedeutet nicht Rückkehr in die Urwasser, sondern Erlangung eines Zustandes, der uns mit der Verbannung aus dem Paradies versöhnt. In uns umarmen sich die Gegensätze und werden zu einem einzigen Zeichen, nicht der Bejahung noch der Verneinung, sondern der Hinnahme. Was sieht das Paar in der Zeit eines Lidschlags? Die Identität von Auftauchen und Verschwinden, die Wirklichkeit des Körpers und des Nicht-Körpers, das Gegenwärtige, das sich in Glanz auflöst: reine Lebendigkeit, pulsierende Zeit.

México, 1. Mai 1993

INHALT

Vorbemerkung 9
Das Reich des Pan 13
Eros und Psyche 38
Vorgeschichte der Liebe 60
Die Dame und die Heilige 91
Ein Sonnensystem 122
Der Morgenstern 158
Der öffentliche Platz und das Schlafzimmer 182
Umwege zu einer Schlußfolgerung 206
Die doppelte Flamme 241

Suhrkamp Verlag GmbH
Torstraße 44, 10119 Berlin
info@suhrkamp.de
www.suhrkamp.de